Nouveaux programmes 2016

¡Estupendo! 5e

A1 > A2

ESPAGNOL

Direction pédagogique :

Edouard CLEMENTE
Inspecteur d'Académie
Inspecteur Pédagogique Régional honoraire

Monique LAFFITE
Inspectrice d'Académie
Inspectrice Pédagogique Régionale honoraire

Emilie BRENOT
Professeure certifiée
Collège Vercingétorix, Montech
Formatrice, Académie de Toulouse

Hélène COUROUGE
Professeure certifiée
Collège Cantelande, Cestas

Antoinette DE JORNA
Professeure au collège-lycée Saint-Pie X,
Saint-Cloud

Benoît GOBIN
Professeur certifié
Cité scolaire Maurice Ravel, Paris
Formateur, Académie de Paris

Sylvie MIERMON
Professeure certifiée
Collège Notre-Dame Jeanne d'Arc, Brive

Nathan

Sommaire

Présentation de la méthode

Bienvenue dans ce manuel d'espagnol ***¡Estupendo!*** destiné aux élèves de 5ᵉ qui, conformément aux nouveaux programmes de collège (*BO spécial* n° 11 du 26 novembre 2015) et dans le cadre de la réforme du collège, vont commencer l'apprentissage d'une deuxième langue vivante à partir de la rentrée 2016. Avant de découvrir les contenus de ce livre du professeur, nous vous proposons de prendre connaissance des grands principes qui ont guidé l'élaboration de la méthode ***¡Estupendo! 5ᵉ*** et son organisation.

I. LES PRINCIPES GÉNÉRAUX

¡Estupendo! 5ᵉ respecte scrupuleusement les directives officielles contenues dans les nouveaux programmes et prend en compte les évolutions préconisées en matière de pratiques pédagogiques et les enjeux de la réforme du collège 2016.

Les nouveaux programmes intègrent :
- une organisation en cycles ;
- le nouveau socle commun qui définit cinq domaines de compétences ;
- la création de trois parcours éducatifs ;
- les EPI (enseignements pratiques interdisciplinaires).

La méthode ***¡Estupendo! 5ᵉ*** prend en compte les différents éléments préconisés par le cadre institutionnel et les textes officiels :

1. Une organisation en cycles

La Réforme du collège implique, entre autres, un redécoupage des cycles. C'est le cycle 4 (cycle des approfondissements) qui nous intéresse puisqu'il couvre les classes de 5ᵉ, 4ᵉ et 3ᵉ.
Les nouveaux programmes découlent des principes définis dans le socle commun et sont conçus selon une approche curriculaire. Ils indiquent, pour chaque discipline, des compétences et des connaissances à acquérir à l'issue d'un cycle.
En ce qui concerne les langues vivantes, ces programmes restent adossés au *Cadre commun de référence pour les langues* (CECRL) qui propose une approche actionnelle, impliquant que compétence de communication et compétence culturelle soient mises au service de la réalisation de tâches. Ils redéfinissent le niveau visé à la fin du cycle 4, c'est-à-dire au terme de la classe de 3ᵉ : pour la LV2, le niveau A2 doit être atteint dans au moins deux activités langagières.

Les auteurs de la méthode ***¡Estupendo! 5ᵉ*** ont fait le choix de proposer un manuel par année du cycle 4 et non un manuel de cycle qui aurait été plus complexe et moins facile d'utilisation.

2. Le nouveau socle commun de connaissances, de compétences et de culture (*BO* n° 17 du 23 avril 2015)

Le nouveau socle commun définit cinq domaines de compétences :
1. Les langages pour penser et communiquer
2. Les méthodes et outils pour apprendre
3. La formation de la personne et du citoyen
4. Les systèmes naturels et les systèmes techniques
5. Les représentations du monde et l'activité humaine

➡ Domaine 1 : les langages pour penser et communiquer

C'est dans ce domaine que s'inscrivent en priorité les langues vivantes étrangères, au même titre que la langue française, les langues régionales, les langages mathématiques, scientifiques et informatiques et les langages des arts et du corps.

> ***Comprendre, s'exprimer en utilisant une langue étrangère et, le cas échéant, une langue régionale***
> *L'élève pratique au moins deux langues vivantes étrangères ou, le cas échéant, une langue étrangère et une langue régionale.*
> *Pour chacune de ces langues, il comprend des messages oraux et écrits, s'exprime et communique à l'oral*

et à l'écrit de manière simple mais efficace. Il s'engage volontiers dans le dialogue et prend part activement à des conversations. [...] Il adapte son niveau de langue et son discours à la situation, il écoute et prend en compte ses interlocuteurs. Il maîtrise suffisamment le code de la langue pratiquée pour s'insérer dans une communication liée à la vie quotidienne : vocabulaire, prononciation, construction des phrases ; il possède aussi des connaissances sur le contexte culturel propre à cette langue (modes de vie, organisations sociales, traditions, expressions artistiques...).

¡Estupendo! 5e intègre les aspects de ce domaine dans les unités qui le composent. Une attention particulière est portée à la prononciation des mots et à l'intonation des phrases puisque les élèves ont à leur disposition l'enregistrement des documents qu'ils étudient mais aussi des mots de vocabulaire qu'ils ont à apprendre. Chaque *Paso* présente des supports écrits et oraux qui donnent l'occasion aux élèves de s'entraîner à la compréhension pour ensuite s'exprimer seuls ou en interaction avec leurs camarades. Les thèmes choisis sont directement liés à la vie quotidienne de ces élèves de 5e et à leurs préoccupations. La double page *Descubre*, présente dans chaque unité, offre la possibilité aux élèves de se familiariser avec d'autres réalités et d'autres traditions.

➥ **Domaine 2 : les méthodes et outils pour apprendre**

Les langues vivantes étrangères contribuent largement à la réalisation des objectifs inscrits dans ce domaine. En effet, les élèves sont régulièrement encouragés à s'organiser dans leur travail personnel et à développer leur autonomie.

L'élève sait se constituer des outils personnels grâce à des écrits de travail, y compris numériques : notamment prise de notes, brouillons, fiches, lexiques, nomenclatures, cartes mentales, plans, croquis, dont il peut se servir pour s'entraîner, réviser, mémoriser.

¡Estupendo! 5e propose dans chaque unité une page *Aula multimedia* qui invite les élèves à réutiliser de façon plus ludique les connaissances et les compétences travaillées dans les leçons précédentes. Par ailleurs, à la fin du manuel, six fiches « Apprendre à apprendre » donnent aux élèves des conseils afin de les guider dans leur travail personnel hors la classe.

➥ **Domaine 3 : la formation de la personne et du citoyen**

Au même titre que les autres disciplines, les langues vivantes étrangères participent à la formation des élèves en tant que personnes et futurs citoyens.

[L'élève] respecte les opinions et la liberté d'autrui, identifie et rejette toute forme d'intimidation ou d'emprise. Apprenant à mettre à distance préjugés et stéréotypes, il est capable d'apprécier les personnes qui sont différentes de lui et de vivre avec elles.

¡Estupendo! 5e prend en compte cet aspect de la formation des élèves en intégrant dans le manuel trois pages *Planeta responsable* dédiées au respect des autres.

➥ **Domaine 4 : les systèmes naturels et les systèmes techniques**

Ce domaine peut aussi concerner les programmes de langues vivantes. En effet, des croisements sont possibles avec les disciplines scientifiques (ex : dans le dossier EPI sur le thème de la transition écologique et du développement durable, l'observation de la quantité d'eau gaspillée à cause d'un robinet défectueux, p. 116).

➥ **Domaine 5 : les représentations du monde et l'activité humaine**

Les langues vivantes étrangères apportent une large contribution à ce domaine puisqu'elles donnent aux élèves l'opportunité de découvrir d'autres sociétés, d'autres cultures, d'autres œuvres artistiques et d'autres espaces que ceux qui leur sont familiers.

¡Estupendo! 5e présente dans le corps du manuel de nombreux documents authentiques (textes, affiches, tableaux, photos, vidéos...). Les pages *Descubre*, déjà citées, contribuent également fortement à l'atteinte des objectifs visés dans ce domaine.

3. Les trois parcours éducatifs

1. Le parcours Avenir : il concerne tous les élèves de la 6e à la terminale et doit permettre de découvrir le monde économique et professionnel, de développer son sens de l'engagement et de l'initiative, d'élaborer son projet d'orientation scolaire.
2. Le parcours d'éducation artistique et culturelle (PEAC) : il concerne tous les élèves de la maternelle à la terminale et doit permettre, entre autres, d'initier un rapport à l'art.

3. Le parcours citoyen : il concerne tous les élèves de la maternelle à la terminale et vise à apprendre les valeurs de la République.

***¡Estupendo!* 5ᵉ** n'a pris en compte que les deux derniers parcours, considérant que les élèves de 5ᵉ ne possédaient pas encore un bagage linguistique suffisant pour appréhender de façon satisfaisante le parcours Avenir. En revanche, plusieurs documents ainsi que les pages *Bellas Artes* contribuent au PEAC, en sensibilisant les élèves à des œuvres artistiques et culturelles qui proviennent d'horizons différents.
Par ailleurs, plusieurs projets de fin d'unité *Misión* à caractère civique sont proposés aux élèves pour qu'ils puissent réfléchir aux valeurs de la République et se les approprier.

4. Les EPI (enseignements pratiques interdisciplinaires)

Proposés au cycle 4, c'est-à-dire à partir de la 5ᵉ, les EPI sont des moments privilégiés pour mettre en œuvre de nouvelles façons d'apprendre et de travailler les contenus des programmes. Les EPI et leurs huit thématiques de travail, définis dans les programmes, sont pris en charge par les enseignants de toutes les matières de façon interdisciplinaire. L'élève devra choisir deux EPI par an.

Les huit thématiques proposées sont :

1. Corps, santé, bien-être et sécurité
2. Culture et création artistiques
3. Transition écologique et développement durable
4. Information, communication, citoyenneté
5. Langues et cultures de l'Antiquité
6. Langues et cultures étrangères ou, le cas échéant, régionales
7. Monde économique et professionnel
8. Sciences, technologie et société

***¡Estupendo!* 5ᵉ** propose deux dossiers EPI complets et fouillés, « clé en main », plutôt que des pistes qui seraient moins exploitables pour les enseignants. Le premier, *La dieta mediterránea*, concerne le thème n° 1, Corps, santé, bien-être et sécurité, et le second, *El agua*, le thème 3, Transition écologique et développement durable. Ces deux thèmes sont en accord avec les programmes de 5ᵉ et permettront aux élèves de travailler en interdisciplinarité avec les SVT et l'EPS, pour le premier ; avec les SVT et l'histoire-géographie, pour le second.

5. L'évaluation

On sort du système binaire qui consistait à évaluer une compétence comme acquise ou non acquise pour en mesurer maintenant le degré de maîtrise : insuffisant, fragile, satisfaisant, très satisfaisant.
¡Estupendo! 5ᵉ propose dans le Livre du professeur une évaluation par unité dans des fiches duplicables qui intègrent à la fois une évaluation des compétences et un test de connaissances.

II. LES THÉMATIQUES

La méthode est construite autour d'une préunité et de sept unités thématiques qui constituent un parcours d'apprentissage organisé selon une progression en spirale, qui permet un « rebrassage » des acquis linguistiques, tout en prenant en compte les thèmes culturels préconisés dans les programmes (Langages, École et société, Voyages et migrations, Rencontres avec d'autres cultures) et les horaires impartis (2h30 en 5ᵉ) :

Préunité **¡Bienvenidos!**
Unidad 1 **¡Hola! ¿Qué tal?**
Unidad 2 **Es mi familia**
Unidad 3 **Mi pandilla**
Unidad 4 **¿Dónde vives?**
Unidad 5 **Mi día a día**
Unidad 6 **¡Come y muévete!**
Unidad 7 **¿Hacemos planes?**

La préunité offre une première approche des sons en insistant sur la musicalité de la langue espagnole à partir de quelques mots de vocabulaire (les jours, les mois, les couleurs…). Bien en phase avec l'âge des élèves, elle propose, de façon ludique et plaisante, des poèmes courts et des comptines.

Chacune des unités est centrée sur une thématique en accord avec les programmes et offre aux élèves un apprentissage mesuré où la part belle est donnée à la compréhension (de l'oral comme de l'écrit) et à la production orale (en continu et/ou en interaction) sans que soit négligée la production écrite. L'élève est entraîné à comprendre et à s'exprimer et est mis en situation d'utiliser ses acquis en réalisant des projets variés. Sont à distinguer les trois activités qui, dans chaque unité, se trouvent à la page *Aula multimedia* et permettent aux élèves de réutiliser leurs connaissances et leurs compétences dans un cadre plus ludique, tout en utilisant l'outil numérique.

Pour éviter un trop grand éparpillement des connaissances et s'assurer que les premiers acquis sont consolidés, le choix a été fait de ne faire travailler que les présents : le présent de l'indicatif, incontournable pour exprimer l'immédiateté ; le présent de l'impératif (à la 2e personne du singulier et à la 2e personne du pluriel), qui permet aux élèves de dialoguer, et le présent du subjonctif, qui rend possible l'expression de quelques nuances. Bien entendu, le présent du subjonctif sera repris et ses emplois seront complétés dans les manuels de 4e et de 3e.

<u>Le parcours d'éducation artistique et culturelle (PEAC)</u>

L'aspect artistique et culturel apparaît principalement dans les doubles pages *Descubre*, présentes dans chaque unité.

Unidad 1 **El español en el mundo** p. 22-23
Unidad 2 **El top de los hermanos con talento** p. 34-35
Unidad 3 **Juntos somos más creativos** p. 46-47
Unidad 4 **Aquí vivimos** p. 58-59
Unidad 5 **¡Tres fiestas, tres modos de vestir!** p. 72-73
Unidad 6 **Productos de aquí y de allí** p. 86-87
Unidad 7 **Vacaciones al revés** p. 100-101

Plusieurs pages *Bellas Artes* complètent ce volet.

Unidad 2 ***Las Meninas*, Diego Velázquez** p. 37
Unidad 4 ***La casa Batlló*, Antoni Gaudí** p. 61
Unidad 5 ***Jugando en el parque*, Alejandro Pinzón** p. 75
Unidad 7 ***Alicante – Costa Blanca*, Turespaña** p. 103

<u>Le parcours citoyen</u>

L'ouverture aux autres et le respect des valeurs de la République sont exposés dans les trois pages du manuel intitulées *Planeta responsable*.

Unidad 1 **Yo soy tú. Somos iguales** p. 25
Unidad 3 **Reírme contigo, nunca de ti** p. 49
Unidad 6 **Frutas y verduras de temporada** p. 89

En fin de manuel, des pages sont consacrées à de grandes fêtes calendaires pour lesquelles des vidéos sont proposées : ***El Día de los Muertos*** *en México*, p. 119 ; ***Navidades y Reyes*** *en España*, p. 120-121, ***Carnavales*** *en España y en América Latina*, p. 122-123.

Enfin, pour aider les élèves à acquérir méthode et autonomie dans leur travail personnel, plusieurs fiches "Apprendre à apprendre" sont à leur disposition ainsi qu'un mémento gramatical, un dictionnaire visuel qui a son prolongement numérique interactif gratuit sur le site compagnon (collegien.nathan.fr/estupendo5) ainsi qu'un lexique bilingue et des cartes interactives.

III. LE MATÉRIEL DE LA MÉTHODE

<u>Pour l'élève</u>

➥ Le manuel

Voir la composition d'une unité type ci-dessous.

➥ Les enregistrements audio de l'élève à télécharger gratuitement

Les enregistrements au format MP3 permettent à l'élève de travailler en autonomie en salle multimédia ou à la maison et d'augmenter son temps d'exposition à la langue. L'utilisation des pistes MP3 élève est balisée dans le manuel par le logo MP3.

Pour favoriser la baladodiffusion, les fichiers audio élève sont téléchargeables gratuitement sur le site compagnon, collegien.nathan.fr/estupendo5, au format MP3 :
- tous les audios de compréhension de l'oral, dont les bandes-son des vidéos ;
- tout le lexique des 48 boîtes *Palabras* ;
- tous les audios supports et exercices *Fonética* ;
- les pistes Spécial cahier à utiliser pour les activités proposées dans le cahier d'activités.

➥ Le cahier d'activités

Le cahier d'activités en couleurs propose de nombreuses activités ludiques pour accompagner le travail en classe et pour s'entraîner à la maison. Chaque double page du cahier correspond à un *Paso* (double page leçon) et, pour clore l'unité, une page est attribuée à une carte mentale personnalisable, centrée sur l'élève et son environnement, en lien avec la carte mentale de chaque unité du manuel proposée à la fin des pages *Lengua: Juega y repasa.*
Une double page du cahier d'activités est consacrée à la préunité et permettra à l'élève de rebrasser ses premiers acquis. Enfin, une dernière double page propose des activités ludiques de réemploi du vocabulaire des pages Fiestas (*Navidades* et *Carnavales*).

Pour accompagner le travail de classe ou **s'entraîner en autonomie**, des documents audio supplémentaires, MP3 Spécial cahier, très courts et très simples, permettent de travailler la compréhension de l'oral, en anticipation ou en complément des CO du manuel. Ces documents audio sont à la disposition de l'élève et du professeur au format MP3 sur le site de la méthode. Ils sont tous inclus dans les CD classe.
Les activités proposées permettent à l'élève de retravailler les points de langue essentiels abordés dans les *Apuntes de gramática* (*Juega con la gramática, Juega con los verbos*, etc.) et de rebrasser le lexique de toute la leçon (*crucigrama, mensaje secreto, sopa de letras*, etc.)

➥ Le site compagnon

Le site compagnon comprend **les ressources en ligne gratuites** pour l'élève sur collegien.nathan.fr/estupendo5 : tous les documents audio du manuel, tout le vocabulaire des boîtes *Palabras*, les supports et exercices de prononciation *Fonética*, ainsi que les documents audio « Spécial cahier » en lien avec le cahier d'activités, sont disponibles au format MP3. L'élève dispose également du dictionnaire visuel et des cartes interactives ainsi que tous les liens utiles vers les sites Internet pour faire les jeux et les activités proposés dans les pages *Aula multimedia* et dans certaines pages *Descubre* (*Juega con la web*) du manuel.

➥ Le manuel numérique élève multisupport

Grâce au manuel numérique élève, sur ordinateur portable ou sur tablette, les élèves pourront accéder à l'ensemble des contenus audio en cliquant directement sur le logo MP3 élève, aux clips Youtube, aux jeux et activités d'*Aula multimedia* grâce aux liens actifs vers le site compagnon.
Dans sa version élève, le manuel numérique contient :
- tous les documents audio du manuel au format MP3, incluant tout le lexique des boîtes *Palabras* du manuel et les supports et exercices de prononciation des rubriques *Fonética* ;
- les vidéos des saynètes tournées en Espagne par nos soins et des animations vidéo de l'unité 1 ;
- les liens actifs vers le site compagnon (collegien.nathan.fr/estupendo5) pour visionner les vidéos authentiques, les clips, et se connecter aux activités et jeux des pages *Aula multimedia* et *Descubre* et pour utiliser le dictionnaire visuel interactif ;
- les cartes interactives (cartes des rabats du manuel).

Le manuel numérique élève multisupport est disponible sous forme de licence élève et peut être acheté soit par les familles soit par les établissements.
Les familles pourront acheter une licence d'un an sur le site www.manuelnumerique.com ou dans les stores d'applications (App Store ou Google Play), les manuels étant à charger sur une Appli bibliothèque.
Les établissements pourront aussi équiper leurs élèves de manuels numériques multisupport en achetant une licence 1 an ou 5 ans à prix préférentiels si le manuel papier est adopté. Il est disponible en consultation ou en téléchargement en ligne sur www.cns-edu.net ou www.wizwiz.fr

Pour la classe

➥ Le coffret CD/DVD

Les 3 CD audio

Le matériel audio collectif contient tous les enregistrements des documents de compréhension de l'oral exploités dans les leçons *Paso*, ainsi que les bandes-son des vidéos, les enregistrements des activités de prononciation des rubriques *Fonética* du manuel, les mots des boîtes *Palabras*, et également une sélection de textes lus, de chansons, de poèmes, d'extraits de théâtre, de virelangues ou encore de devinettes proposés dans le manuel. Les CD contiennent tous les audios Spécial cahier et les supports des fiches duplicables du Livre du professeur incluant un audio pour l'évaluation de la compréhension orale et un test de phonologie par unité.

Les enregistrements des compréhensions de l'oral sont repris dans les CD classe sous deux versions, une version sans pause et une version avec pauses (version fragmentée) qui permettra une écoute fractionnée des documents en classe pour faciliter le travail de compréhension. Ces documents sont également disponibles au format MP3 dans leur version sans pause sur le site de la méthode.

Certaines chansons, dont la bande-son est toujours reproduite dans les CD, s'accompagnent d'un clip, qui est lui reproduit dans le DVD, et que les élèves pourront visionner en autonomie sur Youtube en se connectant sur le site compagnon élève.

Documents audio	
Préunité	*El alfabeto español* CO p. 11 *El español es música* CO p. 12-13 *¡A contar!* (chanson) p. 14 *Siete son los días* (poème) p. 15 *Doce son los meses* (poème) p. 15 El corro de los colores (5 poèmes) p. 16 **Documents audio Spécial cahier** *Juega con las letras* (pistes 1-2) CO p. 4 du cahier *Pronuncia bien* (pistes 3-4) CO p. 5 du cahier *Juega con cifras, días y meses* (pistes 5-6) CO p. 5 du cahier
U1	*Me llamo Ana* (dialogue) CO p. 18 *¿Qué tal?* (dialogue) CO p. 19 *Somos tres compañeros* (texte) p. 19 *¿Cúantos años tienes?* Inés (audio/vidéo) CO p. 20 *¿Cúantos años tienes?* Federico (audio/vidéo) CO p. 20 *¿Cúantos años tienes?* Paloma (audio/vidéo) CO p. 20 *La mascota* (chanson *Aula multimedia*) p. 24 Pablo Neruda (poème) p. 26 **Document audio Spécial cahier** *Juega con las presentaciones* (piste 7) CO p. 9 du cahier
U2	*La familia de Marta* (texte) p. 30 *La familia de Luisa* (audio/vidéo) CO p. 30 *Un candidato optimista* CO p. 32 *La familia ridícula* (texte) p. 32 *Familia Punk* (chanson *Aula multimedia*) p. 36 *Tengo yo un primo…* (poème) p. 38 **Document audio Spécial cahier** *¿Quiénes son?* (piste 8) CO p. 12 du cahier

U3	*Bailamos sevillanas* (dialogue) CO p. 42 *Bienvenidos a mi canal* (audio/vidéo) CO p. 45 *Las partes del cuerpo* (devinettes) p. 50 **Document audio Spécial cahier** *Juega con los gustos* (piste 9) CO p. 19 du cahier
U4	*Tengo un pueblo* (texte) p. 54 *Mi barrio y yo* CO p. 55 *Mi casa es especial* CO p. 56 *La habitación ideal* CO p. 57 *Ora Bola* (chanson *Aula multimedia*) p. 60 *¿Dónde está el fotógrafo?* (théâtre) p. 62
U5	*No salgo de casa* (texte) p. 67 *Así es mi semana* CO p. 67 *Está escuchando música* (texte) p. 68 *¿Cómo vistes para ir al cole?* (audio/vidéo) CO p. 70 *La tarara* (chanson) CO p. 76 **Documents audio *Spécial cahier*** *Juega con la hora* (piste 10) CO p. 27 du cahier *¿Qué están haciendo?* (piste 11) CO p. 29 du cahier
U6	*Desayuno en la cama* (texte) p. 80 *Consejos del médico* (audio/vidéo) CO p. 80 *En el mercado* CO p. 82 *¡Te oxidas!* (texte) p. 84 *¡Actívate!* (chanson - audio/vidéo) CO p. 84 *Ocho vasos de agua* (chanson *Aula multimedia*) p. 88 *Antón comilón* (virelangue) p. 90 **Document audio *Spécial cahier*** *Diálogo loco* (piste 12) CO p. 35 du cahier *¡Cuídate!* (piste 13) CO p. 38 du cahier
U7	*Ven a mi fiesta* (texte) p. 94 *Celebramos el fin de curso* (audio/vidéo) CO p. 95 *¡A pasarlo bien!* CO p. 96 *Vamos a bucear mañana* (texte) p. 98 *Un campamento ideal* CO p. 98 *La vuelta al mundo* (chanson *Aula multimedia*) p. 102 *Las estaciones* (devinette) p. 104 **Documents audio *Spécial cahier*** *Juega con las palabras* (piste 14) CO p. 43 du cahier *Actividades y gustos* (piste 15) CO p. 45 du cahier
EPI	<u>EPI 1 – La dieta mediterránea</u> *¡Mediterraneamos!* (chanson - audio/vidéo) CO p. 108 *La pirámide alimentaria* (audio/vidéo) CO p. 110 <u>EPI 2 – El agua</u> *Vivo en un desierto* CO p. 114 *Un tribunal especial* CO p. 115
Fiestas	*Tumbas por aquí, tumbas por allá* (chanson) p. 119 *Campana sobre campana* (chanson) p. 120 *Nochevieja* (audio/vidéo) CO p. 121 *Una sola gozadera* (chanson) p. 123 *El carnaval de Oruro* (spot publicitaire) p. 123

Le DVD

Le DVD permet d'intégrer à vos séquences des documents vidéo authentiques et de qualité. Il contient les vidéos tournées par nos soins en Espagne, les animations de l'unité 1, les extraits de films, de reportages, les clips ou les spots publicitaires proposés dans les pages *Aula multimedia* et dans les pages *Fiestas*.
Six saynètes vidéo ont été tournées en Espagne exclusivement pour la méthode *¡Estupendo!* avec des acteurs et actrices adolescents espagnols de l'âge des élèves de 5e, ce qui facilitera l'identification aux personnages. Ces saynètes peuvent être regardées ou écoutées (la bande-son est disponible au format MP3 pour l'élève et dans les CD classe) pour introduire ces tâches d'interaction orale en classe. Elles clarifieront les attentes en favorisant les activités de mémorisation et d'imitation.

Neuf saynètes spécialement conçues pour le niveau 5e et tournées en Espagne

Unidad 1 Dire mon âge, parler de mes frères et sœurs et de mon animal de compagnie.
• *¿Cuántos años tienes?* (1'08) - 3 animations
Trois enfants se présentent, disent leur âge, parlent de leurs frères et sœurs et animal de compagnie.

Unidad 2 Parler de ma famille, présenter ma famille.
• *La familia de Luisa* (1'05)
Une adolescente interroge ses parents sur leur famille, en les filmant avec un *smartphone*.

Unidad 3 Dire ce que j'aime et n'aime pas faire.
• *Bienvenidos a mi canal* (1'28)
Un Youtuber parle de son physique et de ses goûts.

Unidad 5 Dire comment je m'habille et ce que je peux porter au collège.
• *¿Cómo vistes para ir al cole?* (0'56)
Un Youtuber dit comment il peut s'habiller pour aller au collège.

Unidad 6 Comprendre des conseils pour une alimentation saine.
• *Consejos del médico* (1'36)
Un jeune garçon, dans le rôle d'un médecin, donne des conseils pour bien se nourrir.

Unidad 7 Comprendre les préparatifs d'un anniversaire.
• *Celebramos el fin de curso* (1'32)
Des jeunes préparent une fête de fin d'année scolaire.

Fiestas
• *Nochevieja* (1'54)
Des adolescents fêtent le Nouvel An et mangent les douze grains de raisin aux douze coups de minuit.

Dans chaque unité, un document vidéo authentique sélectionné à partir de clips de chansons, d'extraits de fictions, de reportages ou campagne de prévention vous est proposé.

Onze vidéos spécialement sélectionnées pour le niveau 5e

Unidad 1
• *La mascota* (3'17) Clip de la chanson du groupe Pim Pau (2014).

Unidad 3
• *Si a nadie le gusta, el ciberbullying desaparece* (2'00) Campagne de sensibilisation au cyber-harcèlement (2015).

Unidad 4
• *Ora Bola* (1'16) Chanson du groupe Piojos y Piojitos, générique du film *Leonera*, de Pablo Trapero (2008).

Unidad 5
• *Habanastation* (2'31) Extrait du film d'Ian Padrón (2011).

Unidad 6
• *Movimiento Actívate* (1'17) Chanson de la campagne de prévention contre l'obésité (2014).
• *Agua* (Ocho vasos de agua al día) (1'16) Clip d'animation "Huit verres d'eau par jour" du groupe Casi Creativo (2014).

Unidad 7
• *La vuelta al mundo* (4'23) Clip de la chanson du groupe Calle 13 (2010).

EPI
• *Campaña #Mediterraneamos* (1'04) Clip de la chanson du concours #Mediterraneamos (2013).
• *La pirámide de la dieta mediterránea* (1'45) Des enfants expliquent comment construire la pyramide du régime méditerranéen.

Fiestas
Una sola gozadera (2'40) La chanson du Carnaval de Barranquilla 2016.
El Carnaval de Oruro (0'47) Spot publicitaire du Carnaval d'Oruro 2016.

Le DVD offre également une option « sous-titrage en espagnol » pour certains extraits, d'autres sont sous-titrés dans leur version originale.
Les scripts de toutes les vidéos de la méthode ainsi que de nombreux conseils et pistes d'exploitation vous sont proposés dans le Livre du professeur.

Pour le professeur

➥ **Le livre du professeur** est désormais téléchargeable sur le site compagnon (estupendo.nathan.fr) en version complète ou par unité, il comprend de nombreuses pistes d'exploitation et deux fiches duplicables par unité : une fiche d'évaluation des compétences et une fiche de test de connaissances.

Les fiches duplicables d'évaluation des compétences permettent l'évaluation des compétences linguistiques, sociolinguistiques et pragmatique et constituent un moyen de vérification du degré de maîtrise par les élèves des outils langagiers abordés dans l'unité. Chaque compétence langagière est évaluée et permet l'attribution d'une note sur 10. Il s'agit d'identifier les éléments qui nécessitent encore du travail ou bien qui peuvent être considérés comme partiellement, voire totalement acquis.
Pour les professeurs qui voudraient « personnaliser » leurs fiches, un fichier word est mis à leur disposition sur le site de la méthode. Ils pourront ainsi adapter les fiches à ce qu'ils auront travaillé avec leurs élèves.

➥ **Le site de la méthode** avec des ressources en ligne gratuites sur estupendo.nathan.fr
- tous les audios du manuel au format MP3,
- les documents audio « Spécial cahier » du cahier d'activités au format MP3,
- la liste des ressources vidéo,
- la liste des ressources et matériels complémentaires de la méthode,
- le livret du coffret DVD-CD classe,
- des extraits de l'audio classe et du DVD vidéo (Unidad 1),
- le livre du professeur téléchargeable en pdf (version complète ou par unité),
- un mode d'emploi du manuel numérique.

➥ **Le manuel numérique enseignant**
L'intégralité du manuel papier est projetable en classe pour animer et personnaliser vos cours. Ce manuel numérique vidéoprojetable vous propose des outils faciles à utiliser, comme le zoom pour agrandir un document, le comparateur de documents, le stylo ou le surligneur pour annoter une page, etc. Vous avez également la possibilité d'intégrer des documents personnels, et un micro permet de s'enregistrer.
Ce manuel numérique multisupport fonctionne sur ordinateur ou sur tablette.

Le manuel numérique enseignant contient : tous les documents audio et les vidéos de la méthode, les liens Internet actifs avec une connexion en classe, des cartes interactives (pages de garde du manuel), le cahier d'activités complet avec l'audio intégré, le Livre du professeur complet en pdf.
Le manuel numérique enseignant est désormais téléchargeable sur une clé USB personnelle.
Pour obtenir des informations sur les offres, les tarifs et accéder à des démonstrations, n'hésitez pas à aller sur le site www.manuelnumerique.com

IV. L'ARTICULATION MATÉRIEL COMPLÉMENTAIRE ET MANUEL

Tableau de correspondances entre les rubriques du manuel et le matériel complémentaire de la méthode.

Nathan

Grille des ressources et matériels complémentaires de la méthode *¡Estupendo! 5e*

	Manuel	Cahier d'activités	3 CD classe	DVD classe	Sites compagnons (gratuits)		Manuel numérique		Livre du professeur
					Enseignants	Élèves	Enseignants	Élèves	
Entraînements à la compréhension de l'oral et à l'expression orale	**Audios** de compréhension de l'oral	–	✓	–	✓	✓	✓	✓	Scripts
	Palabras (lexique)	–	✓	–	Unidad 1	✓	✓	✓	–
	Fonética (*Memoriza - Practica*)	–	✓	–	Unidad 1	✓	✓	✓	–
	Vidéos 1 - saynètes spécialement conçues pour le niveau 5e - 3 authentiques : U6, EPI1 (2)	–	–	✓	Unidad 1	–	✓	✓	Scripts
	Audios des vidéos saynètes	–	✓	–	✓	✓	✓	✓	Scripts
	Vidéos 2 - *Aula multimedia* (6) - authentiques : Fiestas - Carnaval (2)	–	–	✓	Unidad 1	–	✓	–	Scripts
	Audios des vidéos 2	–	✓	–	Unidad 1	✓	✓	–	Scripts
	Audios Spécial cahier	✓	✓	–	✓	✓	✓	–	–
Compréhension de l'écrit	Textes littéraires lus	–	✓	–	Unidad 1	–	✓	–	–
Évaluation des compétences et tests de connaissances	Bilan de compétences	–	✓	–	Unidad 1	–	✓	–	Fiches duplicables
Outils de références culturelles	Dictionnaire interactif	–	–	–	–	✓	–	–	–
	Liens des sites Internet pour faire les jeux et activités	–	–	–	✓	✓	✓	✓	–
	Cartes des rabats	–	–	–	–	–	Cartes interactives	✓	–

V. UNE UNITÉ TYPE

Chaque unité est composée de 12 pages (unités 1 à 4 : 2 *Pasos*) ou de 14 pages (unités 5 à 7 : 3 *Pasos*).

• Une page d'ouverture

Sur la page d'ouverture de chaque unité, l'élève découvre le thème de l'unité et les deux missions au choix (*Tu misión*) qu'il aura à réaliser à la fin de l'unité. Le titre annonce le champ lexical et culturel abordé. Une photo, pouvant servir de support à une activité d'anticipation ou d'évaluation, permet d'entrer dans la thématique.

Réalisée en fin d'unité, la *Misión* permet de mettre en œuvre concrètement les apprentissages de l'unité. Ce projet final aura été préparé progressivement à l'aide des différents supports proposés dans l'unité et des projets intermédiaires que sont les *Actúa* présents à la fin de chaque double page leçon (*Paso*).

Ensuite sont précisés les objectifs pédagogiques de l'unité :

– « Je vais apprendre à… » annonce l'essentiel des objectifs de communication à travailler dans l'unité.

– « Je vais utiliser… » précise les faits de langue abordés dans les rubriques *Apuntes de gramática* de chaque *Paso* et dont l'élève aura besoin pour s'exprimer et réaliser les différentes activités qui lui seront proposées.

– « Je vais découvrir… » présente les objectifs culturels dominants dans l'unité, en particulier ceux qui sont développés dans la double page *Descubre*.

• Deux ou trois doubles pages de leçon : les *Pasos*

Les quatre premières unités, Unidad 1 à Unidad 4, comprennent deux doubles pages *Paso* ; les trois dernières unités, Unidad 5 à Unidad 7, en proposent trois. Chaque *Paso* est généralement composé de trois documents ou supports différents dans leur nature et leur utilisation.

Pour chaque document, une exploitation est proposée avec un entraînement portant sur au moins deux activités langagières (les pictos permettent d'identifier facilement les activités langagières suggérées). Généralement une boîte *Palabras* accompagne le document avec quelques mots de vocabulaire susceptibles d'aider les élèves dans leur production.

Tous les documents proposés sont authentiques et originaux. Pour adapter certains textes ou documents visuels au niveau de langue des élèves de 5e débutants, quelques coupes ont été effectuées dans le but de simplifier la compréhension.

Une progression est respectée entre les activités proposées : tout d'abord un repérage, une élucidation, un commentaire sur le document, ensuite une production plus libre, en imitation.

De temps en temps, apparaît dans cette double page une petite boîte *¡Ojo!* qui apporte une précision anecdotique sur l'un des aspects traités.

À la suite des trois documents, le projet intermédiaire *Actúa* donne la possibilité aux élèves de mobiliser leurs acquis récents pour réaliser ce qui leur est demandé.

Dans chaque *Paso*, un bandeau *Apuntes de gramática* présente de façon claire et succincte les principaux points de grammaire travaillés dans la double page, ils sont accompagnés de quelques phrases d'exercices qui permettent aux élèves d'appliquer immédiatement ce qu'ils viennent de voir. La plupart du temps, ce bandeau est complété par un rappel de phonétique qui donne l'occasion aux élèves de s'entraîner à prononcer correctement tel ou tel son.

• Une double page Descubre

Les doubles pages *Descubre* sont à vocation nettement culturelle et présentent des documents à caractère informatif ainsi que des documents iconographiques. Elles développent une problématique en rapport avec le thème général de l'unité et peuvent être utilisées de façon très souple en complément des leçons.

La double page se compose généralement de plusieurs visuels accompagnés d'une légende écrite dans un espagnol assez simple pour être compris par des débutants.

Une rubrique *En parejas* ou *En equipo* est toujours présente et propose aux élèves une activité à réaliser en binômes ou en petits groupes. Cette activité leur permettra de s'approprier le contenu de la double page, d'en approfondir un aspect et de s'entraîner à une production orale.

En marge de cette double page, les élèves trouveront une dernière rubrique ludique qui prendra la forme soit d'un *Juega con la web*, soit d'un jeu qui ne nécessite pas d'utiliser l'ordinateur. Quand on les invite à se connecter au site collegien.nathan.fr/estupendo5, c'est pour jouer à un jeu en lien avec le thème de l'unité, tous peuvent s'entraîner en petits groupes et ensuite se mesurer à leurs camarades en classe entière.

• Une page *Aula multimedia*

Cette page se compose de trois activités à réaliser avec l'outil numérique, en se connectant au site collegien.nathan.fr/estupendo5 plutôt que d'aller directement sur Internet. Les possibilités sont variées :

- *Cantad con Youtube* : sélection de clips pour faire chanter les élèves.
- *Reflexiona (exprésate) con un vídeo* : sélection d'extraits de fiction (*cf.* p. 74) ou de prévention (*cf.* p. 48).
- *Juega (crea) con la web* : sélection d'activités sur des sites.
- *Crea (dibuja) con las TIC* : activités de création en utilisant les nouvelles technologies.

Bien que ces activités aient un caractère plus ludique, elles donnent aux élèves l'occasion d'utiliser leurs acquis linguistiques dans des situations moins académiques.

• Une page Bellas Artes ou Planeta responsable en alternance

Les pages *Bellas Artes* présentent une œuvre artistique (peinture, architecture, publicité artistique…) et permettent ainsi aux élèves d'enrichir leur parcours d'éducation artistique et culturelle (PEAC).

Les pages *Planeta responsable*, organisées autour de l'affiche d'une campagne officielle contre le racisme (p. 25), pour le respect d'autrui (p. 49), pour une consommation raisonnable (p. 89), invitent les élèves à réfléchir et à s'exprimer sur des valeurs communes à respecter et à partager. Elles s'inscrivent dans le parcours citoyen que doivent porter toutes les disciplines dans les nouveaux programmes.

Quelques mots de vocabulaire sont proposés dans une boîte *Palabras* pour aider les élèves à construire leur production orale dans ces deux types de pages.

• Une double page *Lengua (Juega y repasa)*

Il s'agit d'une double page de langue consacrée au lexique et à la grammaire.

Le lexique est celui qui est travaillé dans l'ensemble de l'unité et les points grammaticaux sont ceux qui sont abordés dans les *Pasos*. Des exercices sont proposés qui permettent aux élèves de manipuler un peu plus systématiquement ces outils langagiers pour les fixer et ensuite être capables de les mobiliser. Figure également dans cette double page un court poème, un extrait de théâtre, un virelangue… que les élèves peuvent mémoriser et réciter ensuite.

Cette double page se termine par une carte mentale, *Mapa mental*, où les structures langagières et le vocabulaire vus dans l'unité sont organisés de façon à faciliter leur apprentissage.

• Une page *Tu misión*

Il s'agit de la dernière page de l'unité. On y trouve deux missions au choix (*Misión A* et *Misión B*) dont la réalisation conduira les élèves à mobiliser les connaissances et les compétences travaillées dans l'ensemble de l'unité. Elles donnent lieu à une production orale ou parfois écrite.

Un *bilan de compétences* est proposé à la suite du projet final pour clore l'unité. Il vise à clarifier de façon concrète les attentes liées au niveau A1 > A2 qu'il faudra valider pour le socle commun en fin de 3e et indique dans une langue à la portée de l'élève les éléments des différents domaines du nouveau socle (voir domaines p. 2 du manuel) mis en œuvre dans les unités.

VI. LES RUBRIQUES RÉCURRENTES

• *Palabras*

Il s'agit du vocabulaire du niveau A1 > A2 nécessaire à l'élève pour répondre aux consignes d'exploitation du document proposé. Certains mots sont illustrés par un dessin afin d'aider la mémorisation.

• *Apuntes de gramática*

Memoriza

Dans toutes les pages de leçon, les points de grammaire travaillés grâce aux documents sont présentés succinctement et on suscitera leur réemploi par l'élève dans les consignes d'exploitation.

Deux points de langue par unité sont ensuite développés dans la double page *Lengua* de l'unité, puis éventuellement repris dans le *Précis grammatical*.

Practica

En lien avec le point de grammaire abordé dans le *Memoriza*, on propose un ou deux exercices d'application courts. Les consignes sont dans un espagnol très simple. Ces exercices peuvent être faits oralement en classe, par exemple à la fin du cours, ou par écrit à la maison.

• *Fonética*
En lien avec le vocabulaire présent dans l'unité, cette rubrique propose un point de phonologie à retenir avec des exercices de prononciation associés.

• *¡Ojo!*
Les boîtes *¡Ojo!* sont des clins d'œil culturels expliquant brièvement et dans un espagnol simple un fait culturel anecdotique en lien avec le contenu des documents proposés dans la double page.

• *Actúa*
Chaque *Paso* (double page) se termine avec la mise en œuvre des nouveaux acquis sous forme de projets intermédiaires de transfert centrés sur l'élève, son quotidien et son environnement immédiat (sa famille, la classe, etc.). Les activités proposées dans cette rubrique doivent permettre le réemploi et une appropriation modeste des outils de langue (lexique + grammaire) travaillés dans la double page concernée.

VII. LES PAGES *FIESTAS*

Les cinq pages *Fiestas* sont à vocation nettement culturelle. Elles présentent des documents à caractère informatif ainsi que des illustrations à la façon des pages *Descubre*. Plusieurs fêtes y sont présentées: *El Día de los muertos en México, Navidades y Reyes en España, El Carnaval en España y América Latina.*
Situées en fin de manuel, ces pages vous permettront de traiter les fêtes comme vous le souhaitez en fonction du calendrier.
Toutes proposent une série d'activités faciles à mettre en œuvre et le plus souvent ludiques, ainsi que des vidéos.

VIII. LE PRÉCIS GRAMMATICAL

Le précis grammatical reprend et complète les faits de langue traités dans les rubriques *Memoriza* et dans les doubles pages *Lengua*. Un index permettra à l'élève de s'orienter facilement dans ce précis présenté sous forme de fiches allant à l'essentiel.
Le précis grammatical a été composé dans un corps suffisamment gros de sorte qu'il soit bien lisible et sa présentation permettra aux élèves, voire à leurs parents, de s'y repérer facilement.
Les Attention ! (!) signalent aux élèves une originalité, voire une irrégularité de la langue, ce qui les incitera à faire un effort supplémentaire de mémorisation.
Les tableaux de conjugaison des verbes réguliers et des principaux verbes irréguliers viennent à la suite du précis.

IX. DICTIONNAIRE VISUEL ET LEXIQUE BILINGUE

Outre les lexiques bilingues classiques, le dictionnaire visuel avec ses planches thématiques permet à l'élève d'apprendre le vocabulaire espagnol d'une façon ludique ; un prolongement numérique interactif gratuit est proposé sur le site compagnon (collegien.nathan.fr/estupendo5).
Les lexiques bilingues espagnol-français et français-espagnol permettent de retrouver le vocabulaire des boîtes *Palabras* et répondent aux besoins lexicaux suscités par les activités proposées aux élèves dans l'exploitation des documents du manuel. On y retrouve un vocabulaire de base à apprendre au niveau A1.

CONCLUSION

Une méthode fonctionnelle qui s'inscrit dans une démarche actionnelle et de projets

Vous l'avez constaté, cette méthode utilise des supports multiples et des approches variées, tout en conservant un cadre cohérent et des modalités d'utilisation facilement repérables pour l'élève et pour l'enseignant.
Notre objectif est de vous permettre, à travers les supports et les activités proposés, de faire découvrir à vos élèves les richesses du monde hispanique, de les faire progresser et de les mener vers une expression autonome en espagnol. Tout est mis en œuvre pour vous faciliter la mise en œuvre de la démarche actionnelle préconisée par les programmes. Les consignes incitent l'élève à être actif, des rubriques spécifiques comme les *Actúa* et *Tu Misión* vous proposent des réalisations concrètes à faire faire à vos élèves.

¡Bienvenidos!

OUVERTURE

→ (p. 10)

A. Objectifs et cohérence de l'unité

Activités langagières A1

Écouter et comprendre
- Connaître les lettres de l'alphabet espagnol, et plus particulièrement la *ñ*.
- Comprendre la place de l'accent tonique en espagnol.
- Apprendre les chiffres, les jours, les mois et les saisons en écoutant des comptines.
- Apprendre les couleurs en écoutant des poèmes.

Lire
- Repérer les lettres de l'alphabet espagnol.

Parler en continu
- Dire les lettres de l'alphabet espagnol.
- Prononcer et épeler des mots.
- Dire les chiffres, les jours, les mois et les saisons.

Écrire et réagir à l'écrit
- Écrire la lettre *ñ*.
- Écrire les jours de la semaine, les mois et les saisons.

Des fiches duplicables d'évaluation viennent clore chaque unité. Pour la préunité, nous proposons une fiche "Test de connaissances" pour évaluer les acquis en phonologie et en lexique. Les pistes audio se trouvent dans le CD3 classe.

B. Pistes d'exploitation et description des attendus

La préunité ***¡Bienvenidos!*** établit le premier contact avec la langue espagnole dans une démarche enthousiaste et communicative ; la découverte de la langue sollicite l'oreille des élèves dès le début de l'apprentissage. Les élèves devraient y trouver intérêt et plaisir, ce qui facilitera leur progression : ces premiers pas vont en effet jouer un rôle décisif dans leur relation à la langue. Ainsi cette unité introductive a-t-elle pour objectif d'être un tremplin motivant pour ce premier contact. Nous avons privilégié une approche ludique, artistique et actionnelle, fondée sur l'oral, afin de guider et d'accompagner l'élève en créant un vrai désir de découverte.

L'enseignant commencera par saluer les élèves avec le mot *bienvenidos* en utilisant déjà le langage « gestuel », en élevant les bras à la manière d'un chef d'orchestre. Il pourra ajouter « *a todos los alumnos* » de façon à réemployer la légende de la photo, cela permettra aux élèves de déduire le sens du mot *alumno*. Il pourra éventuellement se signaler en se montrant personnellement et en disant : « *el profesor / la profesora* », puis, en incluant tous les élèves d'un geste large : « *los alumnos* ». D'emblée, le groupe se retrouvera dans le mot *alumnos*.

La page d'ouverture étant un guide pour l'élève, l'enseignant pourra consacrer quelques minutes pour la lire en expliquant les compétences à travailler.

Grâce au **manuel numérique** et à ses outils tels que le zoom, l'enseignant utilisateur pourra accueillir les élèves en projetant le titre de l'unité, *¡Bienvenidos!*, qui se veut fédérateur. Puis la photo sera isolée et projetée en grand. S'il le souhaite, l'enseignant pourra consacrer quelques minutes à son exploitation, qui sera très succincte. Il se contentera d'élucider la légende *Todos juntos, profesores y alumnos* pour insister sur le fait que la découverte de la langue est une aventure où tous participent avec le professeur, qui conduit sa classe tel un chef d'orchestre. La métaphore de l'orchestre en préunité est un prétexte pour insister sur le travail collaboratif qui devra être fait tout au long de l'année. Elle annonce aussi la découverte de la langue en insistant sur sa musicalité. Dans une démarche de projet, le professeur lira la *Misión* proposée en fin d'unité. Ce temps consacré à la présentation de l'unité est nécessaire pour que l'élève découvre les premiers éléments de la langue espagnole.

El alfabeto español

→ (p. 11)

▶ Je dis les lettres de l'alphabet.

→ **Activités d'accompagnement, Cahier d'activités p. 4.**

DOCUMENT AUDIO **El alfabeto español**

CD1 classe 1 piste 2, MP3 piste 1

A. Les objectifs

Connaissances et compétences langagières

– l'alphabet espagnol
– la lettre *ñ*

- la prononciation de *la e* et de *la u*
- la prononciation des consonnes espagnoles
- les mots *el alumno, el profesor*

Connaissances et compétences culturelles

- la prononciation de l'espagnol

B. Pistes d'exploitation et description des attendus

Cette découverte de l'alphabet doit permettre aux élèves de se sensibiliser aux sonorités et aux spécificités de la langue espagnole.

Dans un premier temps, livres fermés, l'enseignant fera écouter l'alphabet à la classe. Il pourra leur demander de repérer les lettres dont la prononciation est commune au français et à l'espagnol et celles dont la prononciation leur paraît différente dans les deux langues. Après une rapide mise en commun des réponses, afin de confirmer ce qui aura été dit par les élèves, le professeur demandera d'ouvrir le manuel à la page 11 et d'observer le titre et les illustrations.

Si l'enseignant dispose du **manuel numérique**, il pourra projeter cette page et mettre en surbrillance les lettres qui auront été repérées par les élèves comme ayant une sonorité particulière.

Lors d'une deuxième écoute, l'enseignant pourra faire les gestes de la langue des signes espagnole et encourager les élèves à s'y associer ; cette activité pourra sembler difficile pour certains élèves mais ne devra en aucun cas les bloquer. Toute la classe sera unie autour de cette double activité : associer des gestes à des sons nouveaux. Les élèves pourront ainsi répondre à la question 1. Le professeur aura attiré l'attention sur la boîte *¡Ojo!* qui sera utile pour bien prononcer d'emblée *la e* et *la u*. On pourra utiliser la fonction zoom du **manuel numérique** pour mettre en avant cette rubrique. On pourra aussi zoomer sur chaque lettre spécifique à la langue espagnole.

Puis l'enseignant pourra faire écrire dans les cahiers le titre de la page 11 (*El alfabeto español*) et la lettre *ñ* (*la eñe*) (question 2), qu'il associera au mot *español* de manière à illustrer sa présence récurrente et à montrer qu'il s'agit d'une lettre courante et spécifique, emblématique de la langue.

Enfin, une dernière écoute permettra de s'approprier l'alphabet dans son intégralité, en prononçant avec soin les nouvelles sonorités. La dernière écoute est essentielle et permet d'aider à l'acquisition des nouvelles connaissances.

C. Prolongements et activités supplémentaires

L'enseignant pourrait aussi demander aux élèves de préparer le *Actúa* à la maison et de s'entraîner de manière à savoir épeler leur prénom.

On pourra ajouter une précision sur les doubles lettres espagnoles *c, r, l* et *n*, en leur donnant le moyen mnémotechnique pour s'en souvenir (*Carolina*) et également insister sur la simplicité de l'orthographe espagnole (*alfabeto*). On pourra ainsi expliquer que le son prime sur l'écriture : en espagnol, j'écris ce que j'entends.

ACTÚA

Avec le projet intermédiaire *Actúa*, l'enseignant demandera à certains d'épeler leur prénom pour mettre en pratique la découverte de l'alphabet. Les plus audacieux se lanceront et les plus timides ne devront pas se bloquer sur la langue des signes, on s'efforcera de les mettre en confiance et on pourra choisir les prénoms les plus simples à épeler d'abord.

El español es música

→ (p. 12-13)

▶ J'apprends à bien prononcer les mots en espagnol.

→ Activités d'accompagnement, Cahier d'activités p. 4

DOCUMENT AUDIO **EL ESPAÑOL ES MÚSICA**

CD1 piste 3, MP3 piste 2

→ Activités d'accompagnement, Cahier d'activités p. 4

A. Les objectifs

Connaissances et compétences langagières

- la prononciation des mots en espagnol (de la lettre au mot)
- la place de l'accent tonique (que j'entends)
- la présence de l'accent écrit

Connaissances et compétences culturelles

- les spécificités espagnoles et latino-américaines
- quelques mots liés à l'univers musical : *el flamenco, la pandereta*…

B. Pistes d'exploitation et description des attendus

Cette double page a pour objectif d'illustrer la découverte de l'alphabet à travers l'univers musical et festif : le titre illustre la spécificité de la lettre *ñ* (*la eñe*) dans "*español*", et la place de l'accent écrit sur le mot "*música*".

Lors d'une première écoute, livres fermés, l'enseignant pourra demander de repérer les mots transparents comme *las guitarras, el tambor*.

Lors d'une deuxième écoute, livres ouverts, le professeur pourra demander d'observer les mots.

S'il utilise le **manuel numérique**, l'enseignant pourra projeter cette page et mettre en surbrillance ou zoomer les syllabes qui portent l'accent tonique ; les élèves repéreront que chaque mot a une syllabe en gras surmontée d'une flèche. L'enseignant prononcera lui-même les mots pour bien faire entendre l'accent tonique.

Le professeur s'appuiera sur les *Apuntes de fonética* pour expliquer ce phénomène : avec le **manuel numérique**, on pourra projeter cette page et mettre en surbrillance la terminaison des mots pour en arriver à une déduction par l'écoute : 1. Écouter 2. Observer 3. Déduire la règle 4. Répéter. On fera répéter les premiers mots de la piste 5 du CD1.

Les mots de la boîte *Palabras* pourront être écoutés, pour être ensuite copiés dans le cahier : on pourra faire apprendre à la maison les mots de la piste 4 du CD1 et, avec ces outils, l'élève sera prêt à observer et à répondre aux questions 1a et 1b.

La question 2 sollicite à nouveau l'écoute. On relancera la piste 3, on demandera aux élèves de fermer leur manuel et de se concentrer sur l'écoute pour l'associer au geste : frapper dans les mains au moment où ils entendent la syllabe tonique.

Avec le **manuel numérique**, l'enseignant pourra, en cliquant sur le logo du cahier d'activités en haut de la page, afficher la page du cahier d'activités souhaitée et pourra, pour compléter ce travail sur l'accentuation, proposer aux élèves qui utilisent le cahier d'activités de réaliser à l'oral en classe puis à l'écrit à la maison les exercices B4 et B5 page 4.

Enfin les deux exercices de la rubrique *Practica* CD1 pistes 6-7 (MP3 pistes 5-6) pourront être faits en classe ou proposés à la maison de manière à bien vérifier la compréhension. Ce sont l'écoute et la production orale qui dominent, il est important de s'assurer dès le début de l'apprentissage d'une prononciation correcte.

Les exercices du *Practica* peuvent être associés à la technique gestuelle : frapper dans ses mains sur la syllabe accentuée.

C. Prolongements et activités supplémentaires

Un autre travail pourra être mené en trois groupes d'élèves afin d'illustrer les trois possibilités liées à l'accentuation, et chaque groupe choisira des mots illustrant ces possibilités.

L'enseignant profitera aussi de cette double page pour faire entrer les élèves dans les spécificités du monde hispanophone : il pourra associer les photos à une explication succincte de manière à répondre à leur curiosité. Il pourra leur demander ce qu'évoque pour eux telle ou telle photo et n'hésitera pas à formuler des phrases complètes reprenant le nouveau lexique afin de les initier à la musicalité de la langue : cela plaît généralement aux élèves, la musicalité sollicite leur oreille et les fait entrer dans le monde hispanophone, qui pour certains est inconnu.

ACTÚA

Le projet intermédiaire *Actúa* sera la première production individuelle : on pourra la faire en classe après avoir réalisé le *Practica* qui propose d'autres noms d'instruments de musique.

Apuntes de fonética

MEMORIZA

- La voyelle tonique
- L'accentuation des mots

PRACTICA

Corrigé

1. r**i**tmo – bater**í**a – mar**a**cas – c**a**nto – m**ú**sica – viol**í**n – son**i**do – toc**a**r

2. la orqu**e**sta – el direct**o**r – el p**ú**blico – el instrum**e**nto – estup**e**ndo

Cahier d'activités → (p. 4)

CD3 pistes 22 à 25, MP3 pistes 1 à 4 Spécial cahier

Corrigé

Exercice 1

a. español **b.** genial **c.** alfabeto **d.** letra

Exercice 2

a. Marta **b.** Elena **c.** Victoria **d.** Juan **e.** Iñaki **f.** Felipe

Exercice 3

a. la guitarra **b.** el tambor **c.** el disfraz **d.** el instrumento **e.** la pandereta

Exercice 4

a. el ch**i**co **b.** j**o**ven **c.** las ch**i**cas **d.** el españ**o**l **e.** el col**o**r **f.** el viol**í**n

Exercice 5

a. palabra	**ooOoo**	ooooO
b. cantar	**ooO**	Ooo
c. sombreros	Ooooo	**ooOoo**
d. trompeta	**ooOoo**	Ooooo
e. bailar	**ooO**	Ooo
f. música	ooOoo	**Ooooo**

Cifras, días y meses

→ (p. 14-15)

▶ J'apprends les chiffres, les jours, les mois et les saisons avec des comptines.

→ **Activités d'accompagnement, Cahier d'activités p. 5**

1 DOCUMENT AUDIO/TEXTE ¡A CONTAR!

CD1 piste 8

→ **Activités d'accompagnement, Cahier d'activités p. 5**

A. Les objectifs

Connaissances et compétences langagières

- les nombres de 1 à 10
- l'accentuation des voyelles

Connaissances et compétences culturelles

- une chanson enfantine espagnole pour apprendre à compter

B. Pistes d'exploitation et description des attendus

Cette comptine sollicite à nouveau l'oreille : l'enseignant n'oubliera pas de rappeler aux élèves qu'il n'est pas nécessaire de comprendre tous les mots pour accéder au sens. La première écoute se fera à livre fermé (CD1 classe piste 8 ou cliquer sur le picto dans le **manuel numérique**), puis la seconde se fera à livre ouvert, en attirant l'attention des élèves sur les illustrations, qui peuvent être des clés ou des aides à la compréhension. Avec le **manuel numérique**, on pourra surligner les chiffres dans le corps de la chanson. Une troisième écoute sera lancée pour que les élèves puissent « répondre » à la question 1 : La classe dit les chiffres au cours d'un karaoké. La classe pourra s'y reprendre à deux fois : une première fois avec le professeur, une seconde fois seule.

La question 2 est plus axée sur la créativité, on pourra la donner à faire à la maison. On mettra également l'accent sur la présentation du cahier. L'élève commence à s'approprier sa nouvelle langue.

Si les élèves travaillent avec le cahier d'activités, l'exercice C6 de la page 5 peut être donné à faire à la maison et le C7 à faire en classe après écoute du MP3 Spécial cahier (sur le site collegien.nathan.fr/estupendo5). On insistera sur l'orthographe et la prononciation des chiffres.

C. Prolongements et activités supplémentaires

On peut ensuite s'amuser à dire les chiffres en comptant de 2 en 2 et en laissant l'espace pour que la classe dise le chiffre manquant en allant de plus en plus vite, on peut s'amuser aussi à compter de 10 à 1 pour faciliter l'agilité mentale de manière ludique. En principe à la fin de cette session, toute la classe doit savoir compter jusqu'à 10 sans difficulté. Pour conclure, on peut réécouter, le CD1 piste 8 en laissant le livre ouvert et en incitant les élèves à reprendre toute la chanson en karaoké.

2 DOCUMENT AUDIO/TEXTE SIETE SON LOS DÍAS

CD1 piste 9

→ **Activités d'accompagnement, Cahier d'activités p. 5**

A. Les objectifs

Connaissances et compétences langagières

- les jours de la semaine
- l'accentuation des voyelles

Connaissances et compétences culturelles

- une poésie enfantine espagnole

B. Pistes d'exploitation et description des attendus

On quitte maintenant l'univers musical pour pénétrer l'univers poétique, prolongement de la musique par le mot. L'enseignant n'oubliera pas de rappeler aux élèves qu'il n'est pas obligatoire de comprendre tous les mots du poème pour accéder au sens. Cette poésie est axée sur une découverte simple et animée des jours de la semaine : on pourra d'abord l'écouter, CD1 piste 9, livres fermés. Puis on fera une seconde écoute, et si on utilise le **manuel numérique**, on pourra surligner les jours de la semaine.

L'enseignant fera répéter les jours (activité 1) et pourra donner à faire à la maison l'activité 2 ; il insistera sur l'ordre logique des jours de la semaine (illustration), l'orthographe des mots et la place de l'accent écrit. On pourra donner à faire à la maison l'exercice C8 de la page 5 du cahier d'activités (piste 6 MP3 Spécial cahier).

C. Prolongements et activités supplémentaires

On pourra associer les chiffres aux jours de la semaine (lunes, 1 de…) ou faire le même jeu qu'avec les chiffres : le professeur dit un jour, puis la classe donne le suivant, etc., afin que les élèves mémorisent les mots de manière ludique.

On peut suggérer aux élèves de prendre l'habitude de regarder les folios de leur manuel qui sont toujours en chiffres et en lettres.

3 DOCUMENT AUDIO/TEXTE

Doce son los meses

CD1 piste 10

→ Activités d'accompagnement, Cahier d'activités p. 5

A. Les objectifs à compléter

Connaissances et compétences langagières

- les mois et les saisons
- le nombre 12

Connaissances et compétences culturelles

- découvrir une comptine espagnole sur les mois et les saisons

B. Pistes d'exploitation et description des attendus

L'apprentissage se poursuit par une comptine avec un clin d'œil au chiffre 12. L'enseignant pourra faire copier dans le cahier les nombres 11 et 12 à la suite des chiffres précédemment écrits. On pourra écouter la poésie (CD1 piste 10) à livre fermé dans un premier temps. Dans un deuxième temps, soit à livre ouvert si l'on utilise le manuel, soit avec l'outil numérique en surlignant les mois de l'année d'une couleur et les saisons d'une autre et en zoomant sur les illustrations.

On écoutera ensuite les mots de la boîte *Palabras* (CD1 piste 11) pour commencer à donner une vision générale du lexique associé à la division du temps : l'année, le jour, la saison, le mois. Le professeur n'hésitera pas à faire répéter ce vocabulaire pour favoriser la compréhension et la répétition de la comptine. On pourra ensuite faire l'exercice 1 en classe, livres ouverts, en insistant sur les syllabes toniques. Pour aider l'élève à mémoriser et à intégrer ces mots, l'exercice 2 pourra se faire d'abord en classe, ce qui garantira une copie plus soignée. Les exercices 9 et 10 du CA pourront être faits plutôt à la maison.

Enfin, à l'oral, l'enseignant fera dire aux élèves leur âge, le mois et la saison de leur anniversaire (*Actúa*).

C. Prolongements et activités supplémentaires

Cette double page étant la première à solliciter la mémoire, on n'hésitera pas à faire répéter et redire chiffres, jours, mois et saisons. À nouveau, l'enseignant peut commencer à dire *enero* et donner la parole à un élève puis à d'autres… jusqu'à *diciembre*.

ACTÚA

Pour réaliser ce projet intermédiaire, les élèves pourraient se répartir en quatre groupes correspondant aux saisons et en sous-groupes en fonction du mois de leur anniversaire et chacun indiquerait la saison et le mois de sa naissance.

Cahier d'activités → (p. 5)

CD3 pistes 26-27, MP3 pistes 5-6 Spécial cahier

Corrigé

Exercice 6
cuatro - nueve - diez - cinco - uno - dos - tres - ocho - siete

Exercice 7
dos - cinco - siete - nueve

Exercice 8
miércoles – sábado

Exercice 9
a. 4 – **b.** 2 – **c.** 1 – **d.** 3

Exercice 10
a. *enero* **b.** *abril* **c.** *julio* **d.** *noviembre*

El corro de los colores

→ (p. 16)

▶ J'apprends les couleurs avec la poésie

DOCUMENT AUDIO **El corro de los colores**

CD1 piste 12-16

→ Activités d'accompagnement, Cahier d'activités p. 5

A. Les objectifs

Connaissances et compétences langagières

- les cinq couleurs : jaune, rouge, blanc, bleu, vert

Connaissances et compétences culturelles

- la poésie espagnole

B. Pistes d'exploitation et description des attendus

On commencera par écouter la piste 12 du CD1, et on poursuivra avec les pistes suivantes jusqu'à la piste 16, livres ouverts, ou bien en projetant la page et en pointant le poème concerné à chaque écoute. Pour cette page, il est préférable de ne pas faire d'écoute manuels fermés, car l'illustration est vraiment indispensable à la compréhension de l'adjectif de couleur. L'illustration prime sur l'écoute. L'enseignant qui utilise le manuel numérique pourra ainsi surligner chaque couleur et la faire répéter à la classe (exercice 1) et donner l'exercice 2, ainsi que l'exercice D11 du cahier d'activités, à faire à la maison de manière à favoriser la mémorisation.

C. Prolongements et activités supplémentaires

On pourrait déjà sensibiliser les élèves au genre des adjectifs sans employer aucun terme grammatical, mais faire observer : *amarillo, amarilla, verde, verde, azul, azul*... mais sans empiéter sur l'unité suivante. On pourrait aussi s'amuser à changer les couleurs dans les poésies : *Azul que te quiero azul*, par exemple, pour jouer avec les mots.
On peut aussi pour entraîner les élèves à la prononciation faire répéter les noms des poètes : cela permettrait d'insister sur la prononciation de certaines lettres difficiles : Federico - **J**uan **R**amón - Domínguez - Ma**ch**ado...

Cahier d'activités → (p. 5)

Corrigé

Exercice 11
a. *amarillo* **b.** *rojo* **c.** *blanco* **d.** *azul* **e.** *verde*

TU MISIÓN → (p. 16)

A. Les objectifs

Connaissances langagières
- les lettres de l'alphabet
- les chiffres jusqu'à 12
- les cinq couleurs

Compétences langagières
- prononcer les mots
- accentuer les mots

B. Pistes d'exploitation et description des attendus

Cette page est l'aboutissement des deux projets intermédiaires *Actúa* de l'unité. Elle va permettre à l'élève de manipuler les acquis lexicaux dans la réalisation d'un projet concret de fin de séquence.

Le professeur veillera à bien expliquer le sens de la *Misión* en précisant le sens de *soy* et de *quién*. Il encouragera à associer les mois aux couleurs.

Suggestion d'énoncés

Soy una E.
Soy un uno.
Soy el blanco (associé à la neige).
¿Quién soy?
Soy el mes de enero.

Soy una A.
Soy un cuatro.
Soy el rojo (associé au rouge des coquelicots, *las amapolas).*
¿Quién soy?
Soy el mes de abril.

Soy una M.
Soy un tres.
Soy el verde.
¿Quién soy?
Soy el mes de marzo.

Ce projet est une réalisation personnelle qui peut être envisagée comme travail à la maison ou en classe et ensuite proposée sous forme de devinette en classe. Toute latitude est laissée à l'imagination et à la créativité.
On pourra commencer à faire travailler les élèves en binômes : l'un dit le *retrato chino*, l'autre répond avec un mot, car le verbe *ser* n'a pas encore été étudié.

C. Prolongements et activités supplémentaires

On pourrait envisager de compiler les portraits chinois des élèves et éventuellement de leur demander de dessiner leur portrait chinois.

Pistes de travail à la maison

Les consignes de travail possibles pourront être les suivantes :
- Réécouter les enregistrements de l'unité accessibles aux élèves (MP3 pistes 1 à 7).
- S'entraîner en phonétique avec les pistes MP3 de 4 à 6.
- Apprendre par cœur le lexique des boîtes *Palabras* pages 13 et 15.
- Apprendre les chiffres de 1 à 12 par cœur.
- Connaître et savoir prononcer les jours, les mois, les saisons, les couleurs.
- Les exercices du cahier d'activités pages 4 et 5.

¡Hola! ¿Qué tal?

OUVERTURE

→ (p. 17)

A. Objectifs et cohérence de l'unité

Activités langagières A1

Écouter et comprendre
- Comprendre des questions personnelles.
- Comprendre quelqu'un qui se présente (son nom, son âge…).

Lire
- Comprendre des présentations.
- Comprendre des profils sur un réseau social.

Réagir et dialoguer
- Saluer.
- Poser des questions et échanger avec un(e) nouvel(le) élève.

Parler en continu
- Dire bonjour et comment je m'appelle.
- Me présenter, dire mon âge, ma nationalité.
- Parler de mon animal de compagnie.

Écrire et réagir à l'écrit
- Rédiger mon profil pour avoir de nouveaux amis.

Des fiches duplicables d'évaluation viennent clore chaque unité. Elles comprennent une fiche "Évaluation des compétences", avec des exercices d'évaluation de toutes les activités langagières travaillées dans l'unité, et une fiche "Test de connaissances" pour évaluer les connaissances acquises en phonologie, lexique, grammaire et culture. Le CD3 classe comprend, pour chaque unité, une piste pour "Écouter et comprendre" et une piste pour la phonologie.

B. Pistes d'exploitation et description des attendus

L'unité 1 ***¡Hola! ¿Qué tal?*** constitue le vrai démarrage de l'apprentissage de l'espagnol. Après un premier contact dans la préunité ***¡Bienvenidos!***, l'élève va apprendre à saluer, se présenter, dire son âge, parler de son animal ou ses animaux de compagnie. Et ce dans une démarche active et communicative, grâce à des documents authentiques balayant les activités langagières de communication, grâce à des supports numériques, sans oublier la dimension culturelle et la découverte des pays de langue espagnole.

La page d'ouverture est un guide pour l'élève, l'enseignant pourra consacrer quelques minutes à sa lecture, en insistant sur les compétences travaillées au niveau A1, les points de langue et de culture. Dans une démarche de projet, il lira les consignes des deux *Misión* proposées en fin d'unité, qui permettent de rebrasser l'ensemble des contenus de l'unité. Ce temps consacré à la présentation de l'unité est rassurant pour les élèves, ils sauront ainsi ce qu'ils vont apprendre et ce qu'ils auront à produire. Grâce au **manuel numérique** et à ses outils tels que le zoom, l'enseignant pourra accueillir les élèves en projetant le titre de l'unité ***¡Hola! ¿Qué tal?*** et ainsi les saluer. Certains sauront répondre *bien*, ou *muy bien* et le professeur introduira *estupendo*, *fenomenal*, que les élèves pourront répéter. La photo sera isolée et projetée en grand. Si l'enseignant le souhaite, il pourra consacrer quelques minutes à son exploitation, qui sera très succincte. On se contentera d'élucider la légende « *Mi mascota es un loro* » en reproduisant la phrase : *Mi mascota es un gato* ou *Mi mascota es un perro*. On pourra projeter les dessins des *mascotas* du lexique de la page 20 pour accompagner les élèves dans leur production orale, qui ne sera qu'une imitation.

PASO 1 ¿Cómo te llamas?

→ (p. 18-19)

▶ Je dis bonjour, au revoir et comment je m'appelle.

→ Activités d'accompagnement, Cahier d'activités p. 6-7

1 DOCUMENT AUDIO Me llamo Ana

CD1 piste 17 (sans pause), pistes 18 à 21 (version fragmentée), MP3 piste 8

Script

Ana: ¡Hola!
Juan: ¡Buenos días! //
Ana: ¿Cómo te llamas?
Juan: Me llamo Juan. Soy nuevo.
Ana: Bienvenido, Juan. //
Juan: Y tú, ¿cómo te llamas?
Ana: Soy Ana. //
Juan: ¿Eres nueva?
Ana: ¿Yo? No.

A. Les objectifs

Connaissances et compétences langagières

- *llamarse* et *ser*, 1re et 2e pers. sing. du présent de l'indicatif
- l'interrogatif *¿cómo?*
- le genre
- le lexique de l'école (la rentrée), des salutations, des présentations

Connaissances et compétences culturelles

- les salutations en espagnol

B. Pistes d'exploitation et description des attendus

Cette première activité de compréhension de l'oral doit permettre aux élèves de s'approprier les salutations et les présentations simples.

Dans un premier temps, livres fermés, l'enseignant expliquera aux élèves qu'ils vont entendre un dialogue entre deux élèves. Il pourra leur demander de repérer les deux prénoms et les différentes façons de saluer qu'ils auront entendues en passant la piste non fragmentée.

Après une rapide mise en commun des réponses, afin de confirmer ce qui aura été dit par les élèves, le professeur leur demandera d'ouvrir le manuel page 18 et d'observer le titre, les deux photos et la consigne 1. Grâce au **manuel numérique**, on pourra mettre en surbrillance les éléments qui auront été repérés par les élèves.

Deuxième écoute : à l'aide de la version fragmentée du dialogue, à laquelle on accède en cliquant sur le picto du **manuel numérique**, les élèves pourront répondre à la question 1. Auparavant, le professeur aura attiré leur attention sur la rubrique *Palabras*, utile pour accéder au sens du dialogue. L'enseignant pourra utiliser le zoom du **manuel numérique** pour mettre en avant cette rubrique.

Enfin, une dernière écoute permettra d'appréhender le dialogue dans son intégralité, après correction de la question 1.

L'enseignant demandera aux élèves de constituer des binômes pour qu'ils puissent s'entraîner à réaliser une lecture expressive aboutissant à la mémorisation du dialogue. Le professeur pourra demander à plusieurs binômes d'interpréter le dialogue devant leurs camarades.

Avant cette phase d'entraînement en binômes, le professeur pourra faire écouter les pistes 12 et 13 (*Fonética*) pour que les élèves travaillent plus particulièrement la prononciation de la lettre *ll* dans le dialogue.

Avant de passer à la question 3 (qui permet de travailler le genre), le professeur attirera l'attention sur le masculin et le féminin en espagnol dans le dialogue. Les élèves remarqueront la forme en *-a* de *nueva* (pour Ana), et la forme en *-o* de *nuevo* (pour Juan).

Le professeur fera lire aux élèves la note relative au genre dans *Apuntes de grámatica*. À nouveau, il est possible d'utiliser le zoom du **manuel numérique** pour mettre en évidence cette rubrique. L'exercice 3 de *Practica* pourra être réalisé à l'oral en classe, afin de bien faire comprendre aux élèves ce point de langue.

C. Prolongements et activités supplémentaires

L'enseignant pourra demander aux élèves de jouer le dialogue avec leur propre identité.

Les exercices 4 et 5 des pages 6 et 7 du cahier d'activités peuvent être proposés comme travail à la maison.

2 DOCUMENT AUDIO ¿Qué tal?

CD1 piste 23 (sans pause), pistes 24 à 27 (version fragmentée), MP3 piste 10

Script

Marta: Hola, Pedro, ¿qué tal?
Pedro: Bien, gracias. //
Marta: Te presento a Isabel. //
Pedro: ¿Quién es?
Marta: Es mi amiga.
Pedro: ¡Buenas tardes, Isabel! //
Voz de chico: ¡Isabel!
Marta: ¿Quién te llama?
Isabel: Es mi amigo José. ¡Hasta luego!
Marta y Pedro: ¡Adiós!

A. Les objectifs

Connaissances et compétences langagières

- *ser* et *llamarse*, 3e pers. sing. du présent de l'indicatif
- l'interrogatif *¿quién?*
- le lexique des salutations, les différents moments de la journée

Connaissances et compétences culturelles

- saluer, dire bonjour et au revoir, en fonction des moments de la journée

B. Pistes d'exploitation et description des attendus

Cette activité est un entraînement à la compréhension de l'oral. Les élèves auront déjà travaillé cette compétence dans le premier dialogue, il s'agit ici d'étoffer et de compléter les salutations et les présentations.

Lors d'une première écoute (non fragmentée), l'enseignant pourra demander de repérer les différentes façons de saluer et de prendre congé. Lors de la mise en commun des réponses, l'enseignant attirera l'attention des élèves sur la rubrique *¡Ojo!* en utilisant le zoom du **manuel numérique.**

Lors d'une seconde écoute, le professeur pourra demander aux élèves de repérer le nombre et les noms des personnages. Enfin, le professeur pourra demander de repérer qui est l'ami de qui. L'enseignant incitera donc les élèves à utiliser les verbes *llamarse* et *ser* à la 3e personne du singulier.
Ce travail pourra être mené en groupes de trois ou de quatre élèves, l'élève travaillera d'abord individuellement, puis il y aura une phase de mise en commun des réponses par groupe, enfin un rapporteur prendra la parole lors de la restitution « plénière ». Pour compléter ce travail sur les salutations, l'enseignant pourra proposer aux élèves qui utilisent le cahier d'activités de réaliser à l'oral en classe, puis à l'écrit à la maison l'exercice 8 de la page 7 du cahier d'activités. Avec le **manuel numérique**, l'enseignant pourra, en cliquant sur le picto en haut de la page, afficher la page du cahier d'activités souhaitée.
Pour la question 2, les élèves pourront réinvestir les deux mots interrogatifs *¿cómo?* et *¿quién?* ainsi que les verbes *ser* et *llamarse* aux 2e et 3e personnes du singulier. Ils pourront garder ces questions comme trace écrite dans leur cahier, en la complétant avec les différentes façons de saluer et de prendre congé suivant les moments de la journée.

C. Prolongements et activités supplémentaires

Lors de l'activité 2 d'expression orale en interaction, il sera possible de placer les élèves par binômes pour qu'ils puissent, après avoir imaginé les trois questions, interpréter le dialogue entre José et Marta.

3 TEXTE Somos tres compañeros

CD1 piste 28

A. Les objectifs

Connaissances et compétences langagières

- le verbe *ser* aux 2e et 3e pers. pl.
- demander à une personne comment elle va
- le lexique de la classe : *el trabajo, el (la) compañero(a), el (la) profe*

Connaissances et compétences culturelles

- les présentations

B. Pistes d'exploitation

L'enseignant n'oubliera pas de rappeler aux élèves qu'il n'est pas indispensable de comprendre tous les mots d'un texte pour accéder au sens. Il attirera l'attention des élèves sur les notes de vocabulaire.
L'enseignant demandera tout d'abord aux élèves de repérer le nom des personnages. Une fois les noms des quatre personnages identifiés, l'enseignant posera la question : *¿Quién es quién?* **Énoncés attendus** : *Susana es la amiga de Lucía. Susana y Lucía son alumnas. Kay es un alumno nuevo. Susana y Lucía son las compañeras de proyecto de Kay.*
Pour la restitution, l'enseignant pourra projeter le texte avec le **manuel numérique,** zoomer sur la partie du texte lue et souligner les noms des personnages.
L'enseignant pourra faire travailler ses élèves en groupes de 3 ou 4 en distribuant, dans un premier temps, un personnage par îlot et en demandant aux élèves de présenter le personnage qui leur a été assigné (Lucía, Kay, Susana). Dans un deuxième temps, l'enseignant donnera deux personnages à chaque groupe. L'enseignant incitera ainsi les élèves à utiliser les verbes *ser* et *llamarse* à la 3e pers. sing. puis à la 3e pers. pl. et attirera l'attention des élèves sur la conjugaison de ces deux verbes. Les exercices 1 et 2 de *Practica* pourront être faits en classe à l'oral.

C. Prolongements et activités supplémentaires

L'enseignant pourra faire écouter le texte aux élèves et leur demander de s'entraîner à lire les parties dialoguées, mises en surbrillance dans le **manuel numérique**.
L'enseignant pourra se référer à la fiche *Apprendre à apprendre* « Comprendre un texte », page 126.

ACTÚA

Ce premier projet intermédiaire est une activité d'expression orale en interaction axée sur les salutations, les présentations et le questionnement simple. Il est centré sur l'élève et son environnement proche.
L'élève aura déjà pu s'entraîner à la prise de parole en interaction dans les activités 1 et 2 du *Paso*. Il s'agit maintenant de réinvestir les points de langue et les compétences langagières travaillés dans la double page.
Pour mettre en œuvre cette activité, l'enseignant constituera des binômes. Un(e) élève jouera le rôle de l'élève déjà en classe et l'autre élève le rôle du nouveau ou de la nouvelle. Dans un second temps, on pourra demander aux élèves d'intervertir les rôles.
Les élèves devront réutiliser dans leur dialogue les questions *¿Qué tal? - ¿Quién eres? - ¿Cómo te llamas?*, les différentes façons de saluer et de prendre congé en fonction du moment de la journée (matin ou après-midi dans ce contexte), les verbes *ser* et *llamarse* aux trois personnes du singulier ainsi que le genre.

Apuntes de gramática

MEMORIZA

- Le présent de *ser* et de *llamarse* → (Lengua p. 27)
- Le genre
- Les mots interrogatifs → (Lengua p. 27)

PRACTICA

Corrigé

1. a. *Te llamas Kay y eres guapo.* **b.** *Juan y Ana son alumnos.* **c.** *–Ana y Juan, ¿sois nuevos? –No, Juan es nuevo. Yo no.*
2. a. *Me llamo Paula, soy española.* **b.** *Mis amigos se llaman Juan y Marta.* **c.** *Y tú, ¿cómo te llamas?*
3. a. *la alumna nueva.* → *¿Quién es? - ¿Cómo se llama la alumna nueva?* **b.** *el amigo guapo.* → *¿Cómo es tu amigo? - ¿Quién es?*

Pistes de travail à la maison

Les consignes de travail possibles pour le *Paso 1* pourront être les suivantes :

– Relire le dialogue de la page 18 à haute voix en faisant une lecture expressive et en portant une attention particulière à la prononciation du *ll*, pistes 8 + 12-13 (*Fonética*). Les élèves pourront s'entraîner à lire le dialogue avec les personnages suivants : María y Paula.
– Apprendre par cœur les deux boîtes *Palabras*.
– Apprendre les questions et les différentes façons de saluer et de prendre congé notées dans le cahier.
– Apprendre la conjugaison de *ser* et de *llamarse*.
– Exercices du cahier d'activités pages 6-7.

Cahier d'activités → (p. 6-7)

Corrigé

Exercice 1

E	R	D	S	O	M	O	S	S
I	R	A	W	Z	Q	S	N	O
X	C	E	E	O	S	L	M	H
U	I	O	S	G	D	O	S	L
F	V	Z	J	U	A	B	N	C
D	E	G	E	W	K	M	O	I
B	O	F	S	M	D	S	I	S
G	X	Q	U	A	M	S	P	O
E	S	O	I	S	L	H	R	Y

Exercice 2

a. *Soy un alumno, me llamo Luis, soy español.* **b.** *Son amigos y son vecinos.*

Exercice 3

		Presentarse
te	*presentan*	*me presento*
se	*presenta*	*te presentas*
nos	*presentáis*	*se presenta*
os	*presentas*	*nos presentamos*
me	*presentamos*	*os presentáis*
se	*presento*	*se presentan*

Exercice 4

	Mot masculin	Mot féminin
a	*el amigo*	*la amiga*
b	*el alumno*	*la alumna*
c	*el compañero*	*la compañera*
d	*bueno*	*buena*
e	*el chico*	*la chica*
f	*nuevo*	*nueva*

Exercice 5

a. *Soy una alumna.* **b.** *Soy un alumno.*
c. *Soy un chico / un profesor.*

Exercice 6

a. *¿Cómo se llaman las amigas de Inés?* **b.** *¿Qué tal?*
c. *¿Quién es el nuevo de la clase?*

Exercice 7

a. *¿Qué tal?* **b.** *¿Cómo se llama tu amigo?* **c.** *¿Eres nuevo?* **d.** *¿Quién es?*

Exercice 8

a. *¡Buenos días! - ¡Buenas tardes! - ¡Buenas noches! - ¡Hasta luego!*
Por la mañana: ¡Buenos días!
Por la tarde: ¡Buenas tardes!
Por la noche: ¡Buenas noches!
b. *¡Hola!*
c. *¡Hasta luego!*
d. *¡Adiós!*

PASO 2 ¿Quiénes son?

→ (p. 20-21)

▶ Je dis mon âge et ma nationalité, je parle de mon animal de compagnie.

→ **Activités d'accompagnement, Cahier d'activités p. 8-9**

1 DOCUMENT VIDÉO ¿CUÁNTOS AÑOS TIENES?

DVD classe, CD1 pistes 32 à 34, MP3 pistes 14-16

Script

¡Hola! Me llamo Inés. Soy española.
Tengo trece años.
Y tú, ¿cuántos años tienes?

¡Buenos días! Me llamo Federico.
Tengo doce años.
No tengo hermanos.
Tengo una mascota: es un perro.
Y tú, ¿tienes una mascota?

¡Hola! ¿Qué tal? Soy Paloma. No tengo mascota.
Tengo una hermana que tiene quince años. Se llama Nuria.
Y tú, ¿tienes hermanos?

A. Les objectifs

Connaissances et compétences langagières

- *tener* et *vivir* au présent de l'indicatif, 1re, 2e, 3e pers. sing.
- la négation *no*
- les mots interrogatifs *¿cómo, cuánto(a), cuántos(as)?*
- les chiffres de 11 à 20
- le lexique de la famille (*hermanos, hermanas*), les animaux de compagnie

Connaissances et compétences culturelles

- les présentations

B. Pistes d'exploitation et description des attendus

Les activités de cette page du *Paso* 2 entraînent à la compréhension audiovisuelle qui aboutira à une expression orale d'imitation. Ces trois animations vidéo mettent en scène trois adolescents, Inés, Federico et Paloma. Ces derniers se présentent, disent leur âge, précisent s'ils ont des frères et sœurs, un animal de compagnie. Les animations permettent d'aborder le verbe *tener* et d'utiliser *llamarse* pour se présenter et dire son âge. Avant de lancer les animations visuelles sur le DVD ou le **manuel numérique**, on peut envisager d'introduire les chiffres de la boîte *Palabras*. On lancera alors l'audio pour que les élèves répètent les chiffres.

On passera ensuite à l'exploitation des trois vidéos, qui sont complémentaires et progressives dans leur contenu. Grâce au **manuel numérique**, l'enseignant pourra isoler le premier écran et invitera les élèves à identifier l'adolescente, ce qui permettra à la classe de rentrer plus facilement dans le document. Il s'agira de repérer les informations pertinentes relatives à Inés : son nom et son âge. On attend des élèves qu'ils disent *La chica se llama Inés, es española* puis *La chica tiene trece años*. Ces réponses pourront être écrites par l'enseignant directement sur l'écran grâce à la fonction texte du **manuel numérique**.

La séance pourra se poursuivre avec la deuxième animation, celle de Federico, dont l'objectif est d'introduire la négation, le début du lexique de la famille et des animaux. L'enseignant pourra cliquer sur l'écran de Federico sans lancer la vidéo. Il demandera à la classe *¿Quién es?* ou *¿Cómo se llama?* pour réinvestir les éléments de la première présentation. Puis on peut envisager de lire les consignes 2c, 2d, 2e qui se présentent sous la forme *¿Sí o no?* Il serait pertinent de répartir les tâches de repérage dans la classe, trois groupes, chacun ayant une information à repérer. Lors de la restitution, un groupe peut en interroger un autre de façon à favoriser l'interaction. L'enseignant lancera ensuite la vidéo. Lors de la phase de restitution, qui se voudra interactive, on inscrira les réponses directement sur l'écran. Elles serviront de trace écrite. On souhaite que la classe dise : *Federico tiene doce años. Federico no tiene hermanos. Federico tiene un perro.*

Pour la troisième animation, on procédera de la même manière. Il s'agit d'introduire le questionnement avec *¿cuántos?* pour demander l'âge de quelqu'un et de consolider la phrase négative et l'apprentissage du lexique du *Paso 1*. Lors de la restitution interactive, on attend que les élèves disent : *Paloma no tiene mascota. La hermana de Paloma tiene quince años y se llama Nuria.*

On demandera ensuite à trois élèves de présenter Inés, Federico et Paloma de façon à récapituler ce qui a été dit. On invitera les élèves à répondre aux questions posées par ces adolescents à la fin des animations. Pour ce faire, l'enseignant relancera les vidéos en faisant une pause sur la question. Un élève pourra répondre puis interroger un camarade et ainsi de suite. Lors de la prise de notes, l'enseignant attirera l'attention de la classe sur les faits de langue utilisés lors de cette activité. Il zoomera sur les paragraphes de *Apuntes de gramática* page 21 : le présent (personnes du singulier) de *tener*, la négation ; puis il fera travailler ces points dans les exercices de *Practica* n° 1 (b, c) et n° 2 (a, c). S'ils ont été travaillés à l'oral en classe entière, ces exercices seront plus aisés à refaire à la maison.

C. Prolongements et activités supplémentaires

On pourra compléter cette activité par une production orale qui sera une imitation des audiovidéos. On demandera aux élèves d'imiter les trois adolescents et de se présenter de la même manière en utilisant les outils langagiers vus dans la séance : *tener*, la négation, dire son nom, sa nationalité, son âge, si on a des frères, des sœurs, un animal de compagnie. On peut envisager de filmer les élèves et de projeter les vidéos à la classe.

Enfin la séance sera prolongée par des activités lexicales et grammaticales : page 26 n° 2, 3 et 4, les exercices C du cahier d'activités page 9, en classe entière ou à la maison si les élèves utilisent le cahier.

2 TEXTE INÉS TIENE AMIGOS

A. Les objectifs

Connaissances et compétences langagières

- *vivir* au présent de l'indicatif et au singulier
- *hablar* au présent de l'indicatif et à la 3e pers. sing.
- dire d'où l'on est avec *ser de*
- le pluriel
- les mots interrogatifs *¿dónde, quiénes, qué?*
- le lexique des nationalités, de l'identité (*nombre, apellido, edad, ciudad, país*)

Connaissances et compétences culturelles

- usage des deux noms patronymiques en Espagne et en Amérique latine
- les pays de langue espagnole
- le réseau social Tuenti, très répandu en Espagne

B. Pistes d'exploitation et description des attendus

Cette activité de compréhension de l'écrit a pour but d'approfondir la présentation en introduisant le verbe *vivir*, les nationalités, le pluriel des noms. Elle servira également de modèle à imiter pour une production écrite lors de la réalisation du projet intermédiaire *Actúa* en fin de *Paso*.
S'il utilise le **manuel numérique**, l'enseignant zoomera sur la page Tuenti afin que celle-ci occupe tout l'écran, ce qui se rapprochera d'une situation quotidienne pour les élèves habitués aux réseaux sociaux.
On peut envisager de travailler en deux temps : une lecture en classe entière de la présentation d'Inés. Le professeur posera des questions simples qui feront le lien avec la page de gauche : *¿Cómo se llama? ¿Quién es? ¿Cuántos años tiene?* de façon à mettre les élèves en confiance. Puis le questionnement introduira les nouveaux objectifs langagiers : *¿Dónde vive Lucía? ¿Qué idioma habla Inés?* On passera ensuite à la compréhension des profils des amis d'Inés. On peut envisager cette phase en îlots. Chaque îlot lira le profil d'un(e) ami(e) d'Inés : Lucía, Sergio ou Noelia. Pour rendre la restitution dynamique, on demandera à chaque îlot d'en questionner un autre en utilisant les mots interrogatifs *¿cómo, dónde, quién, cuántos, qué?* Si la classe possède des **tablettes**, les îlots se regrouperont autour ou bien les groupes utiliseront les manuels ou le **manuel numérique** projeté. Lors de la restitution interactive, l'enseignant aura soin de noter directement sur l'écran avec la fonction texte les réponses pertinentes qui répondront aux questions 2e, 2f, 2g.
Pour réaliser l'activité d'expression orale en continu, on divisera la classe en deux, une partie présentera Sergio et une autre Noelia. Il s'agit de réinvestir *tiene, vive, es de*. Enfin on élucidera les mots nouveaux des profils : *nombre, apellido, edad, ciudad, país*. On attirera l'attention des élèves sur la spécificité culturelle – résumée dans la rubrique *¡Ojo!* –, concernant les patronymes en Espagne et Amérique latine.
L'enseignant fera lire les faits de langue nouveaux présentés dans *Apuntes de gramática*. Il utilisera la fonction permettant de les isoler et fera travailler à l'oral en classe entière les exercices *Practica* n° 1 et n° 3.

C. Prolongements et activités supplémentaires

Pour poursuivre cette activité et consolider les nouveaux acquis langagiers ou culturels, on peut envisager une activité d'interaction orale avec un jeu de rôles. On demande à chaque élève de jouer le rôle d'un des quatre jeunes. Ils se présentent avec quelques informations mais sans dire leur nom. La classe devine de qui il s'agit. Une autre possibilité est une interaction orale basée sur un jeu de questions-réponses, comme une interview. L'objectif est de faire employer les mots interrogatifs et les conjugaisons de *tener, vivir* et *hablar*.
Avant de lancer les élèves sur le projet intermédiaire de la rubrique *Actúa*, on consacrera quelques minutes à des activités lexicales autour des nationalités, page 26 n° 5 et n° 6 et des activités grammaticales page 27 en classe ou à la maison.

ACTÚA

Ce projet intermédiaire est une activité de production écrite. Comme tous les *Actúa*, il est centré sur l'élève, qui doit ici rédiger son profil. C'est une étape importante pour la réalisation du projet de fin de séquence *Misión A*, page 28.
L'élève aura déjà parlé de lui à la première personne lors de l'activité d'expression orale en continu page 20. Il aura découvert les modalités de rédaction de profils lors de l'activité de compréhension de l'écrit de la page *Tuenti*. Il devra maintenant réinvestir les points de langue et les compétences langagières travaillés dans la double page.
Pour mettre en œuvre cette activité, on peut envisager de demander aux élèves de rédiger leur profil par traitement de texte et de l'enregistrer sur une clé USB pour ensuite le présenter en classe, ou bien de le déposer sur l'ENT de la classe afin que le professeur projette l'ensemble des profils.

Apuntes de gramática

MEMORIZA

- Le présent de *tener* et de *vivir* au singulier
→ (Lengua p. 27)
- La négation
- Le pluriel
- Les mots interrogatifs → (Lengua p. 27)

PRACTICA

Corrigé
1. a. *vive - habla.* **b.** *tiene.* **c.** *tengo*
2. a. *No tengo once años./¿Cuántos años tienes?*
b. *Lucía no vive en Colombia./¿Dónde vive Lucía?*
c. *Federico no tiene dos mascotas./¿Cuántas mascotas tiene Federico?*
3. a. *Las mascotas de Paloma.* **b.** *Los hermanos de Federico.*

Pistes de travail à la maison

Les consignes de travail possibles pour le *Paso 2* pourront être les suivantes :
- Réécouter les bandes-son des animations de la page 20.
- Relire les profils de *Tuenti*, page 21.
- Apprendre par cœur les deux boîtes *Palabras*.
- Lire *Apuntes de gramática* page 21 et apprendre par cœur la conjugaison des verbes *tener* et *vivir*, la négation et les mots interrogatifs.

- Apprendre les phrases importantes de la trace écrite.
- S'entraîner aux activités d'expression orale en continu pages 20 et 21.
- S'entraîner avec les activités lexicales et grammaticales des pages 26 et 27.
- Faire les exercices du cahier d'activités pages 8 et 9.
- Rédiger la carte mentale pour se présenter: la faire dans son cahier, ou la remplir dans le cahier d'activités page 10.

Cahier d'activités → (p. 8-9)

CD3 piste 28, MP3 piste 7 Spécial cahier

Script Spécial cahier

Pour l'exercice B5, page 9

¡Hola! Me llamo Juan. Mi padre se llama Pedro Pérez y mi madre Nuria Martín. Vivo en Salamanca. Tengo doce años. Hablo español y un poco inglés.

Corrigé

Exercice 1

a. *¿Dónde vives?* **b.** *¿Cuántos hermanos tienes?* **c.** *¿Cuántas lenguas hablas?* **d.** *¿Dónde vive tu amiga?* **e.** *¿Cuántas mascotas tienes?*

Exercice 2

a. *No vivo en España.* **b.** *No hablo alemán.* **c.** *No tengo una amiga mexicana.* **d.** *No somos españoles.* **e.** *No es el hermano de Ana.*

Exercice 3

a. *hablas* **b.** *tiene* **c.** *tengo - tiene* **d.** *vives*

Exercice 4

Sergio → *colombiano*
Inés → *española*
Valeria → *argentina*
Eduardo → *cubano*
Lucía → *mexicana*

Exercice 5

Nombre: Juan
Apellidos: Pérez Martín
País: España
Ciudad: Salamanca
Edad: 12 años

Exercice 6

10 - 3 - 2 - 13 - 12

Exercice 7

catorce - quince - dieciséis - diecisiete

Exercice 8

1. *conejillo*: cochon d'Inde
2. *perro*: chien
3. *tortuga*: tortue
4. *caballo*: cheval
5. *gato*: chat
6. *conejo*: lapin
7. *pez*: poisson

DESCUBRE
El español en el mundo

→ (p. 22-23)

A. Les objectifs

Domaine du socle commun

D5. Les représentations du monde et l'activité humaine.

Connaissances et compétences culturelles

Cette double page a pour but de faire découvrir aux élèves les pays où on parle l'espagnol.

B. Pistes d'exploitation et description des attendus

Le professeur pourra d'abord laisser les élèves découvrir l'ensemble de la double page, ce qui permettra de revoir le vocabulaire de l'unité et de mobiliser les connaissances acquises tout en apportant un aspect culturel nouveau.
L'enseignant pourra aussi utiliser le **manuel numérique** qui, à l'aide du vidéoprojecteur, permettra d'agrandir les cartes et les drapeaux ainsi que les fiches d'identité afin de capter davantage l'attention des élèves. Si les élèves disposent du **manuel numérique** en version tablette ou ordinateur, cette double page pourra être découverte et travaillée en autonomie et en équipe.
Afin de contrôler si la carte est bien comprise par les élèves, on pourra leur demander de citer plusieurs pays où l'on parle espagnol en leur demandant de compléter la phrase *En … se habla español.*

Énoncés attendus : *En Venezuela se habla español. En Argentina se habla español. En Cuba se habla español…*
Le professeur pourra attirer l'attention des élèves en leur faisant découvrir aussi un pays africain (Guinée équatoriale)et un pays asiatique (Philippines) où l'on parle espagnol, en posant les questions *¿Se habla español en África?* et *¿Se habla español en Asia?* et leur faire observer que l'Espagne est le seul pays européen où l'espagnol est parlé.

Énoncés attendus : *Se habla español en Guinea Ecuatorial. Se habla español en Filipinas.*
Le professeur pourra ensuite faire découvrir aux élèves les trois personnes qui habitent dans un de ces pays où l'on parle espagnol et dont ils pourront lire les fiches d'identité à la page 23. Ce sera l'occasion de rebrasser le lexique appris dans cette unité pour se présenter, dire son âge et sa nationalité. Après avoir zoomé sur la fiche d'identité A, le professeur pourra poser des questions telles que *¿Cómo se llama el chico? ¿Dónde vive? ¿Cuántos años tiene? ¿Qué lengua habla?*

Énoncés attendus : *El chico A se llama Pablo Vázquez García. Vive en Madrid, la capital de España. Tiene 13 años. Habla español.*

Il pourra faire de même avec la fiche d'identité B ou proposer des amorces à compléter telles que : *Citlalli vive en... Citlalli se llama... Citlalli habla...*

Énoncés attendus : *Citlalli vive en México DF (Distrito Federal), la capital de México. Citlalli se llama De la Mora Villalba. Citlalli habla español y náhuatl, la lengua de los aztecas.*

La découverte de ces trois personnes peut aussi être faite en équipes (en binômes), grâce à la rubrique *En parejas*. Le professeur demandera alors aux élèves de se mettre par deux (alumno A, alumno B) et de suivre les consignes, après s'être assuré qu'ils les ont tous bien comprises. L'élève A donne une information sur l'une des trois personnes et l'élève B doit dire de qui il s'agit. Ce sera l'occasion de réactiver le lexique appris dans cette unité pour se présenter, donner son âge et sa nationalité ainsi que poser une question et y répondre.

Quelques énoncés attendus :

A: *Vivo en España. ¿Quién soy?* B: *Eres Pablo.*

A: *Hablo español y náhualt. ¿Quién soy?* B: *Eres Citlalli.*

A: *Tengo un hermano. ¿Quién soy?* B: *Eres Valeria.*

Si l'équipement de la classe le permet (connexion Internet disponible), les élèves pourront travailler ensuite à partir des activités proposées dans *Juega con la web*. Ils devront alors se connecter à l'adresse indiquée (site compagnon) et associer chaque drapeau à son pays en s'aidant de la carte des pages 22-23. Ils pourront aussi trouver les deux pays intrus où l'on ne parle pas espagnol.

Corrigé

2. a. *En Brasil se habla portugués.* **b.** *En Haití se habla francés.*

C. Prolongements et activités supplémentaires

Les activités de cette double page pourront être prolongées par l'activité 2 de la page *Aula multimedia* pour continuer de découvrir ces pays.

Aula multimedia

→ (p. 24)

1 Cantad con Youtube

DVD classe, CD 1 piste 39

Script

La mascota, del grupo Pim Pau

Mi mascota es un pollito (*bis*)
y el pollito ¡pío!, los pollitos ¡pío! [...], los pollitos... ¡pío!

Mi mascota es una gallina (*bis*)
y la gallina ¡có! [...], los pollitos... ¡pío!

Mi mascota es una lechuza (*bis*)
y la lechuza ¡búh!, la gallina ¡có! [...], los pollitos... ¡pío!

Mi mascota es un caballo (*bis*)
y el caballo ¡ijijiji!, la lechuza ¡búh!, la gallina ¡có! [...], los pollitos... ¡pío!

Mi mascota es un tatú (*bis*)
y el tatú (...), el caballo ¡ijijiji!, la lechuza ¡búh!,
la gallina ¡có! [...], los pollitos... ¡pío!

Mi mascota es una araña (*bis*)
y la araña ¡tsi!, el tatú (...), el caballo ¡ijijiji!, la lechuza ¡búh!, la gallina ¡có!, los pollitos... ¡pío!

Mi mascota es un monstruo (*bis*)
Y el monstruo ¡ajjjj!, la araña ¡tsi!, el tatú (...), el caballo ¡ijijiji!, la lechuza ¡búh!, la gallina ¡có!
¿Y los pollitos?

Los pollitos ¡pío!, ¡pío!, ¡pío!. Los pollitos ¡pío!

2 Juega con la web

Los países de América del Sur

3 Crea con las TIC

Una diapositiva para presentarte

A. Les objectifs

Connaissances et compétences langagières

- les verbes *ser, tener, vivir, llamarse* au présent de l'indicatif (sing.)
- le lexique de la famille (*hermano, hermana*), de l'identité *(nombre, apellido, edad, nacionalidad)*, les animaux de compagnie.
- le vocabulaire informatique: *el programa, insertar, hacer clic, las Tic, una diapositiva*

Connaissances et compétences culturelles

- *La mascota*, une version de *Pollito pío*, chanson enfantine connue
- la géographie de l'Amérique du Sud et les noms des pays hispanophones

B. Pistes d'exploitation et description des attendus

Cette page intitulée *Aula multimedia* a pour objectif de rebrasser les contenus de l'unité en faisant découvrir par de nouveaux vecteurs multimédia des aspects culturels en lien avec la thématique, et en faisant utiliser les TICE dans une perspective actionnelle et ludique.

Les trois ateliers proposés peuvent être menés en salle informatique, en classe avec les tablettes, ou à la maison. L'activité 1 *Cantad con Youtube* propose une chanson enfantine connue, *Pollito pío*, que le groupe argentin Pim Pau interprète sous le titre *La mascota*. Le clip vidéo est un karaoké qui permettra aux élèves de suivre la chanson et de la chanter par la suite. Cette activité peut être proposée en fin d'unité pour rebrasser le lexique des animaux de compagnie de façon ludique avant une évaluation, ou bien avant le projet de fin de séquence *Misión B*. L'enseignant lancera la vidéo en cliquant sur le lien du **manuel numérique**. La première projection pourra être lancée sans consigne préalable, puis on lira la consigne 1 avant de reprendre la vidéo. On pourra répartir les tâches en fonction du profil de la classe, par élève, par binôme ou par îlot, deux animaux à repérer ou plus, prise de notes ou pas. On attendra des élèves qu'ils citent *pollito, gallina, lechuza, caballo, tatú, araña*, l'intrus étant *monstruo*.

Pour l'activité de chant, on proposera aux élèves de former des équipes pour chanter les deux premières strophes et, si possible, d'imiter les gestes des chanteurs du groupe. Suivant le profil de la classe l'enseignant organisera le concours du meilleur groupe ; ainsi toute la classe sera mise à contribution, ce qui rendra l'activité plus dynamique.

La dernière consigne est une production écrite pour laquelle les élèves doivent imaginer une strophe. Cette activité peut être donnée à faire à la maison ou en salle informatique.

L'activité 2 *Juega con la web* renvoie à un site web pour faire un jeu manipulatoire d'un champ lexical ou d'un point culturel vu dans l'unité. Ici il s'agit du site http://serbal.pntic.mec.es/ealg0027/amerisur1e.html Les élèves sont amenés à placer les pays d'Amérique du Sud sur la carte.

Cette activité peut être menée en salle informatique, ou sur les tablettes si le collège en est doté, ou encore faite à la maison en complément du *Descubre* pages 22 et 23. Les élèves travailleront en deux temps. Premièrement, ils découvrent les pays en cliquant sur *Mirar - Estudiar* en haut à gauche de l'écran. Ils doivent passer la souris sur la carte et mémoriser les noms de pays qui apparaissent. Puis, dans un deuxième temps, ils jouent à placer les pays sur la carte en cliquant sur l'icône *Jugar - Practicar*. L'élève voit alors son score s'afficher en bas à droite. On peut imaginer organiser, dans la classe, un concours de rapidité ou de score, soit individuellement, soit avec des équipes qui se confronteraient les unes aux autres.

L'atelier 3 *Crea con las TIC* propose une activité de production : ici, créer une diapositive de présentation en utilisant un logiciel dédié. Cette activité peut être réalisée en salle informatique ou à la maison. Les élèves enregistreront leur travail sur le réseau ou sur une clé USB. L'enseignant pourra alors projeter les travaux des élèves. Il s'agit de réinvestir les contenus langagiers et les savoir-faire de l'unité: se présenter, présenter ses frères et sœurs et ses animaux de compagnie. La manipulation des TIC permet à l'élève d'acquérir des compétences en informatique pour créer quelque chose. Il acquiert également du lexique en espagnol: *inserta, el programa*...

Avec le logiciel LibreOffice Impress, l'élève doit créer une diapositive. Ce n'est pas un diaporama mais seulement une diapositive sur laquelle il intégrera sa photo en faisant Insertion, Image. Il rédigera un court texte pour se présenter, dire son âge, dans quel pays il vit. Il insérera par la suite une photo de ses frères et sœurs s'il en a, inscrira un texte de la même manière puis terminera sa diapositive en décrivant son animal de compagnie. L'enseignant rappellera comment enregistrer un document sur le réseau ou sur une clé USB et s'assurera que tous les élèves ont bien terminé leur tâche de production. Il pourra ainsi vérifier les compétences de chacun dans l'utilisation des TICE.

C. Prolongements et activités supplémentaires

On peut imaginer, concernant l'activité 1 *Cantad con Youtube*, que les productions des élèves seront rassemblées pour former une chanson complète qui pourra être imprimée et affichée, ou bien publiée sur le blog du collège ou dans le journal du collège. Il faudra alors que la classe lui trouve un titre.

Les diapositives que les élèves auront réalisées pour l'activité 3 *Crea con las TIC* pourront être projetées en classe, présentées sur le blog du collège ou bien encore imprimées et affichées dans la salle de cours.

PLANETA RESPONSABLE

→ (p. 25)

A. Les objectifs

Domaines du socle commun

D1. Les langages pour penser et communiquer.
D3. La formation de la personne et du citoyen.

Connaissances et compétences culturelles

– Éducation aux médias : découvrir une campagne de sensibilisation organisée par le ministère de l'Éducation et de la Culture espagnol sur la diversité et la tolérance.
– Construire son parcours citoyen[1] : lutter contre les stéréotypes, s'ouvrir aux autres, être tolérant.

B. Pistes d'exploitation et description des attendus

La page de *Planeta responsable* « *Yo soy tú* » est en lien étroit avec le thème de l'unité, se présenter, découvrir l'autre, et aborde un des aspects du parcours citoyen du cycle : la découverte de l'autre et le respect des autres.

1 Pour plus de détails, se référer au BO spécial n° 11 du 26/11/2015 (cycle 4)
http://www.education.gouv.fr/pid285/bulletin_officiel.html?cid_bo=94717

Les élèves sont invités à s'exprimer de façon simple, ils sont guidés par des amorces ou des questions, le lexique nécessaire à l'expression est donné dans la boîte *Palabras*. Ils vont découvrir une affiche d'une campagne de sensibilisation du Ministerio de Sanidad, Servicios Sociales e Igualdad *Yo soy tú ¡Mézclate!* destinée à encourager les attitudes positives chez les adolescents et lutter contre les discriminations :
http://www.injuve.es/asociaciones/noticia/campana-yo-soy-tu-mezclate

L'enseignant pourra projeter l'affiche grâce au **manuel numérique** ou bien lancera l'application sur les tablettes. Il laissera quelques instants aux élèves pour observer et comprendre. Le sens premier est simple : trois photos d'adolescents très différents les uns des autres, un slogan facile d'accès, *Yo soy tú*, que les élèves n'auront pas de mal à saisir. Le bagage linguistique des élèves est peu important, on n'attendra pas bien entendu une analyse poussée ni un débat approfondi. Malgré tout, les acquis de l'unité et les mots de la boîte *Palabras* permettront d'exprimer l'essentiel. Les trois jeunes d'origines diverses sont tous espagnols, ils parlent tous l'espagnol et ils vivent en Espagne, c'est ce qui les réunit.

Après un moment de lecture individuelle de l'affiche et des bulles de présentation, les élèves présenteront les trois adolescents en complétant oralement les phrases 1a, 1b, 1c. **Énoncés attendus** : *Alú es español. Vive en España. Yésica vive en España. Su padre es boliviano. Hablan español. Felipe es español. Tiene quince años.*

L'enseignant pourra alors conduire sa classe vers le sens de la campagne en posant la question 2e et 2f. *Yésica vive en España como Felipe y Alú. Felipe es español como Yésica y Alú. Son españoles y son iguales.* Ce dernier mot sera repéré et utilisé grâce à la boîte *Palabras*, que le professeur aura eu soin de signaler.

C. Prolongements et activités supplémentaires

Comme prolongement d'activité, on demandera aux élèves d'imiter Alú, Yésica et Felipe et de se présenter de la même manière (question 1d). On peut envisager de mener cette expression orale en îlots, trois élèves qui se présenteront comme sur l'affiche. L'enseignant pourra alors filmer les groupes. Enfin on peut montrer aux élèves, si le temps le permet, les cinq autres affiches de la campagne sur :

www.injuve.es/asociaciones/noticia/campana-yo-soy-tu-mezclate

et la campagne vidéo sur Youtube :

www.youtube.com/watch?v=SbMDshEEGql

Lengua Juega y repasa

→ (p. 26-27)

CD1 piste 41 (Poesía)

→ Cahier d'activités p. 10

Dans la double page *Lengua: Juega y repasa* la première partie (page de gauche) est consacrée à la consolidation des acquis lexicaux (et de civilisation) abordés dans l'unité : ils sont classés par champ lexical (*Los saludos, Los animales, Los países, Las nacionalidades*) et plusieurs exercices ludiques et illustrés sont proposés. L'objectif est de développer la capacité d'attention (relier des mots à l'image), la logique (associer les drapeaux ou leur couleur à une nationalité), la déduction (lettres manquantes, devinette) et la logique de mémoire (rebrassage final). Le dernier exercice (n° 7) s'appuie sur un support culturel ou ludique, différent pour chaque unité. Dans l'unité 1, ce sont quelques vers d'une poésie de Pablo Neruda. Dans un premier temps, l'élève est invité à écouter le poème ; dans un second temps, on lui demandera une petite production personnelle : faire cet exercice d'imitation, qu'il pratiquera à l'oral.

Cette page peut être faite en cours ou donnée en préparation à la maison.

Corrigé

Los saludos

1. a. *¡Buenos días!* **b.** *¡Hola!* **c.** *¿Qué tal?* **d.** *¡Bien!* **e.** *¡Hasta luego!* **f.** *¡Adiós!*

Los animales

2. a. *un perro* **b.** *un gato* **c.** *un conejo* **d.** *un pez*

3. a. 5 **b.** 4 **c.** 1 **d.** 2 **e.** 6 **f.** 3

4. a. *el conejillo de Indias* **b.** *la tortuga* **c.** *el leopardo*

Los países

5. a. *México* **b.** *Chile* **c.** *Argentina* **d.** *Perú* **e.** *Venezuela* **f.** *Cuba*

Las nacionalidades

6. a. *Candela es de Perú y habla español.* **b.** *Vicente es de España y habla español.* **c.** *Victoria es de Argentina y habla español.* **d.** *Emma es de Francia y habla francés.* **e.** *Iván es de México y habla español.*

Poesía

7. Les élèves remplaceront « Pablo Neruda » par leurs prénom et nom.

Les deux tiers de la seconde page de *Lengua* est consacrée aux deux faits de grammaire les plus importants vus dans l'unité : pour l'unité 1, le présent de l'indicatif et les mots interrogatifs. Il s'agit d'en présenter les principaux aspects, qui sont complétés dans le mémento gramatical (p. 137 et 135).

Le présent de l'indicatif

Il est important que, dès le debut de leur apprentissage, les élèves repèrent les éléments qui caractérisent la conjugaison espagnole. Cela leur permettra de construire plus facilement les formes verbales régulières, une fois qu'ils en auront bien compris le mécanisme.

Les mots interrogatifs

Dans cette rubrique sont présentés les mots interrogatifs les plus fréquemment utilisés, avec une phrase modèle que les élèves pourront reprendre ou imiter pour réaliser leurs propres productions.

Corrigé

1. a. *tiene - vive* **b.** *hablo* **c.** *Eres*

2. a. *Ana es de Madrid y tiene 13 años.* **b.** *Mi amigo vive en Salamanca y se llama Pierre.* **c.** *Vivo en Buenos Aires y tengo 14 años.* **d.** *¿Cuántas mascotas tienes?*

3. a. 2 **b.** 3 **c.** 5 **d.** 1 **e.** 4

4. a. *¿Cómo se llama el perro de María?* **b.** *¿Dónde vive Mateo?* **c.** *¿Quién es José?* **d.** *¿Cuántos años tiene Rosa?* **e.** *¿Quiénes son Alú y Yésica?*

Mapa mental → (p. 27)

Le dernier tiers de la page 27 est occupé par la carte mentale de l'unité 1, qui s'intitule *Presentarse*, elle permet de récapituler et de rebrasser tous les acquis de l'unité, tant le lexique que les faits de langue abordés. Elle part d'un *yo* central à partir duquel va être développée la production écrite ou orale et se lit dans le sens des aiguilles d'une montre. Dans cette unité, elle s'appuie sur le verbe, noyau de la phrase (*me llamo, soy, tengo*...), et le questionnement (mots interrogatifs), essentiel pour lancer l'interaction orale.

Le verbe conjugué à la première personne est mis en valeur (fond de couleur vive) pour attirer l'œil de l'élève et lui permettre de mieux fixer ces nouvelles connaissances ; les filets qui s'en détachent s'orientent vers les compléments ou attributs (réemploi du lexique). Grâce à ces exemples modélisants, l'élève est prêt à formuler simplement ses premières phrases de présentation et à poser des questions.

Cahier d'activités → (p. 10)

Dans le cahier d'activités, les élèves pourront compléter la carte mentale de la page 10, qui reprend la structure simplifiée et des éléments de la carte mentale du manuel, et qui est centrée sur l'élève pour lui permettre de réutiliser et de fixer ses acquis (voir corrigé ci-dessous). Elle pourrait être préparée à la maison ; on pourrait aussi la faire retravailler ensuite à l'oral en classe en demandant de parler d'un ou d'une camarade, ce qui leur permettrait d'employer la troisième personne du singulier : *Mi compañero(a) se llama*...

On peut alors associer d'autres verbes de l'unité (*vivir, hablar* par exemple) et ainsi enrichir la carte mentale.

Corrigé

1. *Saludo* *¡Hola! / ¡Buenos días!*

Me presento *Me llamo (nombre), soy (nacionalidad), vivo en (ciudad, país), tengo (número de hermanos, hermanas, tengo (mascotas). No tengo (hermanos, mascotas).*

Pregunto

Y tú,

¿cómo te llamas?

¿cuántos años tienes?

¿dónde vives?

¿qué idioma(s) hablas?

2 *Para (nombre)*

Hola, soy (nombre), tengo 12 años, vivo en Marsella, tengo un hermano y una hermana. Tengo una mascota, una tortuga, se llama Tot. Y tú, ¿dónde vives?, ¿cuántos hermanos tienes? ¿tienes mascotas?

TU MISIÓN → (p. 28)

Cette page est l'aboutissement des projets intermédiaires *Actúa* de l'unité. Elle va permettre à l'élève d'utiliser les acquis lexicaux, grammaticaux et culturels dans la réalisation d'un projet concret de fin de séquence. L'enseignant pourra faire le choix de traiter un des deux projets ou laissera le choix aux élèves.

Le premier projet est une réalisation personnelle qui peut être envisagée comme travail à la maison alors que le second est une production de groupe.

Misión A

Presenta tu ficha de identidad para crear un cartel de la clase.

A. Les objectifs

Connaissances langagières

- le présent de l'indicatif, 1re pers. : *Soy, me llamo, tengo, vivo en, hablo...*
- le genre des noms et adjectifs: *hermana, francesa*
- le lexique de la présentation: *mi nombre, mi apellido, francés*
- le lexique de la famille : *hermano, hermana*
- le lexique des animaux : *gato, perro, pez, conejo, conejillo*
- les chiffres

Compétences langagières

- rédiger un texte guidé sur soi-même, produire de façon autonome quelques phrases (A1 écrire et réagir à l'écrit)
- se présenter et présenter des personnes, des animaux (A1 parler en continu)

B. Pistes d'exploitation et description des attendus

Il s'agit pour l'élève de créer une fiche sur son identité et ensuite de la présenter oralement avant de la coller sur une plus grande affiche commune à la classe. Pour sa réalisation, l'enseignant indiquera à ses élèves qu'ils peuvent être guidés dans la réalisation du projet par la carte mentale de la page 27. Celle-ci pourra être alors projetée.

L'élève va mobiliser ses connaissances langagières acquises dans l'unité pour produire à l'écrit et à l'oral. L'enseignant aura demandé au préalable d'apporter des photos personnelles et se sera soucié de prévoir une grande affiche.

Le projet peut se faire en trois étapes :

– Étape 1 : on attend que l'élève produise une présentation brève de son identité avec des phrases simples.

– Étape 2 : dans un deuxième temps, après correction, l'élève pourra compléter la fiche sur laquelle il collera sa photo.

– Étape 3 : avant de coller sa fiche sur la grande affiche, il se présentera oralement. L'idéal serait que l'élève s'exprime sans lire sa fiche, ce qui pourra constituer un bonus si le projet est évalué.

Misión B

Realiza una encuesta para la revista *Mascotas*.

A. Les objectifs

Connaissances langagières

- l'utilisation du présent de l'indicatif 1re, 2e et 3e pers. sing.
- les mots interrogatifs *¿cómo, quién, cuántos(as), dónde, qué?*
- le genre et le nombre de mots courants
- des nationalités et des pays
- des noms d'animaux

Compétences langagières

- être capable de poser des questions et d'y répondre
- se présenter
- présenter une autre personne

B. Pistes d'exploitation et description des attendus

L'objectif de ce projet de fin d'unité est de remobiliser la langue travaillée tout au long de celle-ci. Il s'agit de faire collaborer un groupe d'élèves (2 ou 3) pour créer une enquête : faire écrire pour faire interagir et rendre compte.

Le projet peut se faire en trois étapes :

– Étape 1 : on attend des élèves qu'ils remobilisent les questions nécessaires à la création du questionnaire.

Questions attendues :

¿Cómo te llamas? ¿Cuántos años tienes? ¿Dónde vives? ¿Tienes mascotas? ¿Cuántas mascotas tienes? ¿Cómo se llama tu mascota?

On laissera un temps à la réalisation de ce questionnaire, ce travail en petits groupes sera l'occasion de privilégier l'intercorrection et l'échange.

– Étape 2 : on attend des élèves qu'ils se questionnent et consignent les réponses pour en rendre compte. Le professeur pourra au besoin définir au préalable un groupe d'enquêteurs et un groupe d'élèves interrogés. Au bout de 5 minutes, on inversera les rôles. Le professeur pourra fixer un nombre d'élèves à interroger en fonction du rythme de chacun.

– Étape 3 : certains élèves seront invités à rendre compte des résultats de leur enquête, on veillera à ce que la transposition à la 3e personne soit correctement réalisée : *se llama, vive en…, tiene…, (no) tiene mascotas, es…, la mascota se llama…*

C. Prolongements et activités supplémentaires

On pourrait envisager de compiler les réponses des élèves pour rendre compte des résultats de cette enquête et la publier dans l'ENT, le blog de la classe ou le site du collège, par exemple. Ce travail serait pris en charge par un groupe d'élèves plus à l'aise. Individuellement, on pourrait aussi demander la réalisation d'une fiche de présentation d'un des animaux de compagnie, un élève moins à l'aise réaliserait la fiche correspondant à un de ses camarades, on s'assurera ainsi du degré de maîtrise de la langue travaillée.

UNIDAD 2

Es mi familia

OUVERTURE

→ (p. 29)

A. Objectifs et cohérence de l'unité

Activités langagières A1

Écouter et comprendre
- Comprendre les liens de parenté.
- Comprendre quelqu'un qui parle de son caractère et de celui des membres de sa famille.

Lire
- Comprendre un texte court sur une famille.
- Comprendre un arbre généalogique.
- Comprendre le synopsis d'un film.

Réagir et dialoguer
- Échanger avec quelqu'un à propos de sa famille.
- Parler du caractère des héros d'un film.
- Parler de mon caractère dans un casting pour une émission TV.

Parler en continu
- Présenter ma famille.
- Parler de la famille royale.
- Décrire le caractère d'une personne.
- Parler de mon animal de compagnie.

Écrire et réagir à l'écrit
- Faire un arbre généalogique (de ma famille ou d'une famille imaginaire).

Des fiches duplicables d'évaluation viennent clore chaque unité. Elles comprennent une fiche "Évaluation des compétences", avec des exercices d'évaluation de toutes les activités langagières travaillées dans l'unité, et une fiche "Test de connaissances" pour évaluer les connaissances acquises en phonologie, lexique, grammaire et culture. Le CD3 classe comprend, pour chaque unité, une piste pour "Écouter et comprendre" et une piste pour la phonologie.

B. Pistes d'exploitation et description des attendus

L'unité 2 ***Es mi familia*** est la deuxième unité du manuel, elle se place dans la continuité de la première. Après avoir appris à se présenter, l'élève va maintenant apprendre à parler de sa famille de façon plus approfondie, à décrire le caractère de chacun des membres de sa famille dans une démarche active et communicative grâce à des documents authentiques balayant les activités langagières de communication et à des supports numériques, sans oublier la dimension culturelle et la découverte de deux familles royales : la famille du roi actuel d'Espagne, Felipe VI, et la famille de *la infanta Margarita*, représentée dans *Las meninas*, de Diego Velázquez.

L'enseignant pourra consacrer quelques minutes à la lecture de la page d'ouverture. Il présentera les objectifs pédagogiques, les points de langue et de culture – ce que l'élève va apprendre tout au long de l'unité. Il signalera les deux projets de fin d'unité *Tu misión* – ce que l'élève pourra faire en fin d'unité pour mettre en œuvre concrètement les apprentissages de l'unité. Ce temps consacré à la présentation de l'unité et à sa thématique est rassurant pour l'élève, qui saura ainsi ce qu'il va apprendre et ce qu'il aura à produire. L'enseignant qui utilise le **manuel numérique**, pourra, grâce au zoom, projeter la photo d'ouverture, ainsi que la légende : *Te presento a mi familia*, afin d'introduire la thématique de l'unité.
On pourra demander rapidement ce que représente la photo en s'appuyant sur la légende et le lexique vu dans l'unité 1 : *Es la familia de una chica con sus padres, sus hermanos.* Si les élèves veulent aller plus loin, on donnera le mot *abuelos*. On n'ira pas au-delà pour ne pas dévoiler le contenu des *Pasos*.

PASO 1 En familia

→ (p. 30-31)

▶ Je parle de ma famille, je présente une famille.

→ **Activités d'accompagnement, Cahier d'activités p. 11-12**

1 TEXTE La Familia de Marta

CD1 piste 42

A. Les objectifs

Connaissances et compétences langagières
- les articles indéfinis: *un, una*
- les adjectifs possessifs à la 3ᵉ personne du singulier : *su, sus*
- le lexique de la famille: *un hermano, un tío, una abuela*

Connaissances et compétences culturelles
- les deux noms de famille dans les pays hispaniques

B. Pistes d'exploitation et description des attendus

Ce texte très court extrait du roman jeunesse d'Ana Bermejo permet de faire la transition entre l'unité 1 et de l'unité 2. L'élève pourra s'appuyer sur ce qui lui est connu pour aller vers ce qui est nouveau. Cela le mettra en confiance et lui permettra d'accéder facilement au sens du texte. On pourra isoler le texte avec la fonction zoom du **manuel numérique** afin que les élèves soient bien concentrés sur la lecture. On laissera s'il le faut la rubrique *Palabras* à l'écran. Le texte est enregistré sur le CD classe. Si on choisit d'écouter l'enregistrement, on précisera pour éviter toute confusion qu'il ne s'agit pas d'une compréhension de l'oral mais de l'écoute d'un texte lu pour rendre la compréhension plus aisée et plus dynamique.

Avant la première lecture, le professeur donnera quelques consignes de repérage simple : *¿quién habla?, ¿de qué habla?* <u>**Énoncés attendus**</u> : *Una chica habla. Se llama Marta Ortiz Baquero. Habla de su familia.* Lors de la mise en commun, on soulignera avec la trousse du **manuel numérique** le nom de Marta sur la ligne 1.

On passera alors à la deuxième lecture qui doit être plus complète et aboutie. L'enseignant pourra demander : *¿Quiénes son los miembros de la familia?* Les élèves devront alors repérer quels sont les membres de la famille. <u>**Réponse attendue**</u> : *Marta tiene un hermano, un tío, una madre y un padre, una abuela.* Lors de la restitution on soulignera le lexique de la famille dans le texte.

Enfin, à la troisième lecture, on demandera aux élèves de faire une lecture silencieuse et individuelle et de repérer les informations supplémentaires : *¿Qué tiene también Marta?* <u>**Énoncés attendus**</u> : *Tiene una amiga que se llama Cari y una mascota, Baby. Es una perra.*

On peut envisager alors de demander aux élèves de lire le texte en binômes. L'élève A lit la première question et l'élève B lit ce que dit Marta. On fixera le temps de préparation, deux à trois minutes et quand les élèves se sentent prêts, quelques binômes liront le texte à voix haute.

Pour terminer la séance, le professeur attirera l'attention des élèves sur le lexique nouveau de la famille. On le repérera grâce au soulignage dans le texte et on élucidera les mots avec la boîte *Palabras*. L'enseignant zoomera ensuite sur les *Apuntes de gramática* afin d'isoler les pavés Les articles indéfinis et Les adjectifs possessifs, que les élèves auront utilisés au cours de la séance.

C. Prolongements et activités supplémentaires

L'enseignant pourra demander aux élèves de préparer l'activité 2. Il s'agit de jouer le rôle du frère de Marta et, en imitant le texte, de présenter sa famille. On peut associer la classe, qui écoutera et s'assurera qu'aucun membre de la famille n'est oublié. <u>**Énoncé attendu**</u> : *Soy Pablo Ortiz Baquero. Tengo una hermana que se llama Marta, un tío, un padre, una madre y una abuela. También tengo una perra, Baby.*

Pour les élèves qui utilisent le cahier d'activités, les exercices 3 et 4 des pages 11-12 pourront être, en partie, réalisés comme travail maison : exercice A3 a, b, c et exercice A4 a, b.

2 DOCUMENT VIDÉO

La familia de Luisa

DVD, CD1 piste 44, MP3 piste 23

Script

Luisa: Hola, papá. Háblame un poco de tu familia.
Padre: Hola, Luisa. Vale.
Luisa: ¿Cuántos hermanos tienes, papá?
Padre: Tengo dos hermanos y una hermana. Son tus tíos.
Luisa: ¿Cómo se llaman mis tíos?
Padre: Tus tíos se llaman Enrique, Pablo y Julia.
Luisa: ¿Tienen hijos?
Padre: Sí, tienen hijos… Son tus primos.
Luisa: ¿Cuántos años tienen?
Padre: Tienen 20, 22 y 23 años.
Luisa: Gracias, papá. Mamá, mamá, ¿cómo se llaman tus padres?
Madre: Mi madre se llama Victoria y mi padre José. Son tus abuelos.
Luisa: ¿Dónde viven los abuelos?
Madre: Viven en Jaén.
Luisa: Gracias, mamá.

A. Les objectifs

Connaissances et compétences langagières

- le pluriel de *tener* et de *vivir* au présent de l'indicatif
- les adjectifs possessifs au pluriel : *mis, tus, sus*
- les chiffres : les nombres de la vingtaine
- le lexique de la famille : *los abuelos, los hijos, los tíos, los primos (el primo, la prima)*

Connaissances et compétences culturelles

- des prénoms espagnols
- le nom de la ville de Jaén en Espagne

B. Pistes d'exploitation et description des attendus

Cette activité vise à entraîner les élèves à la compréhension de l'oral, ici elle est audiovisuelle. Il s'agit de regarder, d'écouter et de comprendre un échange. Luisa pose des questions à ses parents sur sa famille.

On lancera la vidéo sans pause pour le premier visionnage. L'enseignant aura au préalable donné des consignes simples de repérage : *¿Con quién habla Luisa? ¿De qué hablan?* **Énoncés attendus** : *Luisa habla con sus padres. Hablan de su familia.* On demandera également de repérer les mots connus. **Réponse attendue** : *hermanos, tío, abuelo.* On espère que les élèves retrouveront le lexique qu'ils auront vu dans le texte précédent.

Lors de la mise en commun, on notera des mots au tableau grâce à la fonction Texte du **manuel numérique**.

On procédera ensuite au deuxième visionnage, qui pourra être mené en équipe. Ainsi l'enseignant pourra répartir les tâches de repérage. Des groupes de trois ou quatre élèves s'attacheront à repérer des informations sur *la familia del padre, los tíos, la familia de la madre, los abuelos.* Chaque élève prendra des notes individuellement, puis il y aura une phase de mise en commun des réponses par groupe, enfin, un rapporteur prendra la parole lors de la restitution. Lorsque les élèves formuleront leurs réponses, on insistera sur l'utilisation de *tener, vivir* et *llamarse* à la 3e personne du pluriel. **Énoncés attendus** : *El padre de Luisa tiene tres hermanos que se llaman Enrique, Pablo y Julia. Tienen hijos, son los primos de Luisa. Tienen 20, 22 y 23 años. Los padres de la madre de Luisa (los abuelos de Luisa) viven en Jaén.*

Les expressions nouvelles intégrant les faits de langue nouveaux seront notées au fur et à mesure au tableau pour la trace écrite de fin de séance. On passera alors au dernier visionnage. Suivant le niveau de la classe, il s'agira de compléter les informations manquantes ou bien de vérifier ce qui a été dit. On peut envisager de demander de repérer les questions posées par Luisa afin de préparer l'activité d'expression en interaction.

L'enseignant soulignera les verbes au pluriel et lira à la classe le tableau de conjugaison des *Apuntes de gramática*. Les élèves seront invités à le lire et à le mémoriser.

On repérera alors les mots de la famille nouveaux et les âges. Ainsi le professeur qui utilise le **manuel numérique** zoomera sur la rubrique *Palabras* afin de faire écouter et lire le lexique et les nombres de la vingtaine.

C. Prolongements et activités supplémentaires

Lors de l'activité 2 d'expression orale en interaction, on placera les élèves par binôme. On laissera quelques minutes à chaque binôme pour préparer trois ou quatre questions et y répondre. Il s'agit d'imaginer la scène « à l'envers », c'est la mère de Luisa qui l'interroge. Il faut donc que les élèves réinvestissent le lexique de la famille, les verbes *tener, vivir, llamarse* au pluriel, les possessifs et les mots interrogatifs : *¿cómo, cuántos, dónde?* Ces indications seront données au préalable par l'enseignant qui pourra y associer les élèves.

Énoncés attendus : *¿Cuántos hermanos tiene tu padre? ¿Cómo se llaman tus tíos? ¿Cuántos años tienen tus primos? ¿Dónde viven tus abuelos?*

L'interprétation des dialogues pourra constituer la reprise pour la séance suivante.

3 DOCUMENT VISUEL

LA FAMILIA REAL DE ESPAÑA

A. Les objectifs

Connaissances et compétences langagières

- le pluriel des verbes *llamarse, tener* au présent de l'indicatif
- les nombres de 30 à 100
- le lexique de la famille: *el hijo, la hija, el nieto, la nieta,*
- le lexique de la royauté: *el rey, la reina, los reyes, la princesa, la infanta*
- apprendre à présenter l'arbre généalogique d'une famille

Connaissances et compétences culturelles

- la famille royale de Felipe VI
- le traitement honorifique : *don, doña*

B. Pistes d'exploitation

On laissera quelques minutes aux élèves pour observer l'arbre généalogique de la famille du roi d'Espagne. Probablement n'en ont-ils jamais vu et devront-ils se familiariser avec sa forme. Cette phase d'observation sera précédée d'une consigne ou deux de repérage : *¿Qué es? ¿Quiénes son las personas?* **Énoncés attendus** : *Es un árbol genealógico. Las personas son los miembros de la familia real de España.*

On pourra demander à la classe de s'interroger sur les membres de la famille, leur nom, leur âge en utilisant les mots interrogatifs *cómo, quién, quiénes, cuántos.* Cette interaction rendra la séance plus dynamique et l'élève s'appropriera plus facilement les apports nouveaux. L'enseignant aura au préalable rappelé le recours indispensable à la boîte *Palabras*. **Énoncés attendus** : *¿Cómo se llama el rey? ¿Quién es Letizia? ¿Cuántas hijas tienen los reyes? ¿Cómo se llaman? ¿Quiénes son don Juan Carlos y doña Sofía? ¿Cuántos años tiene el rey Felipe?...*

Ainsi, on introduira les dizaines jusqu'à 100 ainsi que les mots liés à la *Familia real* et on réinvestira les mots interrogatifs, le pluriel de *tener*, de *llamarse* et les adjectifs possessifs.

Au fur et à mesure des réponses, l'enseignant pourra surligner les informations sur l'arbre généalogique grâce à la fonction surligneur du **manuel numérique**. Pour s'assurer que toute la classe s'est approprié la séance, l'enseignant posera les questions 1 a, b, c, d oralement. Celles-ci pourront être travaillées à l'écrit comme travail à la maison.

C. Prolongements et activités supplémentaires

On passera alors à l'interaction avec l'activité 2 : un jeu de rôles. Chaque élève choisit un membre de la famille du roi

Felipe VI. Il ne dit pas qui il est. Il présente sa famille en deux phrases, et cette fois-ci il pourra utiliser la première personne. Le reste de la classe devine qui il est. **Énoncés attendus** : *Soy el hijo de don Juan Carlos. Tengo 48 años y tengo dos hijas. –¿Quién soy? –Eres el rey Felipe VI (sexto).* Lors de la restitution, on attirera l'attention de la classe sur le son [X] (*la jota*) dans Juan Carlos, dans la rubrique *Fonética*.

On demandera alors à plusieurs élèves de jouer le rôle d'une autre personne représentée dans l'arbre généalogique. Cela pourra constituer la reprise de la séance suivante.

Puis l'enseignant pourra consacrer quelques minutes aux activités linguistiques des *Apuntes de gramática* et faire faire oralement les exercices *Practica* 1, 2 et 3. Ils pourront être refaits à la maison à l'écrit. Si les élèves utilisent le cahier d'activités, on pourra leur demander de faire les activités des pages 11 et 12 pour la séance suivante. L'enseignant projettera les pages du cahier d'activités en cliquant sur l'icône en haut de la page 30. Quelques activités pourront être faites oralement en classe si le temps le permet, l'essentiel devra être réalisé pendant la séance.

ACTÚA

Ce premier projet intermédiaire de l'unité 2 est une activité de production de l'écrit. Il s'agit de réaliser un arbre généalogique en imitant celui de la famille du roi Felipe VI. Si les élèves le souhaitent, ils peuvent imaginer une autre famille que la leur, une famille imaginaire ou une famille de gens célèbres.

Cette activité pourra être réalisée dans le cahier ou sur une feuille séparée, en salle informatique ou à la maison avec les outils numériques. Les arbres pourront être exposés dans la classe si les élèves le souhaitent. On pourra demander aux élèves de projeter leur arbre généalogique ou de présenter leur famille avant l'affichage dans la classe. Ce projet intermédiaire est en lien étroit avec le projet final *Misión B* et facilitera sa réalisation.

Apuntes de gramática

MEMORIZA

- Le présent de *tener* et *vivir* au pluriel → (Lengua p. 39)
- Les articles indéfinis
- Les adjectifs possessifs → (Lengua p. 39)

PRACTICA

Corrigé

1. a. *tienen* **b.** *viven*
2. a. *una* **b.** Ø **c.** *un*
3. a. *tus* **b.** *mi - mis* **c.** *sus*

Pistes de travail à la maison

Les consignes de travail possibles pourront être les suivantes :
- Refaire à l'oral l'activité d'interaction n° 2 page 30 (*La familia de Luisa*).
- Refaire à l'oral l'activité d'interaction n° 2 page 31 (*¡Adivina quién soy!*).
- Apprendre par cœur le lexique de la famille dans les boîtes *Palabras*.
- Apprendre par cœur les chiffres de 20 à 100 dans les boîtes *Palabras*.
- Apprendre les conjugaisons au pluriel de *tener* et *vivir* dans *Apuntes de gramática*.
- Faire les exercices *Practica* page 31.
- Faire les jeux de langue *Lengua: Juega y repasa* page 38 n° 1, 3.
- Faire les exercices de la page *Lengua: Juega y repasa* page 39 n° 1d, n° 2b, d, n° 3, n° 4.
- Exercices du cahier d'activités pages 11-12.

Cahier d'activités → (p. 11-12)

CD3 piste 29 - MP3 piste 8 Spécial cahier

Script Spécial cahier

Pour l'exercice B5, page 12

Hola Soy Julio, tengo 12 años. Tengo una hermana. Tiene 17 años. Mi madre se llama Ana y mi padre José. Tienen 39 años. Mi tío Pablo es el hermano de mi padre. Con mi tía Isabel tienen dos hijos. Mi primo se llama Pablito y mi prima María. Mis abuelos, los padres de mi madre, se llaman Mercedes y Luis. Tienen 70 y 72 años.

Corrigé

Exercice 1

a.

Tener	*Vivir*
tengo	*vivo*
tienes	*vives*
tiene	*vive*
tenemos	*vivimos*
tenéis	*vivís*
tienen	*viven*

b. *Tengo un hermano que se llama Julio.*
Vivo en Francia.

Exercice 2

a. *¿Dónde vivís?* **b.** *¿Cuántos años tienen?* **c.** *Vivimos en España.* **d.** *Tenemos un primo.* **e.** *Tenéis trece años.* **f.** *Viven en Madrid.*

Exercice 3

a. *una hermana* **b.** *un nombre* **c.** *una madre* **d.** *un rey* **e.** *una tía* **f.** *un primo*

Exercice 4

a. *¿Quién es tu hermano?* → *¿Quiénes son tus hermanos?*
b. *Mi abuela es española.* → *Mis abuelas son españolas*
c. *Sus hermanas tienen doce años.* → *Su hermana tiene doce años*
d. *¿Cómo se llaman tus primos?* → *¿Cómo se llama tu primo?*

Exercice 5

colonne gauche : *su tía - su hermana - su padre - su abuelo - su madre*

colonne droite : *su primo - su tío - su prima - su abuela*

Exercice 6

Verticales

1. *madre* **2.** *tío* **3.** *hermanos* **4.** *prima*

Horizontales

A. *nieto* **B.** *abuelo* **C.** *padre*

Exercice 7

Exemples : *veintiuno - veintidós - treinta y tres - treinta y seis - cuarenta y dos - cincuenta y ocho - sesenta y uno - setenta y nueve - ochenta y cinco - noventa y siete*

Exercice 8

a. 10 + 55 = 65 - *sesenta y cinco* **b.** 3 x 6 = 18 - *dieciocho* **c.** 78 : 3 = 26 - *veintiséis* **d.** 88 – 9 = 79 - *setenta y nueve*

PASO 2 ¡Qué carácter!

→ (p. 20-21)

▶ Je décris mon caractère, je parle du caractère des autres.

→ Activités d'accompagnement, Cahier d'activités p. 13-14

1 DOCUMENT AUDIO

UN CANDIDATO OPTIMISTA

CD1 piste 49 (sans pause), pistes 50 à 53 (version fragmentée), MP3 pistes 28

Script

¡Hola! Soy Javier, vivo en Valencia y participo en MasterChef Junior. // Soy creativo y optimista. Creo que puedo ganar el concurso. Mi hermana menor cree que soy el mejor. Es muy maja y tranquila. // Cocino con mi padre los domingos por la tarde. Después comemos en familia los pasteles que preparamos. // Admiro a Manuel, el ganador de MasterChef Junior 2015. Es mi modelo. Es muy simpático y gracioso.

A. Les objectifs

Connaissances et compétences langagières

– le présent de l'indicatif des verbes des trois groupes
– les comparatifs irréguliers *mayor, menor, mejor*
– le lexique des qualités : (*ser*) *creativo(a), majo(a), optimista*
– Savoir parler du caractère de quelqu'un.

Connaissances et compétences culturelles

– un programme télévisé espagnol à succès, *MasterChef Junior.*

B. Pistes d'exploitation et description des attendus

Il s'agit ici d'entraîner les élèves à la compréhension de l'oral. Un jeune candidat au jeu Masterchef Junior parle de lui et de sa famille ; il évoque les qualités personnelles qui pourraient lui faire gagner le concours. Pour faciliter l'accès au sens, l'enseignant pourra projeter le visuel qui accompagne le document audio. Les élèves seront ainsi amenés à identifier les jeunes sur la photo. **Énoncé attendu** : *Son (tres) candidatos para el concurso MasterChef Junior.*

On procédera alors à la première écoute de l'enregistrement, qui sera globale. On la fera précéder d'une consigne de repérage simple : *¿Quién habla? ¿Quién es?* Lors de la restitution et de la mise en commun, on attend des élèves qu'ils disent : *Es un chico, se llama Javier y es un candidato de MasterChef Junior / participa en el MasterChef Junior.* L'enseignant qui dispose du **manuel numérique** pourra noter les réponses au tableau grâce à la fonction Texte. On passera ensuite à la première écoute fragmentée, qui sera précédée d'une consigne simple permettant d'isoler l'information : *¿Dónde vive Javier?* **Réponse attendue** : *Javier vive en Valencia.* On regardera, grâce à la carte interactive du manuel, où se situe Valencia. Puis on poursuivra avec les deuxième et troisième pistes de l'écoute fragmentée. L'enseignant pourra répartir les tâches dans la classe. Un groupe d'élèves notera les adjectifs qu'ils entendent, reconnaissent ou devinent pendant qu'un autre notera le nom et l'identité des autres personnes évoquées. **Énoncés attendus** : *creativo, optimista / maja, tranquila / la hermana menor / el padre.* L'enseignant notera les réponses en deux colonnes et demandera : *¿Quién es creativo y optimista? ¿Quién es maja y tranquila?* On terminera l'écoute du document avec la piste 53 du CD1 et l'enseignant demandera aux élèves de noter le prénom entendu et l'identité de cette personne. **Réponse attendue** : *Es Manuel, el ganador de MasterChef.* On refera écouter ce passage et on répondra alors à la question 1 d. **Réponse attendue** : *Javier admira a Manuel porque es simpático y gracioso.*

L'enseignant terminera par une écoute complète de l'audio et posera des questions simples pour vérifier

que la classe a compris l'essentiel du message. On s'appuiera sur les mots et expressions notés au tableau au fur et à mesure du déroulement de la séance. L'enseignant pourra proposer aux élèves de répondre aux questions 1 a, b, c et d oralement avant de noter les réponses qui pourront constituer la trace écrite pour certaines d'entre elles. On soulignera grâce à la fonction surligneur du **manuel numérique** les adjectifs liés au caractère, les comparatifs irréguliers *menor*, *mejor* ainsi que les verbes. Il serait pertinent d'utiliser une couleur différente.
L'enseignant zoomera enfin sur les points de langue des *Apuntes de gramática* : le présent de l'indicatif et les comparatifs irréguliers.
Ces activités occuperont une séance.

C. Prolongements et activités supplémentaires

On pourra compléter cette activité par une production orale en continu. Il s'agit dans l'activité 3 de jouer le rôle de la petite sœur de Javier. Celle-ci doit présenter son frère, parler de son caractère et dire pourquoi il est le meilleur candidat. Cette activité pourra être envisagée comme travail à la maison. L'enseignant insistera sur les outils linguistiques à utiliser.
Enfin la séance sera prolongée par des activités grammaticales : *Practica* n° 1, 2 et 3 dans *Apuntes de gramática*, page 33. Les activités lexicales de la page 38 nécessitent d'avoir travaillé les autres documents du *Paso 2*. En revanche, si les élèves utilisent le cahier d'activités, on pourra leur demander de faire les exercices A1 et A4 de la page 13. L'enseignant peut ouvrir cette page à l'écran en cliquant sur l'icône du cahier d'activités.

2 TEXTE La familia ridícula

A. Les objectifs

Connaissances et compétences langagières

- le présent de l'indicatif des trois groupes verbaux
- les comparatifs irréguliers *mayor* et *menor*
- le lexique de la famille : *el hermano mediano*
- le lexique lié au caractère : *maniático, hablador, habladora*
- la prononciation de la lettre *r*
- savoir échanger avec quelqu'un sur sa famille en insistant sur le caractère

Connaissances et compétences culturelles

- une auteure contemporaine, Anna Manso
- des prénoms espagnols commençant par *r* : Raúl, Rubén, Rafael, Ramona

B. Pistes d'exploitation et description des attendus

Cette activité de compréhension de l'écrit a pour objectif de consolider les acquis linguistiques sur le thème de la famille et d'approfondir le lexique des qualités et des défauts. Le texte a une portée humoristique et sa lecture expressive permettra de saisir cette dimension. On pourra commencer par élucider le titre *La familia ridícula*. Lors de la première lecture, qui sera accompagnée de l'enregistrement (simple clic sur l'icône du **manuel numérique**) on demandera aux élèves de repérer : la phrase reprise dans le titre, le narrateur, le nom des membres de sa famille. Lors de la restitution, l'enseignant soulignera les réponses directement dans le texte, qui sera zoomé.
Énoncés attendus : *La chica se llama Ru, tiene trece años. Los nombres son Raúl, Rubén, Rafael y Ramona.* On demandera alors aux élèves de repérer la première lettre, un *r* comme dans *ridícula*.
On reprendra la lecture qui sera fractionnée. L'enseignant pourra isoler les passages lus grâce au zoom du **manuel numérique**. On demandera alors : *¿Cuántos hermanos tiene Ru y cuántos años tienen?* puis *¿Cómo son sus padres?* **Énoncés attendus** : *Ru tiene dos hermanos que tienen dieciocho y dieciseis años. Su padre Rafael es maniático y su madre Ramona es habladora.* Les réponses pourront être soulignées directement dans le texte. On procédera à la suite de la lecture en isolant le passage intéressant. Afin de réinvestir les comparatifs irréguliers, on pourra demander : *¿Quién es el mayor? ¿Quién es el menor?* **Énoncés attendus** : *Ru es la hermana menor. Su hermano Raúl es el mayor.*
Pour vérifier la bonne compréhension du texte, on fera répondre oralement aux questions 1 a, b, et c. On notera certaines d'entre elles qui pourront constituer la trace écrite.

C. Prolongements et activités supplémentaires

Avant de lancer les élèves sur l'activité de production orale en interaction, on peut envisager de faire lire le texte de façon expressive à quelques élèves. On travaillera au préalable, par le biais de la rubrique *Fonética*, la prononciation du *r*. On peut associer les auditeurs que seront les autres élèves à l'évaluation de la lecture sur deux critères : la prononciation de la lettre *r* et le ton humoristique à employer. Si le temps de la séance ne le permet pas, cet exercice de lecture expressive pourra être donné à préparer à la maison. Rappelons que l'essentiel doit être travaillé en classe.
L'enseignant pourra ensuite proposer l'activité 2, qui est une production orale interactive. Les élèves seront invités à jouer en binôme : l'un des deux prendra le rôle du frère aîné de Ru et l'autre celui d'un de ses amis. La conversation est centrée sur la famille de Ru mais vue

par son frère Raúl. Le professeur demandera aux élèves quels sont les outils dont ils auront besoin pour la réalisation de cette activité et expliquera les modalités, lesquelles pourront être notées au tableau. L'idéal serait de proposer cette activité immédiatement après le travail de lecture du texte, sans préparation. Ainsi nous obtiendrions une production spontanée.
Si on manque de temps, on donnera cette activité à préparer à la maison et à présenter lors de la reprise de la séance suivante. L'enseignant insistera sur la pertinence d'utiliser la boîte *Palabras* de la page 32. Il demandera aux élèves de s'entraîner à l'exercice de prononciation *Fonética* page 33 en écoutant les pistes MP3 31 et 32.

3 TEXTE

El cerebro y el rebelde

A. Les objectifs

Connaissances et compétences langagières

- le présent de l'indicatif des verbes réguliers
- la comparaison avec *mientras que*
- *muy* devant un adjectif : *muy serio*
- les articles définis
- le lexique de la famille : *los mellizos*
- les adjectifs des qualités et des défauts
- le lexique du cinéma : *la película, el cartel, la sinopsis, los héroes*
- savoir parler de personnes de caractères différents.

Connaissances et compétences culturelles

- Zipi et Zape, les héros d'un film et d'une bande dessinée espagnols

B. Pistes d'exploitation et description des attendus

Il s'agit ici de découvrir et comprendre le synopsis d'un film récent intitulé *Zipi y Zape y el club de la canica*. Le synopsis est accompagné de l'affiche du film, ce qui rend la page plus dynamique, attrayante, et qui permet aux élèves de mieux s'approprier le contenu du texte informatif. Si l'enseignant utilise le **manuel numérique**, il pourra démarrer la séance par la projection de l'affiche, en utilisant le zoom. Quelques instants seront laissés aux élèves pour qu'ils observent bien l'affiche. Il ne s'agit pas d'en faire une description poussée et exhaustive mais de dégager les informations essentielles : le titre du film, les personnages principaux, le genre du film. **Énoncés attendus** : *Es el cartel de una película. La película se llama* Zipi y Zape y el club de la canica. *Los héroes son dos chicos.*
On passera ensuite à la lecture du synopsis. L'enseignant pourra lire le texte ou demander à la classe de faire une lecture silencieuse. Dans tous les cas, cette première lecture sera précédée d'une consigne de repérage, par exemple, relever tout ce que l'on apprend sur Zipi et Zape.
On rappellera aux élèves le recours pertinent à la boîte *Palabras* pour élucider le lexique nouveau qui leur servira également à répondre aux questions. On peut imaginer que les élèves noteront des mots dans leur cahier ou bien que le professeur aura photocopié le synopsis afin que les élèves puissent surligner les éléments demandés. Cela facilitera l'accès au sens. Il pourrait s'avérer utile de renvoyer la classe à la fiche **Apprendre à apprendre** intitulée « Comprendre un texte », page 126.
Pour la phase de restitution, l'enseignant isolera les paragraphes du texte grâce à la fonction zoom du **manuel numérique**. Il pourra surligner directement les réponses sur le synopsis projeté. On attend que les élèves disent qui sont Zipi y Zape, *dos hermanos, mellizos, dos alumnos*, qu'ils donnent le nom du collège, *el colegio Esperanza (muy estricto)*, qu'ils qualifient le caractère de chacun des jumeaux : *Zipi es el rebelde, es valiente, divertido y travieso mientras que Zape es el cerebro, es serio, inventa juegos inteligentes contra la autoridad.* Ainsi on introduira *mientras que* pour comparer les deux jumeaux.
Pour s'assurer que la classe a compris le synopsis et a saisi qui sont Zipi et Zape, on demandera à la classe de répondre oralement aux questions 1 a, b, c, et d. Certaines réponses seront notées au tableau et serviront de support pour la trace écrite.

C. Prolongements et activités supplémentaires

On proposera à la classe l'activité de production orale en interaction qui propose de jouer plusieurs rôles : le rôle de journaliste pour la revue espagnole *Fotogramas Junior* et celui des deux acteurs du film. On peut imaginer deux scénarios possibles. Le professeur dispose la classe en groupes de quatre élèves (deux journalistes et les deux acteurs) ou bien on fait deux groupes dans la classe, les journalistes et les acteurs. Quelle que soit l'option choisie, on laissera quelques minutes de préparation qui seront précédées d'une réflexion avec la classe sur les outils à utiliser : les mots interrogatifs *¿quién, quiénes, cómo, por qué?*, les verbes *ser, tener, inventar, crear, descubrir, llamarse*, l'utilisation de *mientras que*. On demandera aux élèves journalistes de préparer quatre questions et aux élèves interprétant Zipi et Zape d'anticiper les questions qui leur seront posées. Les élèves peuvent prendre des notes ou pas mais la présentation orale se fera cahiers fermés. **Énoncés attendus** : *¿Cómo se llama el héroe al que interpretas? ¿Quién es? ¿Cómo es? ¿Por qué?*
En prolongement, le professeur pourra montrer la bande annonce du film en suivant le lien :
https://www.youtube.com/watch?v=-VkVKs9BNOk

ACTÚA

Ce premier projet intermédiaire est une activité de production orale en interaction. Il est centré sur l'élève, qui doit répondre aux questions d'un jury pour un casting. Il est une étape importante pour la réalisation du projet de fin de séquence *Misión B* page 40. Il faut donc ici organiser des binômes ou des groupes de trois ou quatre personnes : les membres du jury et le candidat.

Les élèves auront déjà produit une situation similaire lors de l'activité 2 du texte *La familia ridícula* page 32 et de l'activité 2 du document *El cerebro y el rebelde* page 33. Ils devront réinvestir les points de langue et les compétences langagières travaillés dans la double page : les conjugaisons des trois groupes verbaux, le lexique du caractère. Il sera pertinent, avant qu'ils réalisent cette activité, que les élèves s'entraînent avec les exercices de lexique n° 4 et 5 de la page 38, et/ou les exercices B6, B7 et B8 page 14, s'ils utilisent le cahier d'activités. Lors de la présentation orale, les groupes pourront être filmés. Leur prestation sera alors projetée comme lors d'un vrai casting d'une émission de télévision.

Apuntes de gramática

MEMORIZA

- Le présent de l'indicatif → (Lengua p. 39)
- Les comparatifs irréguliers
- Les articles définis

PRACTICA

Corrigé

1. a. *preparamos* **b.** *cree* **c.** *descubren*

2. a. *Los cocineros preparan los pasteles.* **b.** *Las pequeñas son muy majas.*

3. a. *Cree que...* **b.** *El chico provoca...*

Pistes de travail à la maison

Les consignes de travail possibles pourront être les suivantes :

- Réécouter l'audio page 32 MP3 piste 28.
- Relire les textes page 32 et 33.
- Apprendre par cœur les 2 boîtes *Palabras*.
- Lire *Apuntes de gramática* page 33 et apprendre par cœur les conjugaisons des verbes des trois groupes, les comparatifs irréguliers, les articles définis.
- Apprendre les phrases importantes de la trace écrite.
- S'entraîner aux activités d'expression orale en continu page 32 et en interaction page 33.
- S'entraîner avec les activités lexicales et grammaticales des pages 38 et 39.
- Exercices du cahier d'activités pages 13 et 14 pour les élèves qui utilisent le cahier d'activités.
- Rédiger la « ligne de personnalité » pour présenter les traits de son caractère : soit dans son cahier, soit dans le cahier d'activités page 14.

Cahier d'activités → (p. 13-14)

Corrigé

Exercice 1

1er groupe *AR* : *preparo > Preparar - ganas > Ganar - inventamos > Inventar*

2e groupe *ER* : *cree > Creer - debéis > Deber*

3e groupe *IR* : *descubrimos > Descubrir - escriben > Escribir*

Exercice 2

corro - corres - corre - corremos - corréis - corren

L'intrus est : *creemos*

Exercice 3

- *Javier gana el MasterChef.*
- *Los hermanos descubren un tesoro.*
- *Mi primo y yo formamos un grupo de música.*
- *¿Qué preparas con tu padre?*
- *(Yo) admiro a mi hermano mayor.*
- *(Vosotras) creís que Javier puede ganar*

Exercice 4

a. *mejor* **b.** *mayor* **c.** *menores*

Exercice 5

a. *el candidato → los candidatos*
b. *la película → las películas*
c. *el juego → los juegos*
d. *el mellizo → los mellizos*
e. *la cualidad → las cualidades*
f. *el cantante → los cantantes*

Exercice 6

Chico		Chica	
☺	☹	☺	☹
inteligente *valiente* *divertido* *creativo*	*nervioso* *pesimista* *hablador* *travieso*	*inteligente* *seria* *graciosa* *maja*	*tímida* *pesimista*

Exercice 7

a. *traviesos - inteligentes* **b.** *habladora - maja* **c.** *serios - valientes* **d.** *optimista*

Exercice 8

nervioso(a), hablador(a), divertido(a), majo(a), inteligente + tous les adjectifs de l'exercice 6

DESCUBRE
El top de los hermanos con talento

→ (p. 34-35)

A. Les objectifs

Domaine du socle commun

D5. Les représentations du monde et l'activité humaine.
Pour mieux connaître le monde qui l'entoure comme pour

se préparer à l'exercice futur de sa citoyenneté démocratique, l'élève pose des questions et cherche des réponses en mobilisant des connaissances sur […] les expressions artistiques, les œuvres, les sensibilités esthétiques et les pratiques culturelles de différentes sociétés.

Extrait du *Bulletin officiel* n° 17 du 23 avril 2015.

Connaissances et compétences culturelles

Cette double page a pour objectif de faire découvrir aux élèves des fratries qui réussissent dans le domaine artistique ou sportif en Espagne et en Amérique latine.

B. Pistes d'exploitation et description des attendus

Le professeur pourra d'abord laisser les élèves découvrir l'ensemble des deux pages. Cette double page permettra de revoir le vocabulaire de l'unité et de rebrasser des connaissances tout en y agrégeant un aspect culturel nouveau.

L'enseignant pourra aussi utiliser le **manuel numérique** et, à l'aide du vidéoprojecteur, projeter les visuels représentant les artistes ou les sportifs. Si les élèves disposent du **manuel numérique** sur tablette ou ordinateur, cette double page pourra être découverte et travaillée avec ces outils. On laissera donc les élèves découvrir cette double page, on pourra juste demander en classe entière : *¿Quiénes son? ¿Cómo se llaman?* en mettant en avant les titres des pavés. **Énoncés attendus** : *Son hermanos y hermanas famosos: Iván Casas y sus hermanos, Tini Stroessel y su hermano, los hermanos del grupo Vázquez Sounds, y los hermanos Márquez.*

Puis on organisera la classe en équipe et on procédera à la première étape de la séance qui correspond à l'activité 1 de la rubrique *En equipo*.

Afin de contrôler la compréhension des présentations, on pourra demander de citer *un actor y sus hermanos, una actriz y su hermano, una cantante y sus hermanos músicos y dos pilotos de moto*. On peut aussi procéder d'une autre manière en demandant : *¿Quién es Óscar Casas? ¿Quién es Tini Stroessel? ¿Quién es Ángela Vázquez? ¿Quién es Marc Márquez?* **Énoncés attendus** : *Óscar Casas es un actor y sus hermanos Mario y Christian también. Tini Stroessel es una actriz argentina conocida porque es Violetta y su hermano es modelo. Ángela Vázquez forma un grupo musical con sus hermanos, se llaman los Vázquez Sounds, son mexicanos. Los hermanos Márquez son dos pilotos de moto, Marc es campeón mundial.*

Le professeur pourra noter les mots importants et nouveaux au tableau ou bien les souligner directement dans les pavés des présentations.

On pourra alors demander à la classe de reformer les groupes pour la mise en œuvre de l'activité 2 de la rubrique *En equipo*. Il s'agit de deviner qui est le talent incarné par un des élèves du groupe. Les élèves devront donc se poser des questions en réutilisant le lexique et les points de langue de l'unité, tout en intégrant le lexique nouveau de la double page *Descubre*.

Quelques questions attendues : *¿Cuántos hermanos tienes? ¿Cuál es tu nacionalidad? ¿Quién eres?*

Pour conclure la séance, l'enseignant pourra proposer de faire cette dernière activité avec la classe entière, ainsi tout le monde participe et on peut envisager un bonus pour les élèves qui posent des questions et un autre pour l'élève qui trouve en premier qui est le talent incarné par son ou sa camarade.

Si le temps le permet, on travaillera ensuite l'activité proposée dans la rubrique *Juega con los famosos*. Cette activité ludique de rebrassage pourra aussi être donnée à faire à la maison. Les réponses seront directement surlignées avec le stylo du **manuel numérique**.

Corrigé

1 et 2. *actor, actriz, cantante, modelo, batería, pianista, piloto, campeón, guitarrista*

3. *Actor: Óscar Casas - Mario Casas - Christian Casas - Actriz: Tini Stroessel - Cantante: Tini Stroessel - Ángela Vázquez - Modelo: Fran Stroessel - Batería : Gustavo Vázquez - Batería, pianista, guitarrista: Abelardo Vázquez - Piloto, campeón: Marc Márquez - Álex Márquez.*

C. Prolongements et activités supplémentaires

On peut envisager d'organiser un quiz lors de la reprise au cours suivant de façon à rebrasser les acquis culturels et linguistiques de cette double page *Descubre*. En fonction de la classe, on pourrait aussi demander aux élèves de jouer, pour la fois suivante, le rôle d'un des jeunes talents de cette double page *Descubre* et de s'entraîner à se présenter.

Aula multimedia

→ (p. 36)

1 Cantad con Youtube

DVD classe, CD1 piste 59

Script

Familia Punk, de Rock Bones

Es la canción principal de la nueva serie de Disney Channel Peter Punk. La canción habla de su familia, 2012

Tengo una familia genial.
Es una familia casi normal.
Mi abuelo, mi papá, mi, hermana, mi mamá,
mi hermano y hasta un perro punk.
Mucho no les puedo decir.
No es fácil vivir así. …/…

Papá con sus teorías, mamá con sus manías,
mi hermana no me deja dormir.
Estribillo
Con mi banda voy a conquistar el mundo.
Es mi sueño y voy a ir hasta el final.
Sé que puedo hacerlo ya está cerca, lo voy a lograr.
Yo soy parte de este juego.
Tengo una familia punk, punk, punk, punk...
Una familia punk, punk, punk, punk...
Esta es mi banda.
Y mi nombre es Peter Punk.

2 Juega con la web

La familia

3 Crea con las TIC

Un póster para presentar tu club

A. Les objectifs

Connaissances et compétences langagières

- le présent de l'indicatif des trois groupes verbaux
- le lexique de la famille
- le lexique du caractère, les qualités et les défauts
- se familiariser avec le vocabulaire informatique: *pinchar, conéctate, el programa, insertar, las Tic, el videoproyector* (voir aussi la page III du manuel de l'élève)

Connaissances et compétences culturelles

- la chanson *Familia Punk*
- l'affiche d'un film espagnol pour adolescents inspiré d'une série romanesque, *El club de los incomprendidos*

B. Pistes d'exploitation et description des attendus

Cette page intitulée *Aula multimedia* a pour but de rebrasser les contenus de l'unité en faisant découvrir par des nouveaux vecteurs multimédia des aspects culturels en lien avec la thématique, et en faisant utiliser les TICE dans une perspective actionnelle et ludique.

Les trois activités proposées peuvent être menées en salle informatique, en classe avec les tablettes, ou à la maison.

La rubrique 1 *Cantad con Youtube* propose une chanson rock. Il s'agit de la chanson de la série de Disney Channel *Peter Punk*. Dans la chanson, sortie en 2012, le jeune Peter Punk parle de sa famille. L'enseignant lancera l'audio en cliquant sur l'icône à droite du titre ou bien l'élève se connectera en suivant le lien du site compagnon de l'élève. Cette activité peut être proposée en fin d'unité afin de favoriser la réutilisation du lexique de la famille et du caractère, avant une évaluation ou bien avant le projet de fin de séquence *Misión B*. Elle peut être aussi l'occasion de conclure le *Paso 1* de façon ludique. Il s'agit pour les élèves de repérer les adjectifs qualifiant cette famille et de lister les membres qui la composent. Ces informations sont répétées plusieurs fois par le chanteur elles seront donc faciles à repérer. L'enseignant peut envisager de faire écouter une première fois la chanson après avoir projeté la photo de l'écran et avoir décrit qui sont les membres de la famille. Cette première écoute constituera juste une première approche de la chanson. L'enseignant lira ensuite les consignes 1, 2, 3, et 4 puis lancera la deuxième écoute. Les élèves pourront noter quelques mots dans leur cahier. Lors de la restitution, on proposera une interaction. Un groupe d'élèves A pose la question 1 au groupe d'élèves B. Puis, à son tour, le groupe d'élèves B pose la question 2 au groupe d'élèves A. L'enseignant note les réponses directement sur l'écran grâce à la fonction texte du **manuel numérique**.

On invitera ensuite la classe à suivre la consigne 5 et, donc, à chanter la première strophe. On peut aller plus loin et imaginer que pour la reprise au cours suivant, un groupe d'élèves se déguise en famille Punk et mette en scène la chanson comme dans le clip.

La rubrique 2 *Juega con la web*, renvoie généralement sur un site web pour faire un jeu manipulatoire d'un champ lexical ou d'un point culturel vu dans l'unité. Ici il s'agit du site : http://www3.gobiernodecanarias.org/medusa/contenidosdigitales/programasflash/Medusa/JugandoPalabras/familia/jugandoconpalabras.html

Les élèves sont amenés à se déplacer et à réaliser les activités proposées pour réutiliser le lexique de la famille. Cette activité peut être menée en salle informatique ou sur les tablettes si le collège en est doté. Une fois connectés, les élèves suivent la consigne 1 et doivent cliquer sur le niveau 1 (*nivel 1*) et choisir la typographie, minuscules ou majuscules, puis ils cliqueront sur « *español* ». La consigne 2 leur indique qu'ils doivent cliquer sur le ballon pour faire l'activité demandée : le nom d'un membre de la famille apparaît à l'écran et est dit par la mascotte, *hermano, tío, padre*, etc., et l'élève doit cliquer sur le personnage. Si c'est juste, il marque un point et avance. Sinon il recule. Les mots nouveaux doivent être notés dans le cahier afin d'enrichir le lexique. La consigne 3 du manuel renvoie vers une activité complémentaire, six dessins des membres de la famille apparaissent à l'écran ainsi qu'une lettre à droite, il faut alors cliquer sur le dessin qui représente le mot commençant par cette lettre : *p* pour *padre*, *b* pour *bisabuelo*... Une fois encore les mots nouveaux devront être recopiés dans le cahier. L'activité 3 du site est une activité de renforcement – il ne s'agit en effet que de reconnaître les mots –, elle permet de consolider les acquis et ne devrait pas prendre beaucoup de temps. Les élèves termineront par l'activité 4 où ils devront cliquer sur l'étiquette proposant le mot correctement écrit. Là encore cette activité permet de vérifier les acquis lexicaux de la séance.

Pour suivre la consigne 6 de *Juega con la web*, les élèves pourront se mettre en équipes et comparer le capital de nouveaux mots qu'ils auront constitué. On peut imaginer proposer un quiz ou un test oral de rapidité entre les groupes.

La rubrique 3, *Crea con las TIC*, propose une activité de production : il s'agit ici de créer un poster pour présenter un club d'amis en utilisant un logiciel dédié, LibreOffice. Cette activité peut être réalisée en salle informatique ou à la maison. Les élèves pourront enregistrer leur travail sur le réseau ou sur une clé USB. L'enseignant pourra alors projeter les travaux des élèves. Les élèves seront amenés à réinvestir le lexique du caractère, les qualités et les défauts du *Paso 2* de l'unité. La manipulation des TICE permet à l'élève d'acquérir des compétences en informatique pour créer quelque chose. Il acquiert également du lexique en espagnol dans ce domaine : *el programa, el videoproyector.*

Avant de démarrer, l'enseignant projettera le modèle à suivre à l'écran. Il s'agit de l'affiche du film *El club de los incomprendidos*, inspiré de la série de littérature jeunesse dont l'auteur est Blue Jeans, pseudonyme de l'écrivain espagnol Francisco de Paula Fernández González. Grâce au zoom du **manuel numérique**, on pourra focaliser sur les mots inscrits dans les bulles et autres formes orientées vers les personnages et les qualifiant par des adjectifs (substantivés) de caractère. L'enseignant pourra présenter les attendus de cette activité ainsi que les modalités : former un groupe de quatre ou cinq élèves, choisir un nom, puis éventuellement prendre une photo, déterminer le mot qui définit le caractère de chacun. On passera alors à l'étape suivante de création avec le programme adéquat. Les étapes d'anticipation pourront être données en classe à la fin de la séance précédente afin de gagner du temps et d'avoir les outils pour la réalisation du poster. Les posters seront enregistrés sur le réseau, ou sur une clé USB et projetés par la suite en classe.

On peut imaginer d'organiser un concours, dans la classe, du meilleur poster.

C. Prolongements et activités supplémentaires

Concernant la rubrique 1 *Cantad con Youtube* on peut imaginer un karaoké dans la classe, des groupes d'élèves jouent le rôle de la Familia Punk (tenues, postures de la photo) et interprètent la chanson.

En prolongement de l'activité TICE *Juega con la web* sur la famille, on pourrait envisager un quiz de mots à la fin de la séance ou lors de la reprise à la séance suivante.

Enfin les posters des élèves réalisés dans la rubrique 3 *Crea con las TIC* pourront être projetés en classe, présentés sur le blog du collège ou donner lieu à un concours au sein de la classe.

Bellas Artes

→ (p. 37)

A. Les objectifs

Domaine du socle commun

D1. Les langages pour penser et communiquer.

D5. Les représentations du monde et l'activité humaine.

Connaissances et compétences culturelles

L'élève va pouvoir construire son parcours d'éducation artistique et culturelle et découvrir des expressions artistiques, des œuvres et des pratiques culturelles, ainsi que le prévoit le socle commun de connaissances, de compétences et de culture.

> De l'école au lycée, le parcours d'éducation artistique et culturelle a pour ambition de favoriser l'égal accès de tous les élèves à l'art à travers l'acquisition d'une culture artistique personnelle. Rendu obligatoire par la loi d'orientation et de programmation pour la refondation de l'école de la République du 8 juillet 2013, il fait l'objet d'une circulaire interministérielle, publiée le 9 mai 2013, qui en précise les principes et les modalités, et d'un arrêté du 7 juillet 2015 qui fixe les objectifs de formation et les repères de progression à la mise en œuvre de ce parcours.
>
> Extrait de http://eduscol.education.fr/cid74945/le-parcours-d-education-artistique-et-culturelle.html#lien2

B. Pistes d'exploitation et description des attendus

La page *Bellas Artes* s'inscrit donc dans la construction du parcours d'éducation artistique et culturelle de l'élève. Ce dernier va découvrir une œuvre patrimoniale, le tableau de Diego Vélasquez, *Las meninas*, et va s'approprier un lexique artistique nouveau, élargir sa culture artistique et culturelle. Ici ses connaissances seront multiples, connaître un artiste majeur de la peinture espagnole, Diego Vélasquez (Velázquez en espagnol), connaître une période de l'histoire d'Espagne à travers la famille du roi Felipe IV et de l'infante Margarita, découvrir un musée incontournable en Espagne, *el Museo del Prado*, à Madrid. Ces éléments mis en lien vont permettre à l'élève de construire son parcours sur plusieurs entrées. On peut envisager de travailler avec d'autres disciplines pour donner du sens au parcours. Il sera conseillé aux élèves de créer un dossier, un classeur réservé au parcours artistique et culturel.

Pourquoi avoir choisi de placer ce tableau dans cette unité ? Outre son aspect culturel évident, le tableau de Diego Vélasquez s'inscrit complètement dans l'unité 2 car l'artiste a représenté la famille du roi Felipe IV. Or les élèves auront travaillé sur la famille et auront découvert dans le *Paso 1* la famille du roi d'Espagne actuel, Felipe VI. Cela explique le titre donné à la page « Otra familia real ».

Les élèves vont pouvoir réinvestir à la fois le lexique de la famille et celui de la famille royale.
Pour pouvoir s'exprimer sur *Las meninas*, les élèves seront guidés par des amorces ou des questions, et ils auront recours aux outils lexicaux de la boîte *Palabras*.
S'il utilise le **manuel numérique**, l'enseignant projettera le tableau grâce au zoom. Il laissera quelques instants à la classe pour observer l'œuvre, les personnages, les lieux. On montrera les informations de la légende qui accompagne le tableau. Le professeur pourra poser alors des questions simples *¿Cómo se llama el cuadro? ¿Quién es el pintor? ¿Dónde podemos ver el cuadro?*
Énoncés attendus : *El cuadro se llama* Las meninas. *El pintor es Diego Velázquez. Podemos ver el cuadro en el Museo del Prado, en Madrid.* Ainsi, on aura introduit le lexique artistique : *el cuadro, el pintor, el museo.*
Avant d'aller plus loin, le professeur zoomera sur la brève présentation de l'artiste et de son tableau en haut à gauche ainsi que sur le schéma qui accompagne le tableau pour donner le détails des noms et du positionnement des personnes représentées. On pourra expliquer le mot *meninas* à la classe, qui signifie *niña* en portugais et que l'on utilise pour se référer aux demoiselles d'honneur. Le mot *infanta* aura été vu lors de la séance sur l'arbre généalogique de la famille du roi Felipe VI. Ici il ne s'agit pas de faire une étude approfondie du tableau, mais de repérer les personnages, comprendre la scène de façon simple et acquérir des notions artistiques, culturelles et lexicales.
En fonction de la classe, le professeur guidera par des questions simples ou des consignes simples de repérage ou il laissera les élèves s'exprimer librement tout en s'assurant qu'ils utilisent le lexique à leur disposition dans la boîte *Palabras*.
Puis on répondra aux questions de la rubrique *¿Qué nos dice el cuadro?* dont les réponses constitueront la trace écrite.
Énoncés attendus : **1.** *El cuadro tiene dos nombres. Se llama* Las meninas *y* La familia de Felipe IV. **2.** *La niña en el centro es la infanta Margarita.* **3.** *Sus padres son los reyes de España.* **4.** *El cuadro es un retrato de la familia y un autorretrato del pintor.*

C. Prolongements et activités supplémentaires

En prolongement d'activité, on pourra montrer le site du musée du Prado, qui propose une navigation sur le tableau grâce au curseur de la souris de l'ordinateur. En cliquant sur l'icône du casque (en bas à droite du tableau), on lancera l'audio qui présente le tableau :
https://www.museodelprado.es/coleccion/obra-de-arte/las-meninas/9fdc7800-9ade-48b0-ab8b-edee94ea877f
L'enseignant pourra également montrer, s'il le souhaite, le commentaire animé et guidé pour les enfants :
https://www.museodelprado.es/actualidad/multimedia/obras-comentadas-las-meninas-de-velazquez/31e2a894-6d2a-4cc1-88ff-37986e774828
Enfin, si le temps le permet, le professeur pourra évoquer des artistes qui ont interprété *Las meninas*, de Velázquez, comme les peintres Picasso et Dalí ; il pourra également montrer que l'image de *la infanta Margarita* est devenue un produit marketing. Cette dernière étape s'inscrira dans le parcours d'éducation artistique et culturelle.

Lengua Juega y repasa

→ (p. 38-39)

CD1 piste 61 (Poesía)

→ Autres exercices : Cahier d'activités p. 15 (*corrigé en fin de rubrique*)

Lengua: Juega y repasa est une double page dont la première est consacrée à la consolidation des connaissances lexicales et culturelles abordées dans l'unité : elles sont classées par champ lexical (la famille, le caractère, les qualités et les défauts). Dans cette page, on trouvera également une activité sur l'âge qui favorisera la réutilisation des nombres vus dans l'unité. Les activités sont variées et mobilisent différentes capacités : relier, compléter, dessiner un arbre généalogique à partir d'un texte court sur une jeune artiste andalouse. Le dernier exercice, n° 6, intitulé *Poesía*, débouche sur une petite production personnelle qui s'appuie sur un support culturel ou ludique, ici un poème d'Isabel Escudero *Tengo yo un primo…* On invitera l'élève à écouter le poème en lançant l'enregistrement, puis à mémoriser pour ensuite imiter et produire un écrit similaire.
Cette page peut être faite en cours ou donnée en préparation à la maison.

Corrigé

La familia

1. a. *Soy tu abuelo.* **b.** *Soy su tía.* **c.** *Jaime es mi padre.* **d.** *Soy su abuela.*
Ex. : *Soy el padre del padre de Juan. Soy...*
2. Arbre généalogique de haut en bas
Abuelo: Antonio (el padre de su madre)
Padres: Miguel (el padre), Ana Belén (la madre)
Hermano: Miguel
Hija: Claudia Gómez

La edad

3. a. *La hermana tiene trece años.* **b.** *El padre tiene cuarenta y tres años.* **c.** *La tía tiene treinta y ocho años.* **d.** *La abuela tiene sesenta y cuatro años.*

El carácter: cualidades y defectos

4. a. 5 **b.** 3 **c.** 1 **d.** 2 **e.** 4
5. a. *antipático* **b.** *travieso* **c.** *nervioso* **d.** *pesimista*

Poesía
Tengo yo una abuela…
Tengo yo una abuela,
abuela de mi alma,
tiene una casa,
tiene una flor.

Le présent de l'indicatif → (Mémento p. 137)

Ici sont présentées les conjugaisons des verbes réguliers des trois groupes au présent de l'indicatif.
Il nous a paru important d'insister sur les terminaisons qui caractérisent la personne (2e puce carrée) pour que les élèves soient capables de construire eux-mêmes ces formes verbales pour tous les verbes réguliers.

Corrigé
1. a. *El perro corre rápido.*
b. *En el mundo existen varias versiones de Las meninas.*
c. *Velázquez y Picasso pintan retratos.*
d. *Soy Anita y vivo en Jaén.*
e. *Mi hermano y yo participamos en un juego televisivo.*
2. a. *Los hermanos Vázquez forman un trio musical mexicano.*
b. *Raúl y Rubén tienen una hermana.*
c. *Zipi y Zape descubren un tesoro en su colegio.*
d. *–Luisa, Marta, ¿dónde vivís? –Vivimos en Madrid.*

Les adjectifs possessifs → (Mémento p. 133)

N'apparaissent ici que les adjectifs possessifs correspondant aux personnes du singulier.

Corrigé
3. a. *Pablo y su hermano son mis amigos.*
b. *¿Vives con tus padres en Madrid?*
c. *Las hijas de mi tío son mis primas.*
4. a. *Mis padres se llaman Alejandro y Maria. → ¿Cómo se llaman tus padres?*
b. *Tus primos viven en Guadalajara. → ¿Dónde viven tus primos?*
c. *Tenemos quince y dieciocho años. → ¿Cuántos años tenéis?*

Mapa mental → (p. 39)

Le dernier tiers de la page 39 comprend la carte mentale de l'unité 2. Son titre, *Una familia con carácter*, intègre bien les deux champs lexicaux principaux abordés dans l'unité : la famille et le caractère, avec les qualités et les défauts.
Cette carte mentale part de *Tengo…* pour développer la production écrite ou orale et faire émerger chez l'élève des capacités de compréhension des liens de parenté et d'association avec des adjectifs qualifiant les traits de caractère. Dans cette unité, *el mapa mental* s'appuie sur la présentation et la description de sa propre famille : visuellement, le cartouche central attire l'œil par sa couleur et la photo de l'adolescent ; les filets qui s'en détachent s'orientent vers les compléments, les membres de sa famille. Les filets conduisent ensuite aux membres de la famille, au pluriel, puis se devisent pour donner des modèles de phrases sur chaque membre individuel de la famille. L'élève est ainsi prêt à formuler ses premières phrases de présentation.
On pourra s'appuyer sur la carte mentale de la page 15 du cahier d'activités (voir corrigé ci-dessous), que l'on pourra donner à préparer à la maison, par exemple.
On pourrait également associer d'autres verbes de l'unité (*vivir, tener, formar, preparar*, entre autres) incitant ainsi les élèves à évoquer l'âge, le lieu de vie, etc., des membres de leur famille. Ces extensions permettront d'enrichir la carte mentale et le contenu de la production orale par le rebrassage du lexique de l'unité.

Cahier d'activités → (p. 15)

S'ils utilisent le cahier d'activités, les élèves pourront compléter la carte mentale de la page 15. La carte mentale du cahier d'activités reprend la structure de la carte mentale de la page 39 du manuel et les élèves pourront largement s'en inspirer pour remplir leur propre *mapa mental* afin de réutiliser et fixer leurs acquis. On conseillera aux élèves d'utiliser les phrases modèles de la carte mentale du manuel page 39 ainsi que les productions orales des projets intermédiaires *Actúa* des *Paso 1* et *Paso 2* pour réussir cette activité.
L'enseignant pourra faire retravailler en classe à l'oral la carte mentale du cahier d'activités en demandant aux élèves de présenter brièvement leur famille réelle ou imaginaire à leurs camarades.
Dans la deuxième partie, *Presento a mi familia*, il s'agit pour l'élève de renseigner l'arbre généalogique simple de sa famille. Cette activité lui aura déjà été demandée dans le projet intermédiaire *Actúa* du *Paso 1*. Après avoir complété le nom de ses parents, de ses frères et sœurs, de ses grands-parents, l'élève choisira un membre de sa famille et rédigera une phrase en utilisant un ou plusieurs adjectifs pour décrire le caractère de cette personne qu'il aura choisie.

Corrigé
1. *Me preparo*
Tengo… / No tengo…
> *abuelos*. *Mi abuelos se llaman…, tienen* (âge), *viven en* (lieu)…
> *padres*. *Mis padres se llaman…, tienen* (âge). *Mi padre es* (trait de caractère) *y mi madre es* (trait de caractère)…

> **hermanos**. *Tengo* (nombre de frères et sœurs), *un hermano (mayor), dos hermanas (menores)... / No tengo hermanos.*
La présentation dépendra de la situation de chacun. On parlera de *una hermana* au singulier féminin ou bien de *un hermano* au singulier masculin, le cas échéant.
> **primos.** *Tengo* (nombre) *primos(as), se llaman..., tienen* (âge), *viven en* (lieu), *son* (trait de caractère au pluriel)... */ No tengo primos.*
> ***tíos.*** *Tengo un tío, es* (lien de parenté : *el hermano de mi padre*), *es* (trait de caractère). *Mis tíos se llaman..., tienen... / No tengo tíos.*

TU MISIÓN → (p. 40)

Cette page est l'aboutissement des projets intermédiaires *Actúa* de l'unité. En réalisant l'un de ces deux projets concrets de fin de séquence, l'élève va pouvoir utiliser ses acquis lexicaux, grammaticaux et culturels. L'enseignant pourra faire le choix de traiter un des deux projets ou il pourra laisser le choix aux élèves.
Le premier projet est une mise en scène à réaliser en groupe à partir du tableau de Fernando Botero. Le deuxième projet est une production orale en interaction entre un présentateur d'émission télévisée et une famille se présentant sur un plateau télé.

Misión A

Pon en escena el cuadro de una familia.

A. Les objectifs

Connaissances langagières

- le présent de l'indicatif à la première personne du singulier : *soy, me llamo, tengo, vivo, soy* + adjectif (trait de caractère)
- le lexique de la famille
- les adjectifs des qualités et des défauts

Compétences langagières

- se présenter
- décrire son caractère

B. Pistes d'exploitation et description des attendus

Pour la réalisation de cette *Misión A*, les élèves devront imiter la scène du tableau de Fernando Botero, *Una familia*, se présenter et parler du caractère du personnage qu'ils « incarnent ». Le reste de la classe devra deviner qui est ce personnage.
Le projet se découpe en quatre étapes.
- Étape 1 : Si le professeur utilise le **manuel numérique**, il projettera le tableau à l'écran ou, si les élèves disposent d'une tablette, les élèves observeront le tableau sur leur propre écran. Au préalable, l'enseignant précisera que Fernando Botero est un peintre colombien dont les personnages sont gros (Botero dirait qu'ils « ont du volume »).
- Étape 2 : Les élèves se mettent par groupes de quatre et choisissent quel personnage du tableau ils souhaitent interpréter.
- Étape 3 : Chaque membre du groupe réfléchit et imagine quel peut être le caractère du personnage qu'il a choisi. Le groupe mime alors la scène du tableau ; chaque élève adopte la posture de son personnage, puis prend la parole pour présenter son personnage (à la première personne) et parler de son caractère.
- Étape 4 : Le reste de la classe devine quel personnage est mis en scène. On peut imaginer un concours entre les groupes et élire le groupe qui aura le mieux représenté le tableau. Le professeur peut prendre des photos ou filmer chaque groupe et projeter les productions pour les comparer avec le tableau de Fernando Botero.

Misión B

Participas en el juego de Todos en Familia.
Presenta a tu familia.

A. Les objectifs

Connaissances langagières

- le présent de l'indicatif des trois groupes verbaux
- les mots interrogatifs *cómo, quién, cuántos(as), dónde, qué*
- les adjectifs possessifs *mi* et *mis*
- l'expression de l'âge
- le lexique de la famille
- les adjectifs des qualités et des défauts

Compétences langagières

- être capable de poser des questions et y répondre
- se présenter en décrivant son caractère
- présenter une personne et parler de son caractère

B. Pistes d'exploitation et description des attendus

L'objectif de ce projet de fin de séquence est de remobiliser la langue travaillée tout au long de l'unité. Il s'agit d'imaginer une émission télévisée, *Todos en familia*. Une famille vient sur le plateau de l'émission et l'animateur la présente et interviewe chaque membre de la famille. Il faut donc que la classe travaille en équipes de cinq, six ou sept, qu'elle prépare la scène puis la présente. On peut envisager de filmer et de projeter la vidéo par la suite. Ce projet s'inspire d'une émission de RTVE qui s'intitule *En familia*.
Ce projet se compose de trois étapes.
- Étape 1 : Les élèves (consignes 1 et 2) forment des groupes et se répartissent les rôles. Le nombre d'élèves dépendra du nombre de personnes au sein de la famille.

– Étape 2 : On laissera du temps à la préparation des questions et des réponses. On attend que les élèves qui jouent le rôle du présentateur remobilisent les questions nécessaires à l'interview.

Énoncés attendus : *¿Cómo te llamas? ¿Cuántos años tienes? ¿Dónde vives? ¿Cuántos hermanos tienes? ¿Quiénes son tus padres? ¿Cómo es tu abuelo?*

Les autres élèves du groupe prépareront leur présentation.

On peut envisager un autre scénario. On divise la classe en deux, une partie des élèves sont les animateurs et travaillent ensemble les questions à poser, l'autre partie joue le rôle d'une ou de plusieurs familles.

Dans tous les cas, ce travail en groupe sera l'occasion de privilégier l'intercorrection et l'échange.

– Étape 3 : On passera à la représentation de l'émission, qui peut être théâtralisée : l'animateur a un micro, la famille est assise en demi-cercle et l'émission commence. L'animateur prend la parole, présente la famille puis donne la parole à un de ses membres. Il pose une question à l'un puis à l'autre, et ainsi de suite. Le reste de la classe jouera le rôle du public de l'émission.

C. Prolongements et activités supplémentaires

On pourrait envisager de filmer les groupes puis de projeter les vidéos afin de se rendre compte de la qualité des prestations, de l'expression. Cette autoévaluation sera positive pour l'ensemble de la classe.

UNIDAD 3 Mi pandilla

OUVERTURE

→ (p. 41)

A. Objectifs et cohérence de l'unité

Activités langagières A1

Écouter et comprendre
- Comprendre des descriptions physiques et des comparaisons.
- Comprendre quelqu'un qui parle de ses goûts.

Lire
- Comprendre des descriptions brèves de deux adolescents.
- Comprendre les goûts de mes ami(e)s.

Réagir et dialoguer
- Dialoguer et échanger sur ses goûts et les activités que l'on aime faire.

Parler en continu
- Décrire quelqu'un, décrire ses amis et parler de leur goûts.
- Dire ce que l'on aime ou n'aime pas faire.

Écrire et réagir à l'écrit
- Se décrire physiquement.
- Rédiger un court texte sur les goûts de mes ami(e)s.

De par les choix de documents de cette unité et son orientation, cette unité fait la part belle au parcours citoyen et au domaine 3 du socle commun de connaissances, de compétences et de culture.

D3 : Formation de la personne et du citoyen

Éducation aux médias et à l'information (EMI)
• Utiliser les médias de manière responsable : pouvoir se référer aux règles de base du droit d'expression et de publication en particulier sur les réseaux.

Éducation morale et civique (EMC)
• Contribuer au respect des autres, au souci d'autrui dans les usages du langage.
• Lutter contre le harcèlement, les stéréotypes.

Des fiches duplicables d'évaluation viennent clore chaque unité. Elles comprennent une fiche "Évaluation des compétences", avec des exercices d'évaluation de toutes les activités langagières travaillées dans l'unité, et une fiche "Test de connaissances" pour évaluer les connaissances acquises en phonologie, lexique, grammaire et culture. Le CD3 classe comprend, pour chaque unité, une piste pour "Écouter et comprendre" et une piste pour la phonologie.

B. Pistes d'exploitation et description des attendus

Dans cette unité intitulée ***Mi pandilla***, l'élève va apprendre à se décrire physiquement et à décrire quelqu'un, ainsi qu'à exprimer ses goûts dans une démarche active et communicative grâce à des documents authentiques balayant les activités langagières de communication et grâce à des supports numériques. Il sera également sensibilisé à la dimension culturelle en découvrant les pays de langue espagnole. Après l'unité 2 dans laquelle il était question de la famille, on aborde ici un autre type de groupe qui fait partie de l'environnement de l'élève, les amis, *la pandilla*.

La page d'ouverture peut servir de guide à l'élève et l'enseignant pourra consacrer quelques minutes à sa lecture en insistant sur les compétences à travailler au niveau A1, les points de langue et les aspects culturels. Il pourra aussi lire les deux projets de fin d'unité de la rubrique *Tu misión* qui sont une réalisation concrète de la démarche de projet. Ce temps consacré à la présentation de l'unité permet d'accompagner les apprentissages de l'élève ; il est rassurant pour l'élève, qui saura ainsi ce qu'il va apprendre et ce qu'il aura à produire et ce sur quoi il sera évalué.

La fonction zoom permettra au professeur qui utilise le **manuel numérique** d'isoler chaque partie de cette page pour la commenter mais aussi pour susciter une interaction avec les élèves. Le titre et la photo seront isolés et projetés en grand afin d'associer la légende « *Me gusta mi pandilla* » à la réalité montrée sur la photographie. Le professeur pourra alors attendre une explication ou une définition succincte du mot *pandilla*. Certains élèves seront capables de donner une définition telle que *La pandilla son los amigos*. Si la définition attendue n'est pas proposée de manière spontanée, le professeur pourra alors poser la question en reprenant le lexique de la famille étudié dans l'unité 2 *¿Son hermanos los chicos de la foto?* Les élèves pourront alors répondre *No son hermanos, son amigos*.

PASO 1 Así somos

→ (p. 42-43)

▶ Je me décris, je décris quelqu'un.

→ **Activités d'accompagnement, Cahier d'activités p. 16 et 17**

1 DOCUMENT AUDIO

Bailamos sevillanas

CD1 piste 62 (sans pause), pistes 63-65 (version fragmentée), MP3 piste 34

Script

Rocío: ¡Hola Celia!
Celia: ¡Hola Rocío!
Rocío: Mira la foto. Son las chicas de mi club de baile.
Celia: ¡Sois muchas!
Rocío: Sí, pero somos menos que en el club de hip hop... //
Celia: Conozco a la primera chica pero no sé su nombre. ¿La conoces? ¿Sabes cómo se llama?
Rocío: Sí lo sé, por supuesto. Se llama Azucena.
Celia: Es más alta que tú.
Rocío: ¡Qué exagerada! Yo no soy más baja que Azucena. En realidad soy más alta... Es que lleva más tacones. //
Celia: Sois todas muy delgadas y muy elegantes.
Rocío: Sí, el traje es muy importante para bailar.
Celia: ¿Es difícil bailar sevillanas?
Rocío: ¡Qué va! Superfácil. Si tienes dos pies y dos brazos, ya sabes bailar sevillanas.

A. Les objectifs

Connaissances et compétences langagières

- le verbe *conocer*
- le verbe *saber*
- le comparatif de supériorité *más* + adjectif + *que*
- le lexique du corps humain : *los pies, los brazos*

Connaissances et compétences culturelles

- la *sevillana*, une danse typique d'Andalousie

B. Pistes d'exploitation et description des attendus

Dans un premier temps, livres fermés, le professeur expliquera aux élèves qu'ils vont entendre un dialogue entre deux personnes. Puis il passera la version non fragmentée et pourra leur demander de repérer les prénoms dans l'enregistrement. **Réponse attendue** : Las chicas se llaman *Celia, Rocío y Azucena.* Le professeur pourra également lire la rubrique *Fonética* sur le son [θ] afin que les élèves s'entraînent à prononcer correctement ce son spécifique de l'espagnol.

Il rappellera l'importance de se référer aux boîtes *Palabras*, indispensables pour l'expression quand ils devront répondre aux questions.

Première écoute : s'il utilise le **manuel numérique**, le professeur pourra cliquer sur le logo de la version fragmentée pour faire écouter seulement la première piste du dialogue (piste 63 du CD1), et les élèves pourront ensuite répondre à la question 1a. Ils pourront alors employer le son [θ] en citant le prénom des jeunes filles, Celia et Rocío.

Deuxième écoute : le professeur fera écouter la deuxième piste fragmentée du dialogue (piste 64 du CD1) pour que les élèves puissent répondre à la question 1b, car ils auront repéré le prénom de la jeune fille dont Celia et Rocío parlent, Azucena. Ils pourront également repérer l'expression de la comparaison entre les deux jeunes filles. Le professeur fera lire aux élèves la note des *Apuntes de grámatica* relative au comparatif en utilisant la fonction zoom du **manuel numérique** afin de mettre cette rubrique en évidence et faire employer le comparatif de supériorité pour répondre à la question 1c.

Troisième écoute : la troisième partie du dialogue (piste 65 du CD1) permet de découvrir quelques spécificités de *la sevillana*, danse traditionnelle d'Andalousie que les jeunes filles pratiquent dans ce club. Grâce au zoom du **manuel numérique**, le professeur pourra rapidement isoler la rubrique *¡Ojo!* et la lire à voix haute pour que les élèves prennent connaissance de ce détail culturel. Ils pourront alors répondre à la question 1d en citant les parties du corps importantes pour danser *la sevillana : los pies, los brazos.* Premiers termes qu'ils voient liés au lexique du corps humain, qui sera étudié tout au long de cette unité.

Une écoute globale pourra clore cette exploitation afin de permettre à la classe de saisir la globalité du dialogue. Dans un deuxième temps, grâce à la fonction zoom, le professeur projettera en grand la photo pour que les élèves puissent présenter les jeunes filles et les comparer en répondant aux activités 2e et 2f proposées. Les élèves pourront dire ce qu'ils savent sur cette danse en utilisant le verbe *saber* conjugué dans la rubrique *Apuntes de gramática.* Ils pourront aussi, en observant la boîte *Palabras*, employer les adjectifs *alta* et *baja* qu'ils associeront au comparatif de supériorité ou d'infériorité pour comparer les jeunes filles entre elles.

Afin de fixer les connaissances ou pour donner la parole à un élève qui n'a pas participé spontanément, le professeur s'adressera individuellement à l'élève et lui demander s'il connaît Azucena et Rocío ; l'élève répondra en utilisant le verbe *conocer* dont la conjugaison est proposée dans *Apuntes de gramática* et en reprenant le lexique de la description physique ainsi que les comparatifs et le son spécifique [θ].

C. Prolongements et activités supplémentaires

L'enseignant pourra demander aux élèves de comparer les autres jeunes filles de la photo à Rocío ou à Azucena. On attendra le réemploi de l'adjectif *alta* et l'adjectif *morena* (*Palabras* p. 42) avec le verbe *ser* et les comparatifs. Avant cette phase d'entraînement, le professeur pourra demander aux élèves d'écouter les pistes MP3 37 et 38 dans la rubrique *Fonética* et de faire l'exercice 3 (*Escucha y repite*) pour travailler le son [θ] dans leur intervention. Le professeur pourra prolonger cette activité en demandant aux élèves de se comparer avec leurs camarades de classe. À l'oral, en classe, l'enseignant pourra faire faire l'exercice 2 de *Practica* afin de bien insister sur le comparatif et d'entraîner les élèves.

2 TEXTE Somos únicos

A. Les objectifs

Connaissances et compétences langagières

- *tampoco, también*
- la phrase négative avec *ni*
- le lexique de la description physique (visage, cheveux, corpulence, couleur des yeux)
- se décrire : *tengo el pelo largo, corto, liso, rizado ; soy gordo(a), flaco(a)*

B. Pistes d'exploitation et description des attendus

Cette activité de compréhension de l'écrit a pour objectif d'approfondir la description physique. Les commentaires inscrits sur les photos permettent d'introduire le lexique qui servira aux élèves pour poursuivre la description : les cheveux, les yeux et la corpulence. Ils pourront également s'entraîner à la comparaison avec *también*, et *tampoco* dans la phrase négative. Cette activité servira également de modèle pour une production écrite lors de la réalisation du projet intermédiaire *Actúa* en bas de page. L'enseignant qui dispose du **manuel numérique** zoomera sur chaque photo afin que l'une ou l'autre occupe tout l'écran, ce qui se rapprochera d'une situation quotidienne pour les élèves habitués à faire des *selfies* et à les modifier en écrivant ou en dessinant dessus.

On peut envisager de travailler en deux temps : dans un premier temps, on peut procéder à une lecture, en classe entière, de la présentation du garcon puis de celle de la fille. Le professeur posera des questions simples qui feront le lien avec ce qui a déjà été vu dans le document 1 : *¿Cómo es? ¿Es morena? ¿Es guapa?* de façon à mettre les élèves en confiance. Dans un second temps, le questionnement introduira les nouveaux objectifs linguistiques : *¿De qué color son los ojos del chico / de la chica? ¿Es alto el chico?, ¿y la chica? ¿Es guapo el chico?, ¿y la chica?*... Les élèves qui le souhaitent pourront aussi utiliser les amorces proposées dans la consigne 1 pour compléter leur présentation des portraits et pour conclure la description en citant les points communs entre les deux jeunes. **Réponse attendue** : *Los dos son únicos.*

Pour réaliser l'activité d'expression orale en continu (consigne 2), les élèves présenteront la jeune fille. Soit ils pourront faire une description physique à partir de la photo en réinvestissant le lexique de la description physique. **Énoncés attendus** : *Tiene el pelo liso y moreno. Tiene los ojos azules. Es guapa.* Soit ils réinvestiront le texte inscrit sur la photo et pourront reprendre les éléments à la troisième personne du singulier. **Énoncés attendus** : *No es flaca, no es gorda. No es baja, ni alta. No tiene el pelo largo, ni corto, ni liso, ni rizado. No es moderna, ni clásica. No es perfecta, pero… Es única.*

C. Prolongements et activités supplémentaires

Pour poursuivre cette activité et consolider les nouveaux acquis langagiers, on peut envisager une autre activité de production orale en demandant aux élèves de se mettre à la place de la jeune fille et de décrire le garçon. Il s'agira de réinvestir le comparatif, *también* ou *tampoco* ainsi que le lexique de la description physique.

Les activités de cette double page pourront être prolongées par l'activité de la page *Planeta responsable* à la page 49 pour sensibiliser les élèves au respect de leurs camarades, car tout le monde est unique.

Avant de lancer les élèves sur le projet intermédiaire de la rubrique *Actúa*, on consacrera quelques minutes à des activités lexicales relatives à la description physique en se reportant, dans la double page *Lengua: Juega y repasa*, aux exercices n° 4 et n° 5 de la page 50 et à des activités grammaticales sur le comparatif avec les exercices n° 1 et 2 de la page 51. Ces activités pourront être faites en classe ou données à préparer à la maison.

ACTÚA

Ce premier projet intermédiaire de l'unité 3 *Mi pandilla* est une activité de production écrite. Il est centré sur l'élève, qui doit rédiger son portrait. Il est une étape importante pour la réalisation du projet de fin de séquence *Misión B* page 22.

L'élève aura découvert les modalités de rédaction de portraits à la première personne lors de l'activité de compréhension de l'écrit *Somos únicos*. Il devra réinvestir les points de langue et les compétences langagières travaillés dans cette double page *Paso*.

Pour mettre en œuvre cette activité, on peut envisager de demander aux élèves de faire un *selfie* puis de rédiger leur portrait directement sur la photo qu'ils ont prise (en utilisant par exemple l'application Skitch). L'enseignant peut leur suggérer de l'enregistrer sur une clé USB pour ensuite le présenter en classe, ou bien de le déposer sur l'ENT de la classe afin que le professeur projette l'ensemble des portraits.

Apuntes de gramática

MEMORIZA

- *También, tampoco*
- Le présent de *saber* et de *conocer*
- Le comparatif → (Lengua p. 51)

PRACTICA

Corrigé

1. a. *¿Sabes bailar sevillanas? –No, pero conozco los pasos.* **b.** *¿Quién sabe cómo se llama?* **c.** *Rocío conoce a todas las bailadoras de su club.*

2. a. *El chico tiene el pelo más corto que la chica.* **b.** *En el club de sevillanas somos menos numerosas que en el club de hip hop.* **c.** *Rocío es más alta que Azucena.*

Pistes de travail à la maison

Les consignes de travail possibles pourront être les suivantes :

- Réécouter le document audio de la page 42 (MP3 piste 34) *Bailamos sevillanas.*
- Relire les portraits de la page 43 *Somos únicos.*
- Apprendre par cœur les deux boîtes *Palabras* du *Paso 1.*
- Lire les *Apuntes de gramática* page 43 et apprendre par cœur la conjugaison irrégulière de *saber* et de *conocer*, *también* et *tampoco* et le comparatif.
- Faire les exercices *Practica* page 43.
- Apprendre la trace écrite.
- S'entraîner aux activités d'expression orale en continu pages 42 et 43.
- Faire les activités de la page *Lengua: Juega y repasa* des pages 50 et 51.
- Exercices du cahier d'activités pages 16 et 17 pour les élèves qui l'utilisent.

Cahier d'activités → (p. 16-17)

Corrigé

Exercice 1

De haut en bas : *el ojo, el pelo, el brazo, el pie*

Exercice 2

a. *No soy alto, soy bajo.* **b.** *No soy guapa, soy fea.* **c.** *No tengo el pelo largo ni rizado, tengo el pelo corto y liso.* **d.** *No tengo los ojos marrones, tengo los ojos azules.*

Exercice 3

b. ***La chica:*** *Es Alicia porque es rubia, porque tiene el pelo largo y rizado, porque tiene 12 años y porque tiene los ojos marrones.*

El chico: *Es Gonzalo porque es moreno, porque tiene 12 años, porque tiene los ojos azules y porque no es alto.*

Exercice 5

a. *A mí me gustan los videojuegos y a mi hermano también.* **b.** *Lucía no es alta, tampoco es baja.* **c.** *A Paco le encanta sacar fotos y a Carmen también.* **d.** *No soy moderna, tampoco soy clásica.*

Exercice 6

conozco	*conoces*	*conoce*	*conocemos*	*conocéis*	*conocen*
sé	*sabes*	*sabe*	*sabemos*	*sabéis*	*saben*

Exercice 7

a. *Carmen es más alta que Letizia.* **b.** *Carmen es menos alta / más baja que Azucena.* **c.** *Rocío es más alta que Carmen.* **d.** *Letizia es más baja / menos alta que Carmen.*

PASO 2 A mí me gusta...

→ (p. 44-45)

▶ Je dis ce que j'aime et n'aime pas faire.

→ **Activités d'accompagnement, Cahier d'activités p. 18-19**

1 TEXTE El blog de Zoé

A. Les objectifs

Connaissances et compétences langagières

- le verbe *gustar*
- le verbe *encantar*
- le lexique des activités que l'on aime ou que l'on n'aime pas faire

Connaissances et compétences culturelles

- *la banda de Zoé*, une bande de quatre amis espagnols (auteure : Ana García-Siñeriz ; dessinateur : Jordi Labanda Blanco)

B. Pistes d'exploitation et description des attendus

Les élèves vont découvrir le blog de Zoé, dans lequel elle présente les goûts de ses amis, Liseta, Marc et Álex qui forment avec elle *La banda de Zoé*. L'enseignant demandera tout d'abord aux élèves d'énoncer le nom des amis de Zoé, facilement repérables dans ce document (police différente, gros caractères et couleurs). L'utilisation du **manuel numérique** facilitera la présentation du document. Afin de réactiver les acquis du *Paso 1*, l'enseignant pourra zoomer sur les dessins des personnages et pourra alors demander aux élèves une présentation rapide de « *la pandilla de Zoé* ». Il s'agira de réinvestir le lexique de la description physique en décrivant les yeux, les cheveux ainsi que la corpulence de chacun. On invitera les élèves à produire également des phrases avec la négation et à réutiliser *tampoco*. __**Énoncés attendus**__ : *Liseta no es mo-*

rena, es rubia. No tiene el pelo corto, ni liso. Marc no es alto, tampoco es bajo…

L'enseignant pourra ensuite faire travailler ses élèves par groupes de trois ou quatre en demandant à chaque ilôt de préparer la présentation d'un ami de Zoé en parlant de ce qu'il aime et ce qu'il n'aime pas faire. Auparavant, le professeur zoomera sur la boîte *Palabras* de la page 44 et sur la rubrique *Apuntes de gramática* de la page 45 afin d'introduire le sens et la construction du verbe *gustar*, que les élèves devront s'approprier et réemployer pour répondre aux questions de l'activité 1. Les amorces proposées dans l'exercice 1 de *Practica* les y aideront. Puis il y aura une phase de mise en commun des réponses par groupe et, enfin, un rapporteur prendra la parole pour la restitution en plénière.

Lors de la restitution en interaction, l'enseignant aura soin de noter directement sur l'écran, avec la fonction texte du **manuel numérique**, les réponses pertinentes qui correspondent aux questions de l'activité 1. Afin de fixer l'emploi de *gustar*, les exercices *Practica* 1 et 2 pourront être faits oralement en classe.

Pour poursuivre cette activité et consolider les nouveaux acquis langagiers, on proposera aux élèves une activité d'interaction orale. Le professeur demandera à chaque groupe de jouer le rôle du personnage dont il a fait la présentation et d'interroger les autres sur leurs goûts. L'amorce proposée dans la question 2 pourra servir de modèle. On attend le réinvestissement du verbe *gustar* aux deux premières personnes du singulier. Ces questions posées et leurs réponses pourront servir de trace écrite dans le cahier.

C. Prolongements et activités supplémentaires

Afin de permettre aux élèves de réutiliser et de fixer leurs nouveaux acquis langagiers, on peut envisager de prolonger l'activité d'interaction orale en demandant aux élèves de s'interroger sur leurs goûts respectifs. Il s'agira alors de réemployer le verbe *gustar* ainsi que le lexique des différentes activités évoquées dans le document ou dans la rubrique *Palabras*.

Les enseignants ou les élèves qui voudraient suivre les aventures de Zoé et de sa bande, ou *pandilla*, pourront le faire en se connectant à son blog http://www.labandadezoe.es/.

2 DOCUMENT VIDÉO

Document Bienvenidos a mi canal

DVD, CD1 piste 71, MP3 piste 40

Script

Hola chavales, soy Paco. Bienvenidos a mi canal…
El tema de esta semana es "20 cosas sobre mí".
Vivo en Madrid, mis padres también, mis abuelos también. Me gusta mucho vivir en Madrid, pero tengo pocos amigos.
Me gusta mucho estar en casa.
Me gusta dormir con luz, odio la oscuridad.
Me encantan los animales, tengo una gata que se llama GTA, como el videojuego, y un perro… Mario, como Super Mario.
Me gusta mi cara, pero no me gustan mis brazos porque son muy finos; tampoco me gustan mis piernas que son muy largas.
Me gustan los deportes, sobre todo el fútbol.
Me encantan los videojuegos. Odio los exámenes.
Me gusta escuchar música, pero no sé cantar, ni bailar, ni tocar un instrumento.
Me encanta hablar…
Bueno, chavales, hasta el próximo viernes…
¡Adiós!

A. Les objectifs

Connaissances et compétences langagières

- le verbe *gustar*
- la quantité : *mucho, poco*
- le lexique des activités
- le lexique du corps humain

Connaissances et compétences culturelles

- l'autoportrait à la manière d'un *Youtuber* espagnol

B. Pistes d'exploitation et description des attendus

Cette activité de compréhension de l'oral a pour objectif d'approfondir la présentation en réactivant le verbe *gustar* au pluriel, en nuançant la description des goûts avec *mucho* ou *poco* et en introduisant le lexique de nouvelles activités. Le professeur utilisateur du **manuel numérique** pourra zoomer sur le point La quantité dans la rubrique *Apuntes de gramática* afin de fixer la construction de *mucho* et *poco*, qui est différente selon qu'ils sont adverbes ou adjectifs. L'exercice n° 3 de *Practica* pourra être fait oralement en classe en guise d'entraînement.

Après cette brève phase de préparation, l'enseignant lancera la vidéo et demandera aux élèves de repérer dans un premier temps le prénom du protagoniste, son lieu de résidence et s'il a une *pandilla*, afin de mettre en confiance les élèves en leur demandant des choses qu'ils ont déjà vues. **Énoncés attendus** : *El chico se llama Paco. Vive en Madrid con sus padres. No tiene pandilla.* Le professeur pourra insister sur le nombre d'amis de Paco afin de faire manipuler *mucho* et *poco* au pluriel. On attendra alors des phrases comme *Paco tiene pocos amigos. Paco no tiene muchos amigos.*

Lors du deuxième visionnage de la vidéo et après avoir pris connaissance des mots de la boite *Palabras*, les élèves devront repérer ce qu'aime bien Paco. On attendra alors la réactivation du verbe *gustar*. Pour enrichir la restitution, l'enseignant pourra demander aux élèves de préciser les goûts de Paco en introduisant alors *mucho* et *poco* en tant qu'adverbes. **Énoncés attendus** : *Le gusta mucho vivir en Madrid. Le gusta mucho estar en casa, etc.*

Enfin lors du troisième visionnage, les élèves pourront relever les activités qu'il n'aime pas faire ou les parties de son corps qu'il n'apprécie pas. La lecture des différentes consignes aidera les élèves à mieux comprendre et exprimer leurs idées. Plusieurs phrases exprimant les goûts de Paco pourront ensuite être notées dans le cahier pour constituer une trace écrite à mémoriser pour le prochain cours.

Cette activité de compréhension pourra être suivie d'une activité de production orale en se servant des phrases entendues dans la vidéo comme modèles. On demandera aux élèves de se mettre à la place de Paco et de dire l'opposé de ce qu'il a dit dans la vidéo. Il sera question de réactiver le verbe *gustar*, la quantité, la phrase négative.

C. Prolongements et activités supplémentaires

L'enseignant pourrait demander aux élèves de faire leur autoportrait en s'inspirant de celui de Paco, avec leur propre identité et leurs goûts personnels.

Cette activité orale pourrait être précédée ou suivie de l'activité écrite proposée dans l'exercice B7 de la page 19, pour les élèves utilisant le cahier d'activités. Afin de préparer cette activité orale, les élèves qui disposent du cahier d'activités pourront compléter la carte mentale de la page 20. On pourrait aussi demander aux élèves qui disposent d'une tablette ou d'un smartphone de se filmer en train de se présenter et d'envoyer le fichier au professeur par l'intermédiaire de l'ENT de l'établissement. Le professeur pourrait aussi présenter cette activité sous forme de concours qui serait remporté par l'élève qui serait capable de produire un maximum de phrases pour se présenter. L'exercice B5 de compréhension de l'oral du cahier d'activités (MP3 Spécial cahier piste 9) pourra aussi être fait dans le prolongement de cette activité en classe ou à la maison.

3 TEXTE UNIVERSO RUBIUS

A. Les objectifs

Connaissances et compétences langagières

- le verbe *gustar*
- le lexique des activités et des goûts
- le lexique de la description physique

Connaissances et compétences culturelles

- un Youtuber (*videocreador*) espagnol très connu, El Rubius

B. Pistes d'exploitation et description des attendus

Le troisième document de ce *Paso* est l'extrait d'un article de presse récent publié dans le journal national espagnol *El País*. L'enseignant pourra mettre en confiance les élèves en leur rappelant qu'il n'est pas indispensable de comprendre tous les mots d'un texte pour accéder au sens et il attirera leur attention sur le renvoi aux notes de vocabulaire.

Le professeur demandera aux élèves de découvrir le document *Universo Rubius* en faisant une lecture individuelle silencieuse de l'article. Les élèves comprendront assez rapidement qu'il s'agit du portrait d'un *Youtuber (videocreador)* espagnol et, comme pour tous les *Youtubers* célèbres, on peut connaître ses goûts alimentaires, vestimentaires ou encore musicaux et bien sûr ses jeux videos préférés. Il s'agira alors de demander aux élèves de restituer les goûts de El Rubius en réactivant le verbe *gustar* avec un adverbe de quantité ou le verbe *encantar*. **Énoncés attendus** : *A El Rubius le gustan mucho las pizzas. A El Rubius le gusta mucho el color verde. A El Rubius le encanta vestirse con ropa suelta.* Dans cet article, le journaliste précise aussi la taille d'El Rubius et, afin que les élèves repèrent cette information, le professeur devra écrire le nombre *noventa* en chiffres au tableau. Ainsi les élèves pourront-ils compléter le portrait en indiquant qu'El Rubius est très grand : *El Rubius es muy alto.* Les élèves pourront également préciser qu'il a deux animaux de compagnie : *El Rubius tiene dos gatas.* La lecture ou le rappel des questions de la consigne 1 facilitera l'approche.

Cette activité de compréhension de l'écrit pourra être complétée par l'activité de prise de parole en continu (2) pour laquelle les élèves réemploieront des éléments de l'article tout en s'inspirant de la vidéo de Paco *Bienvenidos a mi canal*. Les élèves devront se mettre à la place d'El Rubius et se présenter à la première personne du singulier en réutilisant les structures et les acquis langagiers vus dans cette double page. **Énoncés attendus** : *Hola, soy El Rubius. Me gustan las pizzas y las hamburguesas de pizzas. Me gustan mucho los videojuegos.*

C. Prolongements et activités supplémentaires

Pour les élèves qui utilisent le cahier d'activités, les exercices A3, A4 et A5 des pages 18 et 19 pourront être réalisés comme travail maison, ainsi que l'exercice n° 3 du *Practica* de la page 45 du manuel.

Les enseignants ou les élèves qui voudraient en savoir un peu plus sur l'Universo Rubius pourront le faire en le suivant sur les réseaux sociaux ou les plateformes de diffusion https://www.instagram.com/elrubiuswtf/
https://www.youtube.com/user/elrubius
https://twitter.com/rubiu5
http://www.elrubius.com/

ACTÚA

Ce deuxième projet intermédiaire est une activité d'expression écrite. Il est centré sur l'élève et son environnement proche, ici sa bande d'amis, et est axé sur le portrait et les goûts de chacun des membres. L'élève aura pu s'entraîner oralement à la description dans les activités de cette double page. Il s'agira de réinvestir les points de langue et les compétences langagières travaillés dans ce *Paso 2*. Les élèves devront, comme Zoé à la page 44, évoquer les prénoms et les goûts de leurs amis. Les élèves qui disposent d'une tablette ou d'un ordinateur pourront faire cette activité sur support numérique en y insérant du texte et des images et en faisant preuve de créativité dans la mise en page. Le professeur veillera à ce que les élèves utilisent ces médias de manière responsable, légale et éthique (*cf.* Éducation aux médias et à l'information). Les images insérées pourront être les avatars imaginés et réalisés grâce à l'activité 3 de la page *Aula multimedia* (page 48 du manuel).
Dans le prolongement de cette activité écrite ou lors de la restitution en classe le cours suivant, les enseignants pourront faire réfléchir les élèves à l'utilisation abusive du verbe *gustar* dans *Me gusta / No me gusta* sur les réseaux sociaux en visionnant la vidéo proposée dans la rubrique 1 *Reflexiona con un vídéo* de la page *Aula multimedia* (p. 48).

Apuntes de gramática

MEMORIZA

- Le verbe *gustar* → (Lengua p. 51)
- La quantité (*mucho - poco*)

PRACTICA

Corrigé

1. a. *No les gustan las patatas fritas.* **b.** *¿Te gusta la moda?* **c.** *Me gusta hacer deporte.* **d.** *A Paco no le gustan los exámenes.*

2. a. *A los abuelos de Paco les gusta vivir en Madrid.* **b.** *A Paco le encantan los animales.* **c.** *A Álex le gusta comer pasteles.* **d.** *A Liseta y a Zoé no les gusta tener el pelo rizado.*

3. a. *A Paco no le gustan mucho sus brazos.* **b.** *Zoé tiene muchos amigos.* **c.** *Álex conoce muchas películas de aventuras.* **d.** *Paco escucha poca música.*

Pistes de travail à la maison

Les consignes de travail possibles pourront être les suivantes :
- Réécouter l'audio de la page 45, bande-son de *Bienvenidos a mi canal* (MP3 piste 40).
- Relire les portraits de la page 44 (*El blog de Zoé*).
- Apprendre par cœur les deux boîtes *Palabras*.
- Lire *Apuntes de gramática* page 45 et apprendre par cœur la construction du verbe *gustar* et l'expression de la quantité avec *mucho* et *poco*.
- Apprendre la trace écrite.
- S'entraîner aux activités d'expression orale en continu page 45.
- S'entraîner avec les activités lexicales (exercices 1, 2, 3 et 6) et grammaticales (exercices 3 et 4) des pages 50 et 51.
- Faire les activités 2 et 3 de la page *Aula multimedia* en se connectant au site compagnon élève pour les élèves qui disposent d'une connexion Internet.
- Mémoriser le lexique du corps humain grâce aux planches 5 et 6 du dictionnaire visuel (page 144 du manuel) ou au dictionnaire interactif en se connectant à collegien.nathan.fr/estupendo5.
- Exercices du cahier d'activités pages 18 et 19 pour les élèves qui utilisent le cahier d'activités.

Cahier d'activités → (p. 18-19)

CD3 piste 30 - MP3 piste 9 Spécial cahier

Script Spécial cahier

Pour l'exercice A5, page 19

Guillermo: Me llamo Guillermo, tengo catorce años. Me gusta dibujar y escribir historias de ciencia ficción. También escucho todo tipo de música.
Cali: ¡Hola! Me llamo Cali. Tengo doce años. Me gusta mucho bailar y sacar fotos. Me encanta salir con mis amigas.
Federico: Me llamo Federico, tengo trece años. Me encantan los videojuegos.

Corrigé

Exercice 1

a. *(No) me gusta cantar en un coro.* **b.** *(No) me gusta tocar un instrumento.* **c.** *(No) me gusta montar en bicicleta.* **d.** *(No) me gusta jugar con el perro.* **e.** *(No) me gusta sacar fotos.*

Exercice 2

b. *A Graciela no le gusta leer.* **c.** *A Lorenzo le gustan los videojuegos.* **d.** *A mi padre no le gusta el fútbol.* **e.** *A Vicente y a Marcelo no les gusta la moda.* **f.** *A Dulce y a Esperanza les gusta comer chucherías.*

Exercice 3

¿Te gusta el cine? Sí, me gusta el cine.
¿A Paco y a El Rubius les gusta hablar en Youtube? Sí, les gusta hablar en Youtube.
¿A tus hermanos les gusta tocar un instrumento? Sí, les gusta tocar un instrumento.
¿Os gusta la música clásica? No, no nos gusta la música clásica.

Exercice 4

	Le gusta(n)	
las pizzas	✓	A El Rubius le gustan las pizzas.
las películas de aventuras		
hacer deporte		
las hamburguesas	✓	A El Rubius le gustan las hamburguesas.
vestirse con gorra	✓	A El Rubius le gusta vestirse con gorra.
el color azul		
las mascotas	✓	A El Rubius le gustan las mascotas.

Exercice 5

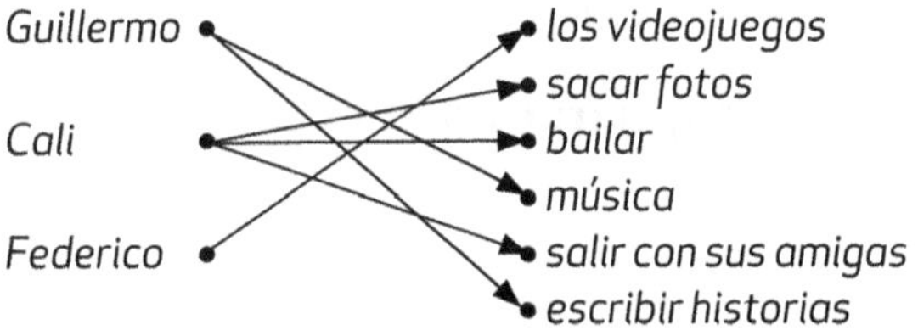

Exercice 6

a. *mucha* **b.** *muchos* **c.** *muchos - mucho* **d.** *mucho* **e.** *mucha - poco*

Exercice 7

a. *Tengo + 12 años / dos hermanos / una mascota / un ordenador / el pelo corto / los ojos verdes / una pandilla / muchos amigos / una falda de sevillanas / muchos videojuegos / pocos libros de aventuras...*
b. *Soy un(a) chico(a) / un(a) alumno(a) de colegio / francés(a) / alto(a) / bajo(a) / rubio(a) / moreno(a) / clásico(a) / moderno(a) / único(a) / gordo(a) / flaco(a) / guapo(a) / más alta que mis amigas / menos alta que mi madre / más moderna que mi hermana...*
c. *No soy un(a)chico(a) / francés(a)...* (voir exemples du point b.)
d. *Me gusta mucho sacar fotos / dibujar / el deporte / correr / leer / aprender / saber / el fútbol / tocar un instrumento / bailar / estar con los amigos / vestir ropa suelta / tener el pelo largo / el color verde / maquillarme / peinarme...*
e. *No me gustan los videojuegos / las mascotas / los lunes / mis pies / mis brazos / mis ojos /las sevillanas / las películas de aventuras / las faldas / las muñecas...*
f. *Sé hablar inglés y chino también / bailar sevillanas / tocar el piano...*
g. *Conozco España / Andalucía/ a un(a) chico(a) clásico(a) / a muchos Youtubers...*

DESCUBRE
Juntos somos más creativos

→ (p. 46-47)

A. Les objectifs

Domaine du socle commun

D5. Les représentations du monde et l'activité humaine.
Pour mieux connaître le monde qui l'entoure comme pour se préparer à l'exercice futur de sa citoyenneté démocratique, l'élève pose des questions et cherche des réponses en mobilisant des connaissances sur [...] les expressions artistiques, les œuvres, les sensibilités esthétiques et les pratiques culturelles de différentes sociétés.
Extrait du *Bulletin officiel* n° 17 du 23 avril 2015.

Connaissances et compétences culturelles

Cette double page propose de faire découvrir aux élèves des projets solidaires en Amérique latine et en Espagne qui s'adressent à des jeunes dans le domaine artistique et culturel (musique, photographie...).

B. Pistes d'exploitation et description des attendus

Cette double page *Descubre* permettra de revoir le vocabulaire de l'unité et de rebrasser des connaissances tout en apportant un aspect culturel nouveau.
Le professeur pourra d'abord laisser les élèves découvrir l'ensemble des deux pages en équipe (groupes d'élèves travaillant en îlots). L'enseignant pourra aussi utiliser le **manuel numérique** qui, à l'aide du vidéoprojecteur, permettra d'agrandir les photos ainsi que les textes afin de capter davantage l'attention des élèves. Si les élèves disposent du **manuel numérique** en version tablette ou ordinateur, cette double page pourra être découverte et travaillée en autonomie et en équipe, les élèves pouvant zoomer sur les différents documents.
On demandera aux élèves de découvrir les différents projets solidaires présentés (projets et finalités). Afin d'en contrôler la bonne compréhension, le professeur pourra demander une rapide restitution orale par groupe. **Énoncés attendus** : *El Sistema es una orquesta para niños pobres. La Fundación ph15 es una organización no gubernamental argentina. Fundación ph15 ofrece actividades artísticas a jóvenes desfavorecidos. Bicicletas sin Fronteras ofrece bicicletas a jóvenes para ir a la escuela. Plataforma Redomi organiza vacaciones solidarias.* Afin de fixer le lexique, le professeur pourra demander de compléter les mots croisés proposés dans la rubique *Juega con el crucigrama*. Pour cela, le professeur pourra utiliser la fonction zoom du **manuel numérique** pour projeter à l'écran la grille de mots croisés et demander à plusieurs élèves de venir la compléter.
Dans un deuxième temps, et après cette phase de découverte et d'appropriation du lexique, l'enseignant deman-

dera à chaque groupe ou équipe de choisir un des quatre projets présentés et d'imaginer une action solidaire qui pourrait être menée pour ce projet (question 2 de la rubrique *En equipo*). Un membre de chaque groupe devra ensuite présenter cette action à la classe et les autres élèves devront deviner dans quel projet il s'inscrit (question 3 de la rubrique *En equipo*). **Énoncés attendus** : -*Montamos una orquesta en el colegio para todos. -Es El Sistema*
-Saco fotos para niños desfavorecidos. -Es el proyecto ph15.
Lors de la restitution en interaction, l'enseignant pourra noter directement sur l'écran avec la fonction texte les projets les plus pertinents ou originaux et qui serviront de trace écrite.

Corrigé
Juega con el crucigrama
1. *bicicleta* **2.** *música* **3.** *orquesta* **4.** *fotografías* **5.** *coro*

C. Prolongements et activités supplémentaires

Les enseignants ou les élèves qui voudraient prolonger la découverte de ces projets solidaires pourront le faire en se connectant aux sites Internet suivants :
A. http://fundamusical.org.ve/el-sistema/ pour découvrir El Sistema et son créateur José Antonio Andreu
B. http://www.ph15.org.ar/ pour découvrir l'ONG argentina PH15
C. http://www.bicicletassinfronteras.org/ pour découvrir cette association de la Fondation Utopía
D. http://www.redomi.org/ pour en savoir plus sur cette plateforme ibéroaméricaine

Aula multimedia

→ (p. 48)

1 Reflexiona con un vídeo

DVD classe

Script

Slogans dits et écrits en fin de vidéo
Si a nadie le gusta, el ciberbullying[1] desaparece.
No lo compartas[2], no lo escribas.
Defendé[3] a tus amigos y bloqueá[3] a tus agresores.
Que no se viralice.
Para saber más, entra a convosenlaweb.gob.ar

1. cyberharcèlement 2. Ne le partage pas 3. argentinismos: defiende - bloquea

2 Juega con la web

El cuerpo humano

3 Crea con las TIC

Los avatares de tu pandilla

A. Les objectifs

Connaissances et compétences langagières
- le verbe *gustar*
- le lexique de la description physique (visage et parties du corps)
- se familiariser avec le vocabulaire informatique : *conectarse, un vídeo, la web, hacer clic, un botón, pinchar, arrastrar, el avatar* (voir aussi la page III du manuel de l'élève)

Connaissances et compétences culturelles
- une vidéo contre le cyberharcèlement (*ciberbullying*) du gouvernement argentin
- un jeu de la Junta de Castilla y León pour fixer le lexique du corps humain en espagnol

B. Pistes d'exploitation et description des attendus

Cette page intitulée *Aula multimedia* a pour objectif le rebrassage des contenus de l'unité 2 ***Mi pandilla*** en faisant découvrir, par de nouveaux vecteurs multimédia, des aspects culturels en lien avec la thématique, et en faisant manipuler des TICE dans une perspective actionnelle, ludique et éthique.
Les trois activités proposées peuvent être menées en salle informatique, en classe avec les tablettes, ou à la maison.
Reflexiona con un vídeo propose une vidéo argentine sur le cyberharcèlement. Cette première activité de la page pourra être proposée en fin d'unité pour revoir la construction du verbe *gustar* et le lexique de *la pandilla*, ou bien dans le prolongement du projet intermédiaire (*Actúa*) du *Paso 2*, page 45. L'enseignant lancera la vidéo en cliquant sur l'icône du **manuel numérique**. La première projection pourra être lancée sans consigne préalable, puis on lira la consigne 1 avant de reprendre la vidéo. Lors du deuxième visionnage de la vidéo, on demandera aux élèves de repérer la façon dont l'adolescent agit au début puis son changement d'attitude et d'en expliquer les raisons. Ce sera l'occasion de réactiver le verbe *gustar*. **Énoncés attendus** : *Al chico le gusta leer los insultos sobre Melisa y escribe "Me gusta" también si lee insultos sobre ella. En clase ve que a Melisa le gusta la misma música que a él. Cambia de actitud y escribe "No me gusta" a los insultos en la web.*
Le troisième visionnage sera complet et inclura les slogans de la fin de la vidéo afin de faire prendre conscience aux jeunes de l'importance de réagir face au harcèlement scolaire. Les élèves pourront alors répondre à la question 2 en reprenant le verbe *gustar* et les slogans utilisés par le service de communication du gouvernement argentin

dans cette campagne. On pourra attendre des productions personnelles simples. **Énoncés attendus** : *El vídeo es contra el acoso escolar / el ciberbullying. Me gusta este vídeo porque lucha contra el acoso: no compartir el acoso, defender a sus amigos, bloquear a los agresores.*

La deuxième activité, *Juega con la web*, renvoie sur un site web pour faire un jeu manipulatoire sur le champ lexical du corps humain vu dans l'unité. Les élèves sont amenés à mémoriser et à placer les mots sur le dessin. Cette activité peut être soit menée en salle informatique ou sur les tablettes si le collège en est doté, soit faite à la maison à l'issue du *Paso 2* ou encore en fin d'unité. Les élèves se connecteront au site indiqué par l'intermédiaire du site compagnon élève puis ils sélectionneront l'activité *El cuerpo humano 1* en cliquant sur le bouton rouge du haut de la console, puis sur le bouton jaune. Ils devront alors cliquer sur chaque puce verte accompagnée d'un mot et la placer sur la partie du corps qu'elle indique. L'extraterrestre qui les accompagne dans cette tâche corrige au fur et à mesure, ce qui leur permettra de terminer l'activité, de réactiver le lexique vu dans l'unité et aussi de s'approprier des acquis nouveaux.

La troisième activité, *Crea con las TIC*, propose une activité de production, ici créer l'avatar de sa bande d'amis en utilisant une application dédiée. Cette activité peut être réalisée en salle informatique ou à la maison. Les élèves enregistreront leur travail sur le réseau ou sur une clé USB. L'enseignant rappellera comment enregistrer un document sur le réseau ou sur une clé USB et s'assurera que tous les élèves ont bien terminé leur tâche de production. Il pourra ainsi vérifier les compétences de chacun dans l'utilisation des TIC et dans l'acquisition progressive du lexique informatique en espagnol : *crea el avatar, haz clic en, pincha en…*
L'activité *Los avatares de tu pandilla* permet de réinvestir les contenus langagiers et les savoir-faire de l'unité : faire le portrait physique d'un(e) ami(e) et évoquer ses goûts ou activités préférées. L'élève choisira de représenter son ami(e) ou ses ami(e)s à partir de ses/leurs caractéristiques physiques, couleur des yeux, couleur et longueur des cheveux, lunettes… Le professeur veillera à ce que les avatars ne se transforment pas en éléments de moquerie contre des camarades et pourra alors, en amont de l'activité TIC, commenter le document et le slogan de la page voisine *Planeta responsable*. L'élève devra composer l'avatar de ses camarades en sélectionnant d'abord les caractéristiques physiques du visage (yeux, nez, bouche, cheveux..) puis les vêtements et enfin un objet qui évoque les activités préférées. Il devra ensuite exporter la photo et la nommer. Tous les avatars pourront être stockés dans l'ENT de l'établissement et le professeur pourra les montrer le cours suivant ou en fin de séance et les faire décrire oralement. Ces avatars pourront aussi être utilisés par les élèves et insérés dans la production d'écrit demandée dans le projet intermédiaire *Actúa* du *Paso 2* (page 45), s'ils ont la possibilité de les créer avant.

C. Prolongements et activités supplémentaires

Les activités 1 et 3 pourront être prolongées par l'exploitation et le commentaire de l'affiche proposée dans *Planeta responsable* page 49. L'activité 1 pourrait également servir de support à un travail interdisciplinaire sur la lutte contre la discrimination et être insérée dans le parcours citoyen de l'élève.

PLANETA RESPONSABLE

→ (p. 49)

A. Les objectifs

Domaine du socle commun

D1. Les langages pour penser et communiquer
D3. La formation de la personne et du citoyen

Connaissances et compétences culturelles
– Éducation aux médias : découvrir une campagne de sensibilisation organisée par le Gouvernement de Navarre sur la diversité et la tolérance.
– Construire son parcours citoyen[1] : lutter contre les stéréotypes et les discriminations, s'ouvrir aux autres, être tolérant.

B. Pistes d'exploitation et description des attendus

La page *Planeta responsable* est en lien étroit avec le thème de l'unité 2 ***Mi pandilla*** et avec les objectifs : se décrire physiquement et décrire ses amis, exprimer ses goûts et ceux de son groupe d'amis. Elle aborde un des aspects du parcours citoyen du cycle : la découverte de l'autre et le respect des autres. Les élèves sont invités à s'exprimer de façon simple, ils sont guidés par des amorces ou des questions, et le lexique nécessaire à la compréhension et à l'expression est donné dans la boîte *Palabras*.
Les élèves vont découvrir une affiche d'une campagne de sensibilisation menée par le Gouvernement autonome de Navarre sur le respect des autres visant à encourager les attitudes positives chez les adolescents et prévenir les discriminations.
Si le professeur le juge nécessaire, il pourra préparer en amont l'analyse de ce document à partir de la fiche

1 Pour plus de détails, se référer au *BO* spécial n° 11 du 26/11/2015 (cycle 4)
http://www.education.gouv.fr/pid285/bulletin_officiel.html?-cid_bo=94717

Apprendre à apprendre intitulée « Décrire une image », page 126.

L'enseignant qui utilise le **manuel numérique** pourra projeter l'affiche en la zoomant ou bien lancer l'application sur les tablettes. Il laissera quelques instants aux élèves pour observer et repérer les informations sur le document. Grâce à ses acquis linguistiques, au lexique de la fiche « Décrire une image » et à la consigne 1, les élèves seront en capacité d'exprimer simplement ce qu'ils ont repéré. **Énoncés attendus** : *Es un cartel del Gobierno de Navarra. Vemos a dos amigos. Solo vemos la boca del chico y de la chica. La chica tiene el pelo largo. El chico tiene el pelo corto.*

Le professeur pourra ensuite inviter sa classe à découvrir le sens de la campagne en lisant à voix haute le slogan de cette affiche et en attirant l'attention des élèves sur le sens précis des mots traduits dans les notes ou dans la boîte *Palabras*, et en particulier le double sens du verbe *reírse* selon la préposition qui l'accompagne (*reírse de*, se moquer de, ou *reírse con*, rire avec).

Les amorces de la consigne 2 aideront les élèves à mieux saisir le sens de cette campagne de lutte contre les discriminations et pour la promotion des valeurs de respect et de tolérance. **Énoncés attendus** : *Es mejor reírse* ***con*** *los amigos que reírse* ***de*** *los amigos. El cartel promociona los valores de respeto y de amistad.* On pourra conclure cette « analyse » en demandant aux élèves d'émettre un avis sur cette affiche et de réutiliser le verbe *gustar* et le lexique vu précédemment. **Énoncé attendu** : *Me gusta este cartel porque promociona los valores de respeto y lucha contra el acoso.*

C. Prolongements et activités supplémentaires

Si elle n'a pas déjà été faite, l'activité de cette page pourra être prolongée par l'activité 1 de la page *Aula multimedia* sur une autre forme de harcèlement, le cyberharcèlement.

Lengua Juega y repasa

→ (p. 50-51)

CD1 piste 74 (Adivinanzas)

→ Autres exercices : Cahier d'activités p. 20 (corrigé en fin de rubrique)

La première page de la double page *Lengua: Juega y repasa* est consacrée à la consolidation des acquis lexicaux de l'unité et de civilisation abordés dans l'unité. Ils sont classés par champ lexical (*El cuerpo humano, La descripción física, Los juegos y las actividades*) et plusieurs exercices ludiques et illustrés sont proposés : on développe ici la capacité d'attention (relier une description à l'image correspondante), la logique (associer des goûts à des activités), la déduction (devinettes)... Le dernier exercice (n° 7) débouche sur un exercice de lecture à voix haute qui permet à tout élève, même timide ou réservé, de s'exprimer facilement à l'oral (sauf pour les élèves dyslexiques, pour qui ce genre d'exercice se révèle en général très complexe).

Cette page peut être faite en cours ou donnée en préparation à la maison pour être corrigée en classe.

Corrigé

El cuerpo humano

1. *¡Hola! Soy Zubo. Tengo seis manos con cuatro dedos. Me gusta mi cara con mi único ojo rosa. Tengo el pelo verde y corto. Mi única pierna termina con tres pies.*

2. a. *El pelo está en la cabeza.* **b.** *Los pies terminan las piernas.* **c.** *Tenemos dos brazos y también dos manos de cinco dedos.* **d.** *En la cara hay dos ojos y una boca.*

3. *Es Blancanieves.*

La descripción física

4. a. 3 **b.** 4 **c.** 2 **d.** 1

5. a. *baja* **b.** *gordo* **c.** *morena* **d.** *guapo*

Los juegos y las actividades

6. a. 5 **b.** 4 **c.** 1 **d.** 3 **e.** 2

Adivinanzas

7. *la cabeza - los dientes*

Le comparatif → (Mémento p. 134)

Il s'agit ici de faire le point uniquement sur le comparatif de supériorité et le comparatif d'infériorité proposés avec un adjectif ou avec un nom.

Le verbe *gustar* → (Mémento p. 139)

Cette rubrique présente les utilisations les plus fréquentes du verbe *gustar*. Le tableau permet de montrer les combinaisons possibles en fonction du sujet du verbe, singulier ou pluriel, et en fonction de la personne concernée. Pour les premières et deuxièmes personnes du singulier et du pluriel, les pronoms précédés de la préposition *a* sont entre parenthèses car ils ne sont pas obligatoires et servent à insister : *Me gusta el chocolate.* → J'aime le chocolat. / *A mí me gusta el chocolate.* Moi, j'aime le chocolat. En revanche, à la troisième personne du singulier et à la troisième personne du pluriel, il est nécessaire de préciser le pronom COI *le*, ne serait-ce que pour indiquer s'il s'agit d'une fille ou d'un garçon : *A ella le gustan las manzanas.* → Elle aime les pommes. / *A él le gusta cantar.* → Il aime chanter.

Corrigé

1. a. *Paco tiene más videojuegos que libros.* **b.** *Rocío es más alta que Azucena.* **c.** *Liseta es más rubia que Álex.* **d.** *A Álex le gusta mucho menos el color rosa que el verde.*

2. a. *Marc lee más libros que Paco / Paco lee menos libros que Marc.* **b.** *Paco baila menos que Azucena / Azucena baila más que Paco.* **c.** *Liseta hace menos deporte que Paco / Paco hace más deporte que Liseta.*

3. a. *A Liseta le gusta poco correr.* **b.** *No nos gustan mucho las faldas.* **c.** *A Paco le gusta dormir con mucha luz.* **d.** *A Marc le encanta leer muchos libros.*
4. a. *¿Te gustan todos los deportes?* **b.** *¿Os gusta jugar al fútbol? / ¿A qué deporte os gusta jugar?*
c. *¿Qué les gusta a tus amigos?* **d.** *¿Qué te gusta?*

Mapa mental → (p. 51)

La carte mentale de l'unité 3 « *Describirse y hablar de sus gustos* » part de la première personne du singulier pour développer la production écrite ou orale personnelle. Elle s'appuie sur trois formes verbales : *soy, tengo, (no) me gusta(n)*, qui vont permettre de rebrasser tous les acquis pour se décrire physiquement et parler de ses goûts. En suivant les différentes couleurs de filets, l'élève pourra s'inspirer des modèles pour former des phrases simples en associant la forme verbale et les compléments proposés.
Le professeur pourra s'attarder sur cette carte mentale en fin d'unité afin de permettre aux élèves de réinvestir leurs acquis linguistiques (à la veille d'une évaluation sommative par exemple) et pourra demander aux élèves de produire oralement au moins trois phrases (à partir des trois formes verbales). Des élèves plus à l'aise pourront produire à la fois des phrases affirmatives et des phrases négatives, indiquant ainsi ce qu'ils sont et ne sont pas (*No soy rubio, soy moreno*), ce qu'ils ont et n'ont pas (*No tengo el pelo largo, tengo el pelo corto*) et ce qu'ils aiment ou n'aiment (*Me gusta leer, no me gusta bailar*) afin de réinvestir un maximum de lexique. Cette dernière activité pourrait également se faire en interaction orale, un élève proposerait une phrase affirmative pour se décrire et un camarade indiquerait l'opposé dans une phrase négative et inversement, par exemple *Alumno A: –Soy alto. Alumno B: –No eres bajo.*

Cahier d'activités → (p. 20)

Les élèves qui utilisent le cahier d'activités pourront préparer cette activité à la maison. La carte mentale du cahier d'activités est centrée sur l'élève (*Me describo y hablo de mis gustos*), elle reprend la structure de la carte mentale de la page 51 du manuel, dont l'élève pourra s'inspirer pour remplir sa propre carte mentale dans la première partie *Mi retrato*. Ce sera pour lui l'occasion de réutiliser et de fixer ses acquis. Dans la seconde partie, *Redacto mi perfil*, il s'agit pour l'élève de rédiger son profil, l'objectif étant de créer un groupe dont les membres partageraient les mêmes goûts que lui.

Corrigé
1. Mi retrato
Soy *un chico/una chica, francés/francesa, un alumno/una alumna, alto/alta, moreno/morena, rubio/rubia, clásico/clásica, moderno/moderna, único/única…*
No soy *un chico/una chica, francés/francesa, un alumno/una alumna, alto/alta, moreno/morena, rubio/rubia, clásico/clásica, moderno/moderna, único/única…*
Tengo el pelo *corto/largo, liso/rizado, moreno/rubio…*
Tengo los ojos *marrones, azules, verdes*
No tengo *el pelo…, los ojos…*
Me gusta *leer, correr, cantar, bailar, tocar música, reírme con mis amigos, el fútbol, la música…*
Me gustan *los videojuegos, mis mascotas, mis brazos, mis ojos…*
No me gusta *cantar, bailar, sacar fotos, aprender, el color rosa, mi nombre…*
No me gustan *las películas de aventuras, las faldas, los deportes, las hamburguesas, las gorras…*

2. *Redacto mi perfil.* Énoncé possible : *Hola soy Letizia. Tengo los ojos verdes y el pelo largo y rizado. Soy una chica y soy alumna de colegio. No soy clásica, tampoco soy moderna. Me gusta mucho tocar el violín y cantar en el coro de mi colegio. Me gustan también los videojuegos de aventuras. Tengo muchos amigos músicos.*

TU MISIÓN → (p. 52)

Cette page est l'aboutissement des deux projets intermédiaires *Actúa* de l'unité. Elle va permettre à l'élève de réutiliser et de fixer ses acquis lexicaux, grammaticaux et culturels dans la réalisation d'un projet concret de fin de séquence. L'enseignant pourra faire le choix de traiter un des deux projets ou laissera le choix aux élèves. Les deux projets sont des productions de groupe que l'enseignant demandera de réaliser en classe et en groupe pour développer les compétences de travail collaboratif et coopératif.

Misión A

Presenta en un vídeo una acción solidaria.

A. Les objectifs

Connaissances langagières
- le verbe *gustar*
- le lexique des goûts et des activités
- la quantité
- le comparatif

Compétences langagières
- dire ce que l'on aime ou n'aime pas faire
- décrire ses goûts

B. Pistes d'exploitation et description des attendus

Il s'agit pour les élèves de créer ensemble une vidéo décrivant leurs goûts et activités et ensuite de la présenter

oralement à la classe. Pour sa réalisation, l'enseignant indiquera à ses élèves qu'ils peuvent s'aider lexicalement de la carte mentale de la page 51 et qu'ils peuvent également reprendre le travail en équipe réalisé dans la page *Descubre*. L'élève va mobiliser ses connaissances langagières acquises tout au long de l'unité et va produire à l'oral. L'enseignant aura demandé au préalable d'apporter le matériel numérique nécessaire à la captation d'images ou il aura prévu de le fournir. Si le collège est équipé en tablettes, on peut supposer qu'une application de captation d'images y sera installée (iMovie par exemple) ou de création d'animation vidéos (PowToon, Adobe Voice, Tellagami...).
Le projet se décompose en quatre étapes.
- Étape 1 : On attend que les élèves forment des groupes à partir de leurs goûts communs. On peut supposer alors que le professseur organisera une activité en interaction afin que les élèves découvrent leurs points communs. On attendra des questions et des réponses avec le verbe *gustar* et le lexique des jeux ou activités.
- Étape 2 : Dans un deuxième temps, une fois les groupes constitutés et installés en îlots, les élèves devront imaginer une action solidaire en relation directe avec leurs goûts communs. Les actions solidaires présentées dans la page *Descubre* pourront servir d'aide ou de modèle.
- Étape 3 : Chaque groupe devra filmer cette action solidaire en utilisant l'outil numérique adéquat puis il la présentera oralement à la classe.
- Étape 4 : Les autres élèves de la classe devront s'exprimer oralement en votant pour l'action solidaire qu'ils préfèrent et en justifiant leur choix.

C. Prolongements et activités supplémentaires

On pourrait envisager de compiler les productions videos des élèves et de les publier dans l'ENT, le blog de la classe ou le site du collège, par exemple. Ce travail serait pris en charge par un groupe d'élèves plus à l'aise. Ce travail pourrait ensuite être integré et valorisé dans le parcours citoyen des élèves.

Misión B

Crea un cartel para promocionar un club

A. Les objectifs

Connaissances langagières

- le verbe *gustar*
- le lexique des activités
- le lexique de la description
- le comparatif

Compétences langagières

- écrire un message simple pour décrire des goûts et des activités
- comparer des éléments entre eux et dire celui qu'on préfère

B. Pistes d'exploitation et description des attendus

Il s'agit pour les élèves de créer en binômes une affiche pour promouvoir un club d'amis partageant des goûts communs. Pour la réalisation de la *Misión B*, l'enseignant indiquera à ses élèves qu'ils peuvent être guidés lexicalement par la carte mentale de la page 51. L'élève va mobiliser les connaissances langagières acquises au cours de l'unité et va produire un message écrit et oral. L'enseignant aura demandé au préalable d'apporter le matériel numérique nécessaire à un travail sur l'image (captation, modification, ajout de texte...) ou il aura prévu de le fournir ; un logiciel de traitement de texte peut suffire. Si le collège est équipé en tablettes, on peut supposer qu'une application de ce type y sera installée (traitement de texte, PicCollage, Skitch par exemple ou logiciels pour faire des infographies Easelly, Infogr.am, Piktochart..).
Le projet se décompose en quatre étapes.
- Étape 1 : On attend que les élèves forment des binômes à partir de goûts communs pour former un club d'*aficionados*. On peut supposer alors que le professseur organisera une activité en interaction afin que les élèves découvrent leurs points communs. On attendra des questions et des réponses avec le verbe *gustar* et le lexique des jeux, des sports et des activités.
- Étape 2 : Dans un deuxième temps, chaque binôme devra sélectionner des photos sur leurs activités préférées.
- Étapes 3 et 4 : Chaque binôme devra rédiger un texte simple et bref pour présenter les goûts des membres de leur club et leurs activités. Le professeur demandera également de rédiger un slogan simple et bref pour convaincre de futurs *aficionados*. Le slogan et le texte reprendront les acquis langagiers étudiés dans cette unité en réutilisant le lexique des activités, de la description ainsi que l'expression des goûts avec le verbe *gustar*.
- Étape 5 : Chaque binôme présentera son affiche et fera la promotion de son club oralement devant la classe en utilisant le comparatif et la quantité avec *mucho* et *poco*.

C. Prolongements et activités supplémentaires

On pourrait envisager de compiler les productions des élèves et de les publier dans l'ENT, le blog de la classe ou le site du collège, par exemple. Ce travail serait pris en charge par un groupe d'élèves plus à l'aise. On pourrait aussi imaginer de présenter ces projets de clubs au Conseil de vie collégienne de l'établissement qui pourrait s'en saisir ou s'en inspirer pour les créer concrètement au sein du collège et ainsi occuper les élèves lors la pause méridienne. Ce projet pourrait alors s'intégrer dans le parcours citoyen du collégien.

¿Dónde vives?

OUVERTURE

→ (p. 53)

A. Objectifs et cohérence de l'unité

Activités langagières A1

Écouter et comprendre
- Comprendre quelqu'un qui parle de sa chambre, de sa maison, de sa ville.
- Repérer des indications de lieu.
- Repérer le lexique de la ville, du village, du quartier, de la maison, des meubles.

Lire
- Comprendre un texte court descriptif et explicatif.
- Comprendre des indications pour situer dans l'espace : les prépositions.

Réagir et dialoguer
- Présenter, décrire, situer.
- Poser des questions à un(e) ami(e) espagnol(e) et échanger avec lui/elle sur son lieu de vie, sa maison, sa chambre.

Parler en continu
- Parler de sa ville se situer dans l'espace.
- Présenter sa maison, sa chambre.
- Situer et se situer dans l'espace.

Écrire et réagir à l'écrit
- Rédiger la description d'un habitat.

Des fiches duplicables d'évaluation viennent clore chaque unité. Elles comprennent une fiche "Évaluation des compétences", avec des exercices d'évaluation de toutes les activités langagières travaillées dans l'unité, et une fiche "Test de connaissances" pour évaluer les connaissances acquises en phonologie, lexique, grammaire et culture. Le CD3 classe comprend, pour chaque unité, une piste pour "Écouter et comprendre" et une piste pour la phonologie.

B. Pistes d'exploitation et description des attendus

L'unité 4 ***¿Dónde vives?*** servira à développer la capacité à décrire : l'élève parle de lui, de son environnement social et spatial. L'élève va, en effet, apprendre à parler de son quartier, de sa ville ou de son village, de sa maison, de sa chambre. Toujours dans une démarche active et communicative, et grâce à des documents authentiques mobilisant les activités langagières de communication et à des supports numériques, sans oublier la dimension culturelle et la réalité de l'Espagne contemporaine.

L'enseignant pourra consacrer quelques minutes à la lecture de la page d'ouverture avec la classe en insistant sur les compétences à travailler au niveau A1, les points de langue et de culture. Afin de poursuivre la dynamique de projet, il est intéressant d'annoncer dès le début les intitulés des deux projets finaux *Tu misión* proposés en fin d'unité. Les élèves auront le temps de saisir les contenus et la réalisation concrète qui leur sera demandée en fin d'unité ; cela permettra de donner du sens aux apprentissages de l'unité. S'il utilise le **manuel numérique**, l'enseignant pourra, grâce au zoom, accueillir les élèves en projetant en grand la photo d'ouverture. Il pourra consacrer quelques minutes à son exploitation en partant de ce que savent les élèves. On élucidera le terme *pueblo* à l'aide la boîte *Palabras* page 54. On attendra des élèves qu'ils fassent part de leurs impressions. **Énoncés attendus** : *Me gusta la foto. Es un pueblo bonito.* Le professeur aura à cœur de contextualiser cette photo en faisant situer le village sur une carte. Il utilisera les cartes animées interactives de son manuel numérique (disponibles pour les élèves sur le site compagnon élève) ou, s'il ne l'utilise pas, il renverra les élèves aux cartes des pages de garde de leur manuel. Cette étape essentielle permettra aux élèves de situer et de cerner les contours de l'unité, le professeur facilitera la production : *Es un pueblo andaluz. Andalucía es una región española.*

PASO 1 Mi pueblo, mi ciudad

→ (p. 54-55)

▶ Je parle de ma ville, de mon village, de mon quartier et je me situe dans l'espace.

→ **Activités d'accompagnement, Cahier d'activités p. 21-22**

1 TEXTE TENGO UN PUEBLO

CD2 piste 1

A. Les objectifs

Connaissances et compétences langagières

– le verbe *venir*
– le verbe *estar*

- les interrogatifs *¿dónde, cuántos, cuántas?*
- *lo + adjectif*
- les prépositions *a, en, de, por*

Connaissances et compétences culturelles

- un *pueblo* typique espagnol

B. Pistes d'exploitation et description des attendus

Cette première activité de compréhension de l'écrit, qui peut être réalisée en 20 minutes, doit permettre aux élèves de s'approprier les outils nécessaires à la description de leur environnement. Le texte est enregistré dans le CD classe et si l'enseignant choisit de le faire écouter aux élèves, il précisera qu'il ne s'agit absolument pas d'une compréhension de l'oral et que cette écoute d'un texte lu ne peut que faciliter la compréhension du texte écrit.

Dans un premier temps, l'enseignant projettera à l'aide du zoom du **manuel numérique**, la photo et le titre du document, on élucidera à l'aide de la boîte *Palabras* le mot *la bisabuela*. Les élèves auront déjà étudié le lexique de la famille dans l'unité 2, notamment *la tía* et *el abuelo*. On pourra anticiper la compréhension en demandant aux élèves ce qu'ils voient. **Énoncés attendus** : *Veo un pueblo (español). Veo (dónde está) la casa del abuelo / la casa de la tía Lola / la casa de la bisabuela. Es un pueblo bonito / grande / pequeño...*

Puis, l'enseignant laissera un temps à la classe pour lire le texte et répondre aux questions de l'activité 1 de compréhension de l'écrit 1a à 1d. Le professeur guidera les élèves en les invitant à lire les notes, toujours utiles pour l'élucidation, et le vocabulaire de la boîte *Palabras* qui leur servira à répondre aux questions. On pourra inviter les élèves à travailler en binômes afin de collaborer et de construire les réponses oralement ou à l'écrit dans leur cahier. Cette phase donnera lieu à une mise en commun, les élèves présenteront spontanément Álex et transposeront ainsi les informations à la troisième personne. **Énoncés attendus** : *Álex viene de un pueblo pequeño, famoso por el calor y los albaricoques. Tiene un montón de casas, tiene tres casas, la casa de su bisabuela, la casa de su tía y la de su abuelo. El pueblo está cerca del monte y del campo. Según su abuelo lo bueno del pueblo es que la casa tiene la puerta abierta todo el día y lo malo es que el pueblo está cerca del monte, del campo y de los bichos.* On favorisera les pauses de synthèse et la répétition pour s'assurer de la bonne compréhension. On pourra signaler et zoomer sur la construction des verbes *estar, ir* et *venir* dans la partie *Apuntes de gramática*. Enfin, on laissera les élèves s'exprimer à partir de la photo (projetée ou non). Les affirmations 2e et 2f devront conduire à l'utilisation des structures *estar cerca / estar lejos* (renvoyer les élèves aux dessins de la boîte *Palabras*). Dans le cas où les élèves se trompent, on les invitera à justifier les réponses et on privilégiera l'intercorrection et/ou l'autocorrection.

C. Prolongements et activités supplémentaires

L'enseignant pourra demander à certains élèves de lire le texte. Cette lecture permettra de vérifier la bonne compréhension du document. L'enseignant pourra se référer à la fiche **Apprendre à apprendre** « Comprendre un texte », page 126, notamment dans le cadre de l'accompagnement personnalisé.

Les élèves qui utilisent le cahier d'activités pourront réaliser les exercices A1 et A2 de la page 21 comme travail à la maison.

2 DOCUMENT AUDIO
Mi barrio y yo

CD2 piste 3 (sans pause), piste 4 à 7 (version fragmentée), MP3 piste 44

Script

Me llamo Elisa y vivo en Madrid en la calle de la Montera. Aquí tienes mi barrio. En la calle Preciados está mi instituto. // Voy todos los días, excepto el sábado y el domingo. Después de clase, vamos a la plaza del Carmen con los amigos. Es muy bonita y está cerca del insti. // El fin de semana, voy al cine. Los cines están muy cerca, en Gran Vía. Es una avenida muy turística de la capital. // La gente viene de lejos a pasear por la Gran Vía. A ver si algún día te vienes de Francia y la conoces.

A. Les objectifs

Connaissances et compétences langagières

- le verbe *estar*, 3es personnes sing. et pl.
- les verbe *ir* et *pasear*, 3es personnes sing. et pl.
- les prépositions *a, en, de, por, cerca, lejos*
- le lexique lié au quartier

Connaissances et compétences culturelles

- Madrid et certains lieux incontournables de la capitale

B. Pistes d'exploitation et description des attendus

Cette activité, qui pourra être traitée en 25 minutes, vise à l'entraînement à la compréhension de l'oral.

Pour préparer l'écoute, l'enseignant focalisera l'attention des élèves sur le plan et donnera le mot *mapa* pour que les élèves identifient le type du document. Ces derniers reconnaîtront le mot *plaza* et pourront déduire le mot *calle*. Puis, on lira avec la classe les deux premières questions 1a et 1b pour préparer la compréhension.

On pourra procéder à une première écoute globale et vérifier que les élèves ont saisi ou reconnu quelques informations.

On passera ensuite à une écoute de la version fragmentée en leur faisant écouter la piste 4 du CD2. L'enseignant qui utilise le **manuel numérique** cliquera sur l'icône adéquate.
Après cette écoute, les élèves pourront répondre aux questions 1a et 1b. **Énoncés attendus** : *Elisa vive en Madrid. Su casa está en la calle de la Montera. Su instituto está en la calle Preciados.* En fonction du degré de compréhension et d'autonomie de la classe, on pourra faire écouter une deuxième fois. Cette étape permettra à certains élèves de reprendre les éléments collectés pour présenter le lieu de vie d'Elisa.
Après avoir écouter la deuxième piste fragmentée (CD2 piste 5), les élèves seront invités à répondre à la question 2c. **Énoncés attendus** : *Todos los días, excepto el sábado y el domingo, va al instituto. Después de clase va a la plaza del Carmen con los amigos.*
On poursuivra avec l'écoute de la troisième piste de la version fragmentée, à la suite de laquelle les élèves compléteront l'amorce de la phrase 2d.
Énoncé attendu : *Los fines de semana, Elisa va al cine.*
S'il souhaite vérifier la compréhension de la piste complète, le professeur pourra poser une question ou deux questions supplémentaires sur Gran Vía et les cinémas.
Enfin, les élèves écouteront la dernière piste de la version fragmentée et répondront à la question 2e. **Réponses attendues** : *Los turistas vienen a pasear por la Gran Vía. Es una avenida turística de la capital.*
Les élèves auront recours à la boîte *Palabras* pour construire leur prise de parole. L'enseignant acceptera toutes les réponses cohérentes et veillera à conduire les élèves vers une synthèse collaborative. Dans le cas où des élèves auraient une difficulté à transposer à la troisième personne du singulier, on pourra faire réaliser l'exercice 2 de *Practica*. L'enseignant veillera au bon usage des prépositions : *ir a - pasear por - vivir en - venir de*. Afin de s'assurer de la bonne maîtrise de ces outils, on pourra faire réaliser l'exercice 3 de *Practica*.

C. Prolongements et activités supplémentaires

On pourra demander aux élèves de se mettre en binômes : un élève prendra en charge la description d'Álex et l'autre celle d'Elisa. Ils pourront présenter les deux adolescents en prise de parole continue ou bien se poser des questions mutuellement. L'exercice 3 du cahier d'activités pourra constituer le point de départ de ce travail, pour les élèves qui l'utilisent.

ACTÚA

Ce projet intermédiaire, auquel on pourra accorder 15 minutes, est une activité d'expression orale en continu. Il mobilisera le lexique et les verbes à régime prépositionnel abordés dans l'unité 4. Il est centré sur l'élève et son environnement proche, ici le quartier où l'on vit et sa localisation.
L'élève aura déjà pu s'entraîner à la prise de parole en continu dans les documents 1 et 2. Par ailleurs, il dispose des présentations d'Álex et d'Elisa pour parler de son quartier. Il s'agit de réinvestir les points de langue et les compétences langagières travaillés dans la double page qui lui seront utiles pour faire ce *Actúa*.
Pour mettre en œuvre cette activité, l'enseignant laissera un temps de préparation en classe ou donnera ce travail à faire à la maison. Il pourra inviter les élèves à se référer à la fiche **Apprendre à Apprendre** intitulée « Se préparer à prendre la parole », page 127. Pour des élèves en difficulté, il serait prudent de les faire utiliser un plan existant (carte ou dessin qu'ils prendront le temps de réaliser), sur lequel ils pourront s'appuyer pour produire.
Les élèves devront réutiliser dans leur production les expressions suivantes : *vengo de, soy de, vivo en, mi casa está en la calle / la avenida, paseo por…*
Les élèves pourront s'enregistrer et poster leur production sur l'ENT de la classe.

Apuntes de gramática

MEMORIZA

- *lo* = ce qui, ce que
- Le présent de *estar, ir* et *venir*
- Les prépositions → **(Lengua p. 63)**

PRACTICA

Corrigé
1. a. *La casa del abuelo está en el pueblo.* **b.** *Los cines están en la Gran Vía.*
2. a. *Todos los días voy a casa de mi tía.* **b.** *Los turistas vienen de lejos para visitar Madrid.* **c.** *Elisa y sus amigos van al cine.* **d.** *Álex viene de un pueblo.*
3. a. *Vivimos en un pueblo.* **b.** *Los domingos mis padres pasean por el campo.* **c.** *Voy a la piscina con mis amigos.* **d.** *Álex va al pueblo.* **e.** *Elisa viene del colegio.*

Pistes de travail à la maison
Les consignes de travail possibles pourront être les suivantes :
- Relire le texte *Tengo un pueblo* de la page 54 à haute voix en faisant une lecture expressive.
- Pour les élèves à l'aise, écrire à la manière d'Álex un texte transposant sa réalité.
- Apprendre par cœur les deux boîtes *Palabras*.
- Mémoriser le présent de l'indicatif des verbes *estar, ir et venir*.
- Exercices du cahier d'activités pages 21 et 22 pour les élèves qui l'utilisent.

Cahier d'activités → (p. 21-22)

Corrigé

Exercice 1

a. *VEN GO - EST OY - V OY*

b. 1. *estoy → estar* **2.** *vengo → venir* **3.** *voy → ir*

Exercice 2

a. *Viene de un pueblo muy bonito.* **b.** *Va a casa de su bisabuela.* **c.** *Está en casa de su abuelo.* **d.** *Tiene muchas casas.*

Exercice 3

a. *El insti de Elisa está en Madrid.* **b.** *Las casas del abuelo y de la bisabuela están en el pueblo.* **c.** *Estoy en casa con mi familia.* **d.** *Estamos bien en nuestro pueblo.*

Exercice 4

a. *Somos Iñaki y Ainoa. Vivimos en el centro en Bilbao, en el norte de España.* **b.** *Hola, me llamo Nicolás, vivo en un pueblo. Está cerca de la ciudad.* **c.** *Buenos días, soy Inés, soy de Palma de Mallorca. Mi instituto está lejos de mi casa pero mi casa está cerca de la playa.*

Exercice 5

En Madrid, los turistas pasean por la Gran Vía y se reúnen en la Puerta del Sol. Van al centro para pasarlo bien.

Exercice 6

la avenida - el campo

Exercice 7

J	D	I	O	C	V	Z	S	I	M
K	A	D	I	N	E	V	A	G	B
N	G	R	A	N	V	I	A	C	I
P	H	B	T	Z	G	A	L	A	R
T	U	R	I	S	T	A	S	P	T
L	S	O	I	R	R	A	B	I	V
Q	U	N	W	I	I	N	M	T	E
S	A	H	K	U	Z	D	M	A	T
O	F	C	I	U	D	A	D	L	Q
B	O	T	U	R	C	Y	J	U	Y
V	C	A	L	L	E	S	D	E	A

PASO 2 Visita mi casa

→ (p. 56-57)

▶ Je décris ma maison, ma chambre.

→ **Activités d'accompagnement, Cahier d'activités p. 23-24**

1 TEXTE La casa de los *geeks*

A. Les objectifs

Connaissances et compétences langagières

- les adjectifs possessifs
- *hay*
- le lexique de la maison
- le lexique des appareils connectés

Connaissances et compétences culturelles

- un appartement de *geeks* espagnols

B. Pistes d'exploitation et description des attendus

Le premier document du *Paso 2 - Visita mi casa* s'articule autour d'un plan et d'un texte (contenu de blog). Il pourra être réalisé en 20 minutes.

Pour focaliser l'attention de la classe, l'enseignant qui utilise le **manuel numérique** pourra projeter le plan de l'appartement grâce à la fonction zoom. Les élèves pourront ainsi découvrir les pièces de la maison et comprendre la destination de chacune d'entre elles grâce au mobilier et à certains mots transparents, comme *salón* ou *terraza*.

Le professeur pourra alors donner l'amorce 1a pour que les élèves la complètent oralement après avoir observé le plan. Énoncé attendu : *El piso de los Sánchez tiene un salón, una cocina, un cuarto de baño, una terraza y tres dormitorios.* L'enseignant aura à cœur de bien faire prononcer *la ese* de *piso* ou de *casa*, objet d'attention dans la rubrique *Fonética*, page 57.

Dans un deuxième temps, on demandera aux élèves d'ouvrir leur manuel à la page 56, ou d'utiliser leur tablette s'ils en possèdent une, on lira les questions 2c et 2d, puis on les invitera à y répondre après avoir lu le texte. On rappellera à la classe l'importance de se reporter aux boîtes *Palabras* dans lesquelles les mots utiles pour l'expression sont donnés, ainsi trouveront-ils le mot *piso* pour répondre à la première question.

En fonction du rythme de chacun, on laissera du temps aux élèves pour qu'ils s'approprient le sens du texte et qu'ils puissent produire les réponses attendues à l'oral. Énoncés attendus : *Los Sánchez tienen un ordenador en el cuarto de baño, un ordenador en el salón, un ordenador portátil en la cocina. En casa, la familia se conecta en el salón.* Dans le cas où des élèves identifieraient mal les ordinateurs et confondraient avec d'autres appareils connectés, on les invitera, par l'autocorrection ou l'intercorrection, à rectifier leur prise de parole. Ils pourront également répondre à la question 1b. Énoncés attendus : *Hay tres dormitorios: el dormitorio de los padres, el dormitorio de Sara y el dormitorio de Óscar, el hermano de Sara.*

Le professeur pourra aussi demander de justifier le titre du document. Énoncés attendus : *Se llama "la casa de los geeks" porque los Sánchez tienen ordenadores, tabletas, videoconsolas en todos los cuartos del piso. Hay un ordenador hasta en el baño. Y el gato se llama Wifi.*

On invitera par la suite la classe à réaliser l'activité d'expression orale n° 3. On laissera un temps de préparation à la classe en fonction de son degré d'autonomie. Si certains ont terminé, on les invitera à lire le texte à voix basse. On attend des élèves qu'ils reprennent le texte du blog en remplaçant Sara par Óscar et « *Mi hermano Óscar* » par « *Mi hermana Sara* », on valorisera les élèves qui prennent de la distance par rapport au texte et on n'attendra pas nécessairement une description exhaustive.

C. Prolongements et activités supplémentaires

On pourra compléter cette activité par une production orale qui s'appuiera sur la création du plan de sa propre maison que les élèves pourraient réalisé dans leur cahier. Enfin la séance pourra être prolongée par la lecture et l'élucidation éventuelle du *Memoriza* de la page 57. Les élèves utilisant le cahier d'activités pourront réaliser l'exercice A1 page 23.

2 DOCUMENT AUDIO

Mi casa es especial

CD2 piste 10 (sans pause), pistes 11 à 13 (version fragmentée), MP3 piste 47

Script

Laila: Hola buenas tardes, bienvenidos a mi casa, pasar. //
Voz en off: La casa cueva de Laila tiene tres plantas. La vivienda es grande, tiene cocina, dos baños, tres dormitorios, un salón, una bodega. // Además, la casa dispone de una piscina con jacuzzi y una terraza con unas vistas impresionantes.

A. Les objectifs

Connaissances et compétences langagières

- *hay*
- le lexique de la maison
- Savoir poser des questions sur la maison.
- être capable de répondre à des questions sur la maison

Connaissances et compétences culturelles

- un habitat typique d'Espagne : *una casa cueva*

B. Pistes d'exploitation et description des attendus

Grâce à cette activité de compréhension de l'oral, les élèves découvriront un type de maison caractéristique, la *casa cueva*. En invitant les élèves à regarder la photo du manuel, on demandera de chercher dans la boîte *Palabras* un mot en lien avec la photo. Le mot *cueva* permettra aux élèves d'anticiper la réponse à la question 1a. **Énoncés attendus** : *Es una casa especial porque es una cueva. Laila vive en una casa que es también una cueva.*

Le professeur pourra faire écouter aux élèves l'enregistrement complet une ou deux fois, selon ce qu'il estimera nécessaire et il pourra vérifier les mots que les élèves auront repérés.

On procédera à l'écoute de la première piste de la version fragmentée pour une révision des salutations. L'enseignant qui utilise le **manuel numérique** y accédera en cliquant sur l'icône correspondante. Puis on lancera la deuxième piste de la version fragmentée après avoir lu les questions 1b et 1c. **Énoncés attendus** : *No, Laila no tiene una casa pequeña, tiene una casa grande / su casa (su vivienda) es grande. La casa cueva de Laila tiene tres plantas.*

L'enseignant lancera la dernière piste fractionnée pour que les élèves puissent compléter l'amorce de la phrase 1c. **Énoncé attendu** : *En su casa hay una cocina, dos baños, tres dormitorios, un salón, una bodega, una piscina con jacuzzi y una terraza.*

Cette prise de parole pourra s'appuyer sur une prise de notes dans le cahier de l'élève, on invitera à noter tous les noms de pièces entendus. Ces notes pourront servir de trace écrite. Par ailleurs, s'ils utilisent le cahier d'activités, les élèves pourraient faire l'exercice B3, page 23, en anticipation de l'activité de compréhension de l'oral en classe. Tout au long du travail de restitution à l'oral, l'enseignant veillera à bien faire prononcer *la ese* de *piso, casa, vista…* (*Fonética* p. 57). On pourra aussi réactiver l'expression du goût avec *gustar*, travaillée dans l'unité 3, pour que les élèves disent ce qu'ils pensent de la maison de Laila.

Enfin, on réalisera l'activité en interaction, le professeur donnera la consigne en rappelant les attendus : formuler des questions, donner les réponses en fonction de ce qui a été relevé. Pour les élèves en difficulté, on donnera les amorces à utiliser pour poser les questions : *¿Cómo…? ¿Cuántos / cúantas…?* et on précisera que le mot *habitaciones* de la consigne est synonyme de *cuartos*, qu'ils ont vu dans le texte *La casa de los* geeks. S'ils en éprouvent le besoin, les élèves pourront rédiger les questions sous forme de notes comme support au dialogue, le professeur veillera à constituer des binômes équilibrés pour cette activité. Si le travail n'est pas finalisé en fin de séance, on pourra le donner à faire à la maison.

C. Prolongements et activités supplémentaires

Ce travail en interaction permet aux élèves de se préparer pour le projet intermédiaire *Actúa*, où il s'agira de décrire leur maison et leur chambre.

Les élèves qui utilisent le cahier d'activités pourront, s'ils ont terminé rapidement, réaliser l'exercice A2.

Certains groupes pourront par la suite interpréter ce dialogue d'interview devant la classe.

3 DOCUMENT AUDIO

La habitación ideal

CD2 piste 14 (sans pause), pistes 15 à 18 (version fragmentée), MP3 piste 48

Script

Voz de la mamá: Deja tu mensaje después de la señal – *bip...*
Fran: Mamá, soy Fran. Estoy en casa de Luis. Mamá, no me gusta mi habitación. Te mando una foto de la suya. // Es genial, un poco desordenada, pero genial. Te explico: tiene un escritorio, sobre el escritorio hay un ordenador y a la izquierda un ventilador. // A la derecha tiene un mueble para guardar sus cosas. // Tiene una silla. Hay tres guitarras debajo de una gran estantería.

A. Les objectifs

Connaissances et compétences langagières

- *hay*
- le lexique des meubles et objets de la chambre : *una habitación, un escritorio, un ventilador, un mueble, una silla, una estantería*
- les prépositions
- les adverbes pour situer
- le pronom possessif *la suya*
- comprendre la description d'une chambre
- situer des objets dans l'espace

B. Pistes d'exploitation et description des attendus

Cette activité de compréhension de l'oral, qui pourrait se faire en 25 minutes, a pour objectif de faire découvrir le lexique spécifique de la chambre et de comprendre la situation dans l'espace. Le professeur utilisateur du **manuel numérique** aura préalablement zoomé sur *¡Ojo!* pour bien faire comprendre aux élèves le sens de *en casa de*. De même, on mettra en évidence la boîte *Palabras* pour que les élèves repèrent les locutions : *a la izquierda, a la derecha, sobre, debajo de, al lado de*. Cette étape préliminaire est importante et il est recommandé de rappeler régulièrement aux élèves l'importance des boîtes de lexique. On laissera un temps pour que le groupe décrive la photo grâce aux amorces 1a, 1b, 1c. **Énoncés attendus** : *Hay un ordenador sobre el escritorio. La cama está a la derecha en la foto / está al lado del escritorio / a la izquierda del escritorio. Las guitarras están debajo de la estantería.*
On autorisera certains élèves à écrire s'ils en éprouvent le besoin. Toutes les autres propositions cohérentes complétant la description seront évidemment acceptées. Cette première phase d'expression orale en continu pourra se réaliser seul(e) ou bien en binôme, elle précédera donc la phase de compréhension de l'oral.

Les élèves seront ensuite invités à lire les questions 2d et 2e. On fera écouter deux fois le document audio complet pour que les élèves repèrent le sens du message.
On procédera ensuite à l'écoute successive des quatre pistes de la version fragmentée et on posera les questions correspondantes. Après avoir écouté la piste 15, les élèves formuleront la réponse suivante : *Fran está en casa de Luis.*
Pour la question 2e, on attendra que les élèves dépassent la simple liste et formulent une phrase construite. **Énoncés attendus** : *En la habitación de Luis hay un escritorio, una estantería, una cama. Hay también una silla y un mueble para guardar sus cosas.* Si des élèves évoquent d'autres objets, on les encouragera à formuler des phrases complètes pour les situer dans l'espace.
On pourra par la suite demander aux élèves de se préparer pour l'activité n° 3 d'expression orale en continu.
Soit le professeur projette la photo ainsi que l'aide lexicale de la boîte *Palabras* en utilisant la fonction zoom du **manuel numérique**, soit il invite les élèves à travailler à partir du livre. En fonction du degré d'autonomie des élèves, on les autorisera à prendre des notes des éléments nécessaires à la description. On pourrait envisager que, en binômes, ils décrivent la chambre et complètent éventuellement en remobilisant les acquis des unités précédentes. **Énoncés attendus** : *La habitación de Luis es genial. Tiene un escritorio, sobre el escritorio hay un ordenador y a la izquierda un ventilador. A la derecha tiene un mueble para guardar sus cosas. Al lado del escritorio tiene una estantería para guardar sus libros. Hay una silla y tres guitarras debajo de una estantería.*

C. Prolongements et activités supplémentaires

Toujours à partir de la photo de la chambre, on pourra mettre en place un jeu de devinettes : *Está al lado del escritorio. ¿Qué es? Es la cama.* Le professeur proposera la première devinette, les élèves à tour de rôle pourront en formuler d'autres et y répondre.

ACTÚA

Ce projet intermédiaire, qui pourrait être réalisé en une quinzaine de minutes, est une activité de production orale. Il est centré sur l'élève, qui doit parler de sa maison et décrire sa chambre. L'élève devra réinvestir les points de langue et les compétences langagières travaillés dans la double page. Cet *Actúa* constitue une étape essentielle pour la réalisation du projet de fin d'unité.
Pour mettre en œuvre cette activité, on pourra envisager de demander aux élèves de réaliser un plan de leur maison et de rédiger la liste des meubles de leur chambre. On leur proposera de le faire avec un traitement de texte et de l'enregistrer sur une clé USB pour ensuite étayer leur présen-

tation devant de la classe, ou bien de le déposer sur l'ENT de la classe afin que le professeur projette les productions. On prendra soin de ne pas mettre les élèves mal à l'aise et on adaptera la consigne (maison et chambre imaginaires ou idéales). On pourra envisager en complément de faire réaliser les activités 2 et 3 de la page *Aula multimedia*.

Pistes de travail à la maison

Les consignes de travail possibles pourront être les suivantes :
- Réécouter l'audio page 56, MP3 piste 47 *Mi casa es especial*
- Réécouter l'audio page 57, MP3 piste 48 *La habitación ideal*
- Relire le texte page 56, *La casa de los* geeks
- Apprendre par cœur les 2 boîtes *Palabras*.
- Lire *Apuntes de gramática* page 57 et apprendre par cœur les adjectifs possessifs et les pronoms possessifs.
- Apprendre les phrases importantes de la trace écrite.
- S'entraîner avec les activités lexicales et grammaticales de la page 57
- Exercices du cahier d'activités pages 23-24, pour les élèves qui l'utilisent.

Cahier d'activités → (p. 23-24)

Corrigé

Exercice 1

gauche (haut en bas) : *cuarto de baño - dormitorio (padres) - dormitorio*
droite (haut en bas) : *dormitorio - salón - cocina*

Exercice 2

a. piso
b. *No es una casa. Es un piso.*
El piso está en la primera planta.
El piso tiene tres plantas.
Hay una terraza pero no hay piscina.

Exercice 3

(MP3 piste 47 - CD2 piste 10) *La casa es grande - 3 plantas - 3 dormitorios: 2 baños - una bodega: sí - una piscina: sí - una terraza: sí*

Exercice 4

a. V **b.** F *La tableta está a la derecha de la lámpara.* **c.** F *El móvil está sobre la cama.* **d.** V
e. F *La cama está a la izquierda de la mesilla.*

Exercice 5

Vivo con mi familia en una casa grande y bonita que se sitúa en Sevilla cerca de la Giralda.

Exercice 6

a. *Es la mía.* **b.** *Es el suyo.* **c.** *Son los nuestros.* **d.** *Son las suyas.* **e.** *Son los vuestros.*

DESCUBRE Aquí vivimos

→ (p. 58-59)

A. Les objectifs

Domaine du socle commun

D5. Les représentations du monde et de l'activité humaine.

> Pour mieux connaître le monde qui l'entoure comme pour se préparer à l'exercice futur de sa citoyenneté démocratique, l'élève pose des questions et cherche des réponses en mobilisant des connaissances sur […] la diversité des modes de vie et des cultures, en lien avec l'apprentissage des langues […] les pratiques culturelles de différentes sociétés.
>
> Extrait du *Bulletin officiel* n° 17 du 23 avril 2015.

Connaissances et compétences culturelles

Cette double page a pour but de faire découvrir aux élèves différents types d'habitat en Espagne au travers des portraits de jeunes espagnols.

B. Pistes d'exploitation et description des attendus

Le professeur pourra d'abord laisser les élèves découvrir l'ensemble des deux pages *Descubre*. Cette double page permettra de revoir le vocabulaire de l'unité et de remobiliser les connaissances.
L'enseignant utilisateur du **manuel numérique** pourra, à l'aide du zoom, agrandir les portraits en lien avec la carte. Si les élèves disposent du **manuel numérique** en version tablette ou ordinateur, cette double page pourra être découverte et travaillée en autonomie et en équipe, ou pavé après pavé d'une manière ponctuelle.
Afin de vérifier la compréhension des textes accompagnant les portraits, on pourra demander aux élèves de présenter brièvement les jeunes pour les situer géographiquement.
Énoncés attendus : *Iñaki y Ainoa viven el País Vasco, en Bilbao. Maribel es de Sevilla, en Andalucía. Nicolás vive en Candelario, en Castilla y León. Inés es de Palma de Mallorca, en las Islas Baleares.*
On fera préciser si ces jeunes vivent dans des villes ou des villages.
Puis le professeur invitera les élèves à faire l'activité d'expression orale en interaction de la rubrique *En parejas*. Les élèves se mettront en binômes et suivront les consignes 1 et 2. Ce travail qui s'apparente au jeu *¿Quién es quién?* donnera lieu à une transposition à la troisième personne.
Si l'équipement de la classe le permet (connexion Internet disponible), les élèves pourront ensuite faire les activités proposées dans *Juega con la web*. Pour répondre à la consigne 1, ils se seront préalablement entraînés avec

les cartes interactives dont les animations sont disponibles sur le site compagnon élève, ou avec les cartes des gardes de leur manuel.
Les élèves se connecteront à l'adresse collegien.nathan.fr/estupendo5 qui les renverra sur http://online.seterra.net/es/vgp/3077
pour jouer à situer les villes sur la carte (consigne 2).
Un cartouche leur indique « Haga clic en Alicante » par exemple, ils doivent alors cliquer sur la bonne puce. Tant qu'ils n'ont pas trouvé, le cartouche maintient le nom de la ville à situer. Une fois qu'ils ont cliqué sur la bonne réponse, le nom de la ville est affiché sur la carte et le cartouche propose un autre nom, par exemple « Haga clic en Bilbao »...
La consigne 3 leur propose un jeu et un modèle à suivre pour poser des devinettes à leurs camarades.

Aula multimedia

→ (p. 60)

1 Cantad con Youtube

DVD classe, CD2 piste 22

Script

***Ora Bola,* de Piojos y piojitos**
Oy, oy, oy, mira aquella bola,
la bola que rebota en la cabeza de ese niño.
¿Quién es ese niño?
Ese niño es mi vecino.
¿Dónde vive?
En aquella casa.
¿Dónde está la casa?
La casa está en la calle.
¿Dónde está la calle?
En la ciudad.
¿Donde es la ciudad?
Entre las montañas.
¿Cuáles montañas?
Montañas de los Andes.
¿Y dónde están los Andes?
En América del Sur, continente americano,
bañado por los mares,
en tierras del centro de todo el planeta.
¿Y cómo es un planeta?
Un planeta es una bola que rebota en el cielo.
Oy, oy, oy, mira aquella bola,
la bola que rebota en la cabeza de ese niño…
(La chanson continue en boucle)

2 Dibuja con las TIC

El plano 2D de tu casa

3 Crea con las TIC

Presenta la maqueta de tu casa

A. Les objectifs

Connaissances et compétences langagières

- le verbe *estar* au présent de l'indicatif
- le lexique de la ville, de la maison, de la chambre
- le vocabulaire informatique
- situer son lieu de vie
- présenter une maison à partir d'un plan, d'une maquette

Connaissances et compétences culturelles

- la chanson « *Ora bola* », générique du film argentin *Leonera*.

B. Pistes d'exploitation et description des attendus

Cette page intitulée *Aula multimedia* a pour objectif de consolider les acquis linguistiques et remobiliser les contenus de l'unité en faisant découvrir de façon ludique – et au travers de supports multimédia – des aspects culturels en lien avec la thématique de l'unité. Elle vise aussi à développer l'acquisition de compétences TICE. Les trois activités proposées peuvent être menées en salle informatique, en classe avec les tablettes, ou à la maison.
La première activité, *Cantad con Youtube,* propose une chanson qui sert de générique au film *Leonera*, un film argentin du réalisateur Pablo Trapero sorti en 2008. Le clip permet aux élèves de suivre la chanson et de la chanter par la suite ou en même temps qu'ils l'écoutent. Cette activité peut être proposée en fin d'unité pour réactiver le questionnement lié à la situation dans l'espace. L'idéal serait de réaliser l'activité en autonomie en salle informatique pour que les élèves (en binômes) prennent le temps de compléter à leur rythme la série de mots donnée en amorce de la consigne 1. **Énoncé attendu** : *la casa, la calle, la ciudad, las montañas, los Andes, el continente americano, el planeta*. Les élèves volontaires pourront chanter en binômes (consigne 2).
La dernière consigne est une production écrite ; les élèves doivent se baser sur la construction de la chanson pour l'adapter à leur lieu de vie. Cette activité pourra être donnée à faire à la maison.
Dibuja con las TIC, la deuxième activité de la page, renvoie sur un site web qui permettra aux élèves de créer le plan de leur maison idéale en 2D et de mobiliser le champ lexical étudié dans l'unité lors de la présentation qu'ils feront de leur plan devant la classe. L'enseignant insistera sur le fait qu'on leur demande le plan de leur maison idéale.
Cette activité peut être menée en salle informatique ou réalisée à la maison. Les élèves se connecteront au site par l'intermédiaire du site compagnon élève collegien.collegien.nathan.fr/estupendo5, qui les renverra sur le site http://floorplanner.com/
Ils travailleront en deux temps : ils créeront d'abord le plan de leur maison idéale en suivant les indications, puis, ils présenteront leur réalisation à la classe.

La troisième activité de la page, *Crea con las TIC*, propose une activité de production à partir des TICE. Ici, il s'agit de fabriquer une maquette en s'inspirant des modèles proposés sur le site http://comohacermaquetas.blogspot.fr/2013/07/como-hacer-casa-de-carton-para-maquetas.html. Cette activité peut être réalisée en salle informatique ou à la maison.

Les élèves se connecteront au site par le biais de collegien.nathan.fr/estupendo5 et créeront leur propre maquette papier sur le modèle proposé. Ils découperont et colleront les différentes parties de leur maison, et pourront prendre des photos et les enregistrer sur clé USB ou sur le réseau. Lors de la présentation devant la classe, l'enseignant pourra projeter les photos de chaque maquette pendant que l'élève la présentera. Il s'agit de mobiliser les contenus langagiers et les savoir-faire travaillés dans l'unité : présenter, décrire sa maison. La manipulation des TICE permet à l'élève d'acquérir des compétences informatiques. Cette activité mobilise aussi des compétences manuelles. L'enseignant rappellera comment enregistrer un document sur le réseau ou sur une clé USB et s'assurera que tous les élèves ont bien terminé leur production. Il pourra ainsi vérifier compétences de chacun dans l'utilisation des TICE et de la mise en œuvre manuelle. Ce travail donnera lieu à une présentation en continu et constitue un entraînement supplémentaire et concret en vue de l'évaluation finale.

C. Prolongements et activités supplémentaires

Les maquettes pourront être exposées dans la classe ou au CDI. Les élèves pourraient aussi voter pour la maquette la plus belle.

Bellas Artes

→ (p. 61)

A. Les objectifs

Domaine du socle commun

D1. Les langages pour penser et communiquer.

D5. Les représentations du monde et l'activité humaine.

<u>Connaissances et compétences culturelles</u>

– Construire son parcours artistique et culturel : découvrir une œuvre d'un architecte célèbre.

B. Pistes d'exploitation et description des attendus

La page *Bellas Artes, La casa Batlló, una casa mágica* est en lien direct avec le thème de l'unité : découvrir, présenter, décrire un lieu d'habitation. Les élèves sont invités à s'exprimer de façon simple, ils sont guidés par des amorces ou des questions, et le lexique nécessaire à l'expression est donné dans la boîte *Palabras*. Ils vont découvrir ici une œuvre moderniste de l'architecte catalan Gaudí.

L'enseignant utilisateur du manuel numérique pourra projeter la photo de la Casa Batlló et la légende grâce au zoom, ou bien il lancera l'application sur les tablettes si les élèves en disposent. Il laissera quelques instants aux élèves pour observer. On partira des réflexions et impressions des élèves, l'expression de *gustar* pourra être réutilisée. On attendra une description simple qui s'appuiera sur l'aide lexicale de la boîte *Palabras*. Le professeur pourra passer à l'activité d'expression orale en continu *¿Qué nos dice la obra?*

Les questions a, b et c pourront guider cette description.

<u>Énoncés attendus</u> : *La casa Batlló está en el Paseo de Gracia, en Barcelona. En la fachada hay balcones y ventanas muy bonitas. Hay muchos colores también. La chimenea está a la izquierda.* La dernière question sera l'occasion pour les élèves moins à l'aise de formuler leur opinion, les plus à l'aise pourront la justifier.

C. Prolongements et activités supplémentaires

Pour prolonger le travail de description de la maison, on pourra lire les éléments biographiques de Gaudí et chercher les éléments de la façade inspirés de la nature, par exemple.

Pour aller plus loin, l'enseignant pourra cliquer sur le lien de la rubrique *Entra en la casa Batlló* et montrer aux élèves le film d'animation vidéo (https://www.youtube.com/watch?v=G7pPXEG26zQ) qui justifie tout à fait le titre de la page *La casa Batlló, una casa mágica*. Les élèves pourront y avoir accès par le biais de leur site compagnon et le professeur pourra leur proposer de le visionner à la maison pour mieux comprendre l'univers de l'architecte catalan.

Lengua Juega y repasa

→ (p. 62-63)

CD2 piste 24 (Teatro)

→ Autres exercices : Cahier d'activités p. 25 (corrigé en fin de rubrique)

La première page de *Lengua: Juega y repasa* est consacrée à la consolidation des connaissances lexicales et culturelles abordées dans l'unité : elles sont classées par champ lexical (*La ciudad y el pueblo, La casa, Los muebles, Situar*). Le dernier exercice, n° 7, intitulé *¿Dónde está el fotógrafo?*, est un extrait d'une pièce de théâtre et les élèves, après l'avoir écouté à plusieurs reprises, pourront l'interpréter en binômes.

Cette page peut être réalisée en cours ou donnée en préparation à la maison.

Corrigé

La ciudad y el pueblo

1. a. *la casa* **b.** *el barrio* **c.** *el pueblo* **d.** *el edificio* **e.** *la plaza* **f.** *la avenida – ciudad*

2. a. *un pueblo* **b.** *un monte* **c.** *mi vecino* **d.** *la capital*

La casa

3. a. *la cocina* **b.** *la habitación* **c.** *el cuarto de baño* **d.** *el salón*

4. a. *la puerta 3 - la ventana 6 - el bacón 2 - la chimenea 7 - la fachada 5 - el tejado 4 - el jardín 1.* **b.** *Verdadero*

Los muebles

5 a. *el salón* **b.** *el dormitorio* **c.** *la cocina* **d.** *el dormitorio*

Situar

6. a. *Verdadero* **b.** *Falso* **c.** *Falso*

Teatro

7. On attendra des élèves qu'ils écoutent le dialogue et l'interprètent.

La seconde page est consacrée aux deux faits de grammaire les plus importants abordés dans l'unité.

L'expression du lieu → (Mémento p. 136)

Cette rubrique rappelle le présent de l'indicatif des verbes *estar*, *ir* et *venir*, ainsi que les prépositions le plus souvent utilisées pour indiquer le lieu.

Corrigé

1. a. *Vivimos en Córdoba que se sitúa en Andalucía.* **b.** *Con mis amigos voy a la piscina los lunes.* **c.** *Cuando estás en Madrid, paseas por la Gran Vía.* **d.** *Cuando estoy en casa, me quedo en mi habitación.*

2. a. *¿Dónde estáis?* **b.** *¿De dónde vienen mis amigos?* **c.** *¿ Adónde va tu padre?* **d.** *¿Por dónde te gusta pasear?*

Les adjectifs possessifs → (Mémento p. 133)

Ce tableau récapitulatif a pour objectif de montrer aux élèves les différentes formes des adjectifs possessifs en fonction de leur genre et de leur nombre et détaille visuellement quelles sont les formes communes au masculin et au féminin.

Corrigé

3. a. *Estáis en vuestra habitación para ordenar vuestros libros.* **b.** *Vamos al instituto con nuestras amigas en bicicleta.* **c.** *Vivimos con nuestros padres y nuestra hermana en un piso.* **d.** *Los vecinos están en sus terrazas.* **e.** *Los domingos, vamos a casa de nuestros abuelos.*

4. a. *Mis tíos viven con sus hijos en una casa.* **b.** *Nuestro pueblo está cerca de vuestra ciudad.* **c.** *En mi barrio viven tus primos.* **d.** *Nuestra abuela vive cerca del colegio de tus sobrinos.*

Mapa mental → (p. 63)

Elle part du « *yo* » pour développer la production écrite ou orale. Dans cette unité, elle s'appuie sur le questionnement (*¿Dónde? ¿Adónde? ¿De dónde? ¿Por dónde?*), essentiel pour initier l'interaction orale : visuellement, les couleurs des cartouches attirent l'œil et les filets qui en partent aboutissent aux réponses et aux usages des verbes de l'unité *vivo en, vengo de, paseo por, voy a, estoy en*. L'élève est ainsi prêt à formuler ses premières phrases de présentation et à poser des questions.

On pourra s'appuyer sur la carte mentale de la page 25 du cahier d'activités (voir corrigé ci-dessous), que l'on pourra donner à préparer à la maison pour les élèves qui utilisent le cahier.

On pourrait aussi faire travailler les élèves à l'oral en leur demandant de changer la personne du verbe, ce qui permettrait d'employer la troisième personne : *¿De dónde viene tu amiga? Mi amiga viene de....*

Cahier d'activités → (p. 25)

Les élèves qui utilisent le cahier d'activités pourront préparer cette activité à la maison. La carte mentale du cahier d'activités est centrée sur l'élève (*Mi casa, mi habitación*), elle reprend des éléments de la carte mentale de la page 63 du manuel, dont l'élève pourra s'inspirer pour remplir sa propre carte mentale dans la première partie *Me preparo*. Ce sera pour lui l'occasion de réutiliser et de fixer ses acquis.

Dans la seconde partie, *Presento mi casa o mi habitación*, il s'agit pour l'élève de rédiger une conversation qu'il ou elle aurait avec son ou sa correspondant(e) espagnol(e), l'objectif étant de décrire sa maison ou sa chambre et de poser des questions.

Corrigé

1. *Me preparo*

Vivo en... *un pueblo pequeño / una casa grande / un piso*

Mi casa tiene *dos habitaciones, un baño, una cocina, etc.* ***Está en*** *un barrio bonito / una ciudad grande...* ***Se sitúa cerca de*** *Tours...* ***lejos de*** *Toulouse*

Mi habitación es *preciosa.* ***Tiene*** *una ventana grande, una estantería, un mueble para guardar mis cosas...* ***Hay*** *un escritorio,* ***a la derecha*** *hay una cama,* ***a la izquierda*** *un ordenador y* ***al lado*** *de la cama, hay una silla.*

2. On fera bien remarquer aux élèves que la réalisation de la carte mentale est importante dans cette étape.

On attendra les réponses aux questions telles que *¿Cómo es tu casa? ¿Cómo es tu habitación? ¿Puedes describir tu habitación?*

TU MISIÓN → (p. 64)

Cette page est l'aboutissement des projets intermédiaires *Actúa* de l'unité. Le premier projet est une réalisation personnelle de production orale qui peut être préparée à la maison, le second est une production écrite.

Misión A

Participas en un intercambio con un(a) joven español(a). Hablas de la ciudad, del barrio y de la casa donde estás.

A. Les objectifs

Connaissances langagières

- saluer, prendre congé
- le présent de l'indicatif à la première personne de : *venir, estar, ir*
- le présent de l'indicatif à la troisième personne: *es, tiene...*
- *hay*
- le lexique de la ville, du village, du quartier
- le lexique de la chambre
- les adjectifs possessifs
- les locutions adverbiales de lieu

Compétences langagières

- produire oralement de façon autonome quelques phrases (Parler en continu A1)
- décrire un lieu de vie : ville, quartier, maison

B. Pistes d'exploitation et description des attendus

Il s'agit pour l'élève de décrire un lieu d'accueil. Pour la réalisation de ce projet, l'enseignant indiquera à ses élèves qu'ils peuvent s'aider de la carte mentale de la page 63. Celle-ci pourra être alors projetée à l'écran.

On laissera un temps de préparation de 15 minutes en classe.

Le projet se déroule en trois temps.

- Étape 1 : On attend que l'élève choisisse une ville en consultant les cartes d'Espagne à la fin de son manuel ou les cartes interactives sur le site compagnon élève.
- Étape 2 : En suivant le modèle de Fran *(Paso 2, La habitación ideal* - MP3 piste 48*)*, les élèves devront imaginer qu'ils laissent un message téléphonique à leurs parents pour décrire la maison de leur correspondant, ainsi que la ville et le quartier. En fonction du degré d'autonomie, on autorisera les élèves à rédiger le message.
- Étape 3 : Les élèves devront parler de la chambre du correspondant.

On pourra donner aux élèves en difficulté des amorces ou le script du message de Fran pour qu'ils s'en inspirent, on pourra se contenter de la description de la maison ou de la chambre en fonction des capacités de chacun.

Misión B

Escribes en el blog "La casa española de mis sueños" para ganar un viaje a España.

A. Les objectifs

Connaissances langagières

- le présent de l'indicatif à la première personne de : *venir, estar, ir*
- le présent de l'indicatif à la troisième personne: *es, tiene...*
- *hay*
- le lexique de la ville, du village, du quartier
- le lexique de la maison, de la chambre
- les locutions adverbiales

Compétences langagières

- réaliser de façon autonome une description (A1 écrire et réagir à l'écrit)

B. Pistes d'exploitation et description des attendus

L'objectif de ce projet de fin d'unité est de mobiliser la langue travaillée tout au long de celle-ci. Il s'agit de décrire une maison espagnole idéale.

Ce travail se déroule en quatre étapes.

- Étape 1 : On attend des élèves qu'ils recherchent chez eux ou en salle informatique une ville et un quartier espagnols pour contextualiser la description.
- Étape 2 : On attend des élèves qu'ils listent les pièces de leur maison idéale. On les invitera à reprendre les descriptions d'Elisa (*Paso 1 Mi barrio y yo* - MP3 piste 44) et de Laila (*Paso 2 Mi casa es especial* - MP3 piste 47).
- Étape 3 : Ils décriront ensuite la chambre idéale.
- Étape 4 : Les productions seront exposées et le groupe élira la plus réussie, on pourrait envisager plusieurs catégories : *la más bonita, la más original, la más grande, etc.*

C. Prolongements et activités supplémentaires

On pourrait envisager de compiler les productions orales et écrites des élèves pour les poster sur l'ENT de la classe ou le site du collège, par exemple. Dans le cas de la *Misión B*, on fera voter la classe pour élire la plus belle description. Ce travail de mise en ligne serait fait par un groupe d'élèves chargés de la valorisation du travail du groupe.

UNIDAD 5

Mi día a día

OUVERTURE

→ (p. 65)

A. Objectifs et cohérence de l'unité

Activités langagières A1+

Écouter et comprendre
- Comprendre quelqu'un qui décrit sa semaine.
- Comprendre comment s'habiller pour aller au collège.

Lire
- Comprendre le déroulement d'une journée type.
- Comprendre l'emploi du temps d'une adolescente.
- Comprendre des actions en train de se dérouler.
- Comprendre le règlement d'un collège.
- Comprendre un article de journal sur l'uniforme au collège.

Réagir et dialoguer
- Échanger sur les activités quotidiennes.
- Décrire des actions en train de se dérouler, poser des questions.
- Discuter sur l'uniforme porté au collège.

Parler en continu
- Décrire une semaine type.
- Commenter les activités quotidiennes
- Parler de ce que quelqu'un est en train de faire.
- Décrire ce que l'on peut ou que l'on doit porter au collège.

Écrire et réagir à l'écrit
- Imiter un texte pour décrire la routine quotidienne.
- Rédiger un texto pour dire ce que l'on est en train de faire.
- Écrire le règlement intérieur d'un collège sur la tenue vestimentaire.

Des fiches duplicables d'évaluation viennent clore chaque unité. Elles comprennent une fiche "Évaluation des compétences", avec des exercices d'évaluation de toutes les activités langagières travaillées dans l'unité, et une fiche "Test de connaissances" pour évaluer les connaissances acquises en phonologie, lexique, grammaire et culture. Le CD3 classe comprend, pour chaque unité, une piste pour "Écouter et comprendre" et une piste pour la phonologie.

B. Pistes d'exploitation et description des attendus

L'unité 5 ***Mi día a día*** aborde les activités quotidiennes, scolaires et extrascolaires, les loisirs, les habitudes vestimentaires suivant les différentes situations où l'on se trouve. C'est la première unité qui propose trois *Pasos* (les quatre premières unités comprenaient deux *Pasos*). Chaque *Paso* apporte un regard nouveau, des éléments progressifs permettant de construire l'unité vers le projet de fin de séquence. Cette unité s'inscrit, comme les précédentes, dans une démarche active et communicative grâce à des documents authentiques qui englobent les activités langagières de communication, et des supports numériques. Les élèves vont découvrir le rythme de vie des Espagnols, le code vestimentaire dans les collèges en Espagne, à Puerto Rico, à Cuba, des fêtes et des tenues traditionnelles qui y sont portées. Afin de construire le parcours d'éducation artistique et culturelle (PEAC), les élèves découvriront la peinture naïve colombienne grâce à un tableau d'Alejandro Pinzón.

L'enseignant pourra consacrer quelques minutes à la lecture de la page d'ouverture. Il présentera les compétences travaillées, les points de langue et de culture. Le niveau visé a évolué puisqu'on peut tendre vers un niveau A1+, voire A2 pour quelques activités. Dans une démarche de projet, l'enseignant signalera les deux projets *Tu misión* proposés en fin d'unité. L'enseignant utilisateur du **manuel numérique** projettera, grâce au zoom, la photo *Alumnos saliendo del colegio en Puerto Rico*. Cette photo donne le ton de l'unité puisqu'on y voit des jeunes portant un uniforme scolaire dans un pays d'Amérique latine. Par le biais d'une description simple, l'élève saura que, dans cette unité, il va être amené à parler de l'école, des vêtements et des actions. On situera Puerto Rico sur la carte et on donnera l'expression « *llevar un uniforme* » si les élèves le demandent.

Énoncés attendus : *Veo a alumnos que salen del colegio. Llevan un uniforme azul. Viven en Puerto Rico, una isla del Caribe.*

PASO 1 Mi día y mi semana

→ (p. 66-67)

▶ Je parle de mes horaires et de mes activités.

→ **Activités d'accompagnement, Cahier d'activités p. 26-27**

1 DOCUMENT VISUEL

El día de Diego

A. Les objectifs

Connaissances et compétences langagières

- les verbes à diphtongue
- l'expression de l'heure
- *hacer* et *salir* à la 1re pers. sing. du présent de l'indicatif
- le lexique des activités quotidiennes
- les verbes liés aux repas : *desayunar, comer, cenar*
- comprendre la journée d'un Espagnol

Connaissances et compétences culturelles

- le rythme scolaire des jeunes espagnols
- le rythme de vie des Espagnols
- les horaires des repas en Espagne

B. Pistes d'exploitation et description des attendus

On consacrera une séance, voire deux en fonction de la classe, au travail sur ce document. Il s'agit d'une infographie sur la journée type d'un jeune adolescent, Diego. On travaillera ici à la fois la compréhension de l'écrit et l'expression orale en continu et en interaction. L'enseignant utilisateur du **manuel numérique** projettera le document ou, si les élèves disposent de tablettes, ils observeront le visuel individuellement. On leur accordera quelques instants pour l'observation. L'horloge, les bulles et les dessins (avec les couleurs associées) permettront d'accéder facilement au sens. Lors de la prise de parole en classe, on attirera l'attention sur le fort apport lexical et grammatical de ce document : les verbes de la vie quotidienne, le lexique des activités, les verbes à diphtongue, les formes irrégulières de *hacer* et *salir* à la première personne du singulier, l'heure.

Après une première phase de repérage simple : *Es un día de la vida de Diego, un adolescente*, on passera directement à l'exploitation du document. Avec le zoom du **manuel numérique**, on isolera les activités de la matinée et ainsi on pourra suivre les consignes du manuel pour présenter la journée de Diego. Le professeur lira les textes des bulles ou laissera les élèves les lire en silence. Puis on répondra à la question 1a. L'enseignant rappellera l'importance d'utiliser la boîte *Palabras* pour s'exprimer. **Réponse attendue** : *Diego se despierta y desayuna.* Les verbes seront mis en surbrillance avec le surligneur du **manuel numérique**. On poursuivra l'observation de la journée en isolant la partie en jaune de 8 heures à 14 heures. On procédera de la même manière que précédemment. Ainsi les élèves seront invités à répondre à la question 1b. **Réponse attendue** : *No. Empieza el colegio a las ocho.* L'enseignant pourra aller plus loin en demandant *¿A qué hora sale del colegio?* **Réponse attendue** : *Sale del colegio a las dos.* On remarquera la forme *salgo* dans la bulle que l'on pourra surligner. On soulignera également l'expression de l'heure afin que les élèves à la fin de la séance repèrent comment on l'exprime. On continuera avec les activités de l'après-midi, et on commencera par l'heure des repas en répondant à la question 1c. **Réponse attendue** : *Diego come a las tres y cena a las nueve.* On suscitera sans doute l'étonnement des élèves en leur posant la question : *Y vosotros, ¿a qué hora coméis?, ¿a qué hora cenáis?* ou bien en demandant pourquoi Diego mange à 15 heures : *¿Por qué come a las tres Diego?* Il est possible que certains élèves sachent y répondre. Dans tous les cas on lira la rubrique *¡Ojo!* qui met l'accent sur la coutume de manger plus tard en Espagne. On reprendra alors les bulles de l'après-midi et on demandera de lister les activités de Diego en répondant à la question 1d. **Énoncés attendus** : *Diego empieza los deberes a las cuatro y media. Después juega con videojuegos, chatea.* On mettra en surbrillance avec le surligneur du **manuel numérique** la forme irrégulière de *hacer → hago*. On terminera la journée de Diego par les activités du soir qu'on isolera. On demandera aux élèves de repérer les activités après le dîner et ainsi ils répondront à la question 1e. On insistera sur l'utilisation de *después*. **Énoncés attendus** : *Después de la cena, Diego se ducha a las diez menos cuarto, lee un libro y se acuesta a las diez y cuarto.*

Pour terminer la séance, on demandera aux élèves de relire les bulles et de venir au tableau souligner les verbes d'une certaine couleur, les activités quotidiennes et l'heure d'une autre couleur grâce aux différentes fonctions du **manuel numérique**. On s'interrogera sur la particularité des verbes *me despierto, empiezan, vuelvo, juego, me acuesto*. L'enseignant montrera alors les conjugaisons des *Apuntes de gramática* et expliquera le mécanisme de la diphtongue. On lira les conjugaisons ainsi que les verbes de la boîte *Palabras*. On s'attardera alors sur l'expression de l'heure. On regardera les phrases surlignées à l'écran et on cherchera alors à comprendre comment on exprime l'heure : le verbe *ser (es/son)*, l'article défini féminin (*la/las*) et *y cuarto, y media, menos*. L'enseignant lira les *Apuntes de gramática* ainsi que la rubrique L'heure de la page *Lengua: Juega y repasa* page 77.

Avant de faire travailler l'activité d'expression orale en interaction, on veillera à insister sur les points de langue, le lexique, l'heure et les conjugaisons des verbes à diphtongue afin de mettre les élèves en situation de réussir cette présentation. On travaillera les exercices de *Practica* page 67 et, si les élèves utilisent le cahier d'activités, les pages 26 et 27 du cahier. Celui-ci peut être lancé via le **manuel numérique** en cliquant sur l'icône correspondante.

C. Prolongements et activités supplémentaires

L'enseignant pourra demander aux élèves de préparer l'activité 2 après avoir « manipulé » les points de langue. Il s'agit de jouer les rôles de Diego et de son ami mexicain, Luis. Ce dernier pose des questions à Diego sur sa journée type. Il faut donc que les élèves se mettent en binômes ou bien diviser la classe en deux : d'un côté les élèves qui jouent le rôle de Luis et posent donc des questions, de l'autre côté, ceux qui jouent le rôle de Diego et qui y répondent. Il s'agit ici de réinvestir les points de langue et le lexique. **Énoncés attendus** : *¿A qué hora te despiertas? ¿A qué hora empiezan las clases? ¿Dónde comes?, ¿por qué? ¿Qué haces después de comer? ¿A qué hora cenas? ¿Qué haces después de cenar?*
Pour aller plus loin, on peut imaginer que Diego pose des questions à un élève français qui y répond. Ainsi les élèves seront amenés à employer la première personne des verbes à diphtongue, de *hacer* et de *salir* ainsi qu'à exprimer l'heure.

2 TEXTE No salgo de casa

CD2 piste 26

A. Les objectifs

Connaissances et compétences langagières

- le verbe à diphtongue *jugar*
- *hacer* et *salir* à la 1re pers. sing. du présent de l'indicatif
- l'expression de l'heure
- *lo que* = ce que : *lo que me gusta*
- le lexique de la vie quotidienne et les verbes d'action
- comprendre le quotidien d'un jeune qui s'ennuie
- écrire sur sa journée type

Connaissances et compétences culturelles

- le rythme de la journée et les horaires des repas en Espagne

B. Pistes d'exploitation et description des attendus

Cette activité vise à la compréhension de l'écrit. Elle peut être menée en une séance en englobant l'activité de production écrite qui en est le prolongement. Le texte est court, d'un accès facile. Il reprend en grande partie les points de langue et le lexique qui auront été abordés avec l'infographie *El día de Diego* page 66. Ce texte va permettre de mobiliser les acquis linguistiques pour comprendre un écrit. Il n'est accompagné que d'une seule consigne : les élèves doivent décrire la journée du narrateur. Le texte est écrit à la première personne, il ne s'agit pas pour la classe de redire le texte à la troisième personne mais bien de présenter la journée du jeune narrateur. Pour ce faire, on pourra mettre en place plusieurs scénarios en fonction de la classe et du matériel à disposition, **manuel numérique**, tablettes. Le texte étant enregistré, le professeur pourra le faire écouter, privilégiant ainsi une approche orale. Cependant, si on choisit d'écouter l'enregistrement, on précisera, pour éviter toute confusion, qu'il ne s'agit pas d'une compréhension de l'oral mais de l'écoute d'un texte lu, censée améliorer la compréhension et la rendre plus aisée et dynamique.
L'enseignant peut également choisir d'entraîner les élèves à la compréhension de l'écrit directement. Le professeur pourra répartir les tâches : un groupe d'élèves repère les activités du matin, un autre groupe celles de l'après-midi. Ou bien un groupe repère l'expression des heures et un autre les verbes de la vie quotidienne puis, lors de la restitution, on réunit les deux en surlignant directement dans le **manuel numérique** ou sur les tablettes si le collège en possède. On pourra écrire à l'écran, grâce à la fonction texte du **manuel numérique**, les phrases qui constitueront la trace écrite.
Énoncés attendus : *El narrador se levanta a las ocho, se ducha, desayuna. A las nueve estudia. De una a dos, juega con la playstation. Come a las dos. De tres a cinco hace los deberes. Después, de cinco a ocho hace lo que le gusta. No sale de casa y se aburre.*

C. Prolongements et activités supplémentaires

On prolongera cette séance de compréhension de l'écrit par une production écrite individuelle. Pour faciliter cette production on invitera les élèves à s'entraîner en faisant soit les exercices de langue *Practica* page 67, soit certains exercices du cahier d'activités page 26 et 27 (n° 3, n° 7) soit en classe entière les activités lexicales de *Lengua: Juega y repasa* page 76 n° 1 et n° 2.
On passera alors à la production écrite. Il s'agit d'imaginer la suite du texte entre 20 et 23 heures. On demandera aux élèves quels outils ils vont utiliser, les verbes, le lexique, et comment on exprime l'heure. L'enseignant peut demander que cette production soit manuscrite ou bien rédigée à l'ordinateur afin d'utiliser le clavier espagnol.

3 DOCUMENT AUDIO Así es mi semana

CD2 piste 27 (sans pause), pistes 28 à 31 (version fragmentée), MP3 piste 54

Script

Hola. Mi nombre es María. Vivo en Sevilla y estudio en el colegio Antonio Machado. Mi semana es perfecta. //
Todos los días empiezo las clases a las ocho. Me despierto a las siete. Desayuno y voy a clase. Salgo del cole a las dos y vuelvo a casa para comer con mi hermano Pablo. Después de comer hago los deberes hasta las cinco o las cinco y media. //
Los lunes tengo baloncesto a las seis. Los miércoles salgo con mis amigas al cine. Los viernes por la noche tengo clase de baile de nueve y media a diez y media. Los otros días veo la tele o chateo con mis amigas. //
Los fines de semana me levanto tarde y voy al restaurante en familia. Por la tarde paseamos en bici por las orillas del Guadalquivir o voy de compras con mi madre. Me lo paso súperbien.

A. Les objectifs

Connaissances et compétences langagières

- les verbes à diphtongue *volver, despertarse*
- l'expression de la fréquence : *los lunes, los fines de semana*
- l'expression d'un moment : *por la mañana, por la tarde, por la noche*
- le lexique des loisirs
- présenter sa semaine type

Connaissances et compétences culturelles

- la semaine type d'une jeune andalouse de Sevilla
- Sevilla et le Guadalquivir

B. Pistes d'exploitation et description des attendus

Il s'agit d'une activité de compréhension de l'oral précédée d'une compréhension de l'écrit par le visuel de l'agenda hebdomadaire. Cette activité pourra être menée en une séance car elle rebrasse les acquis lexicaux et grammaticaux de la double page. Elle amènera à la réalisation du projet intermédiaire *Actúa*. La séance pourra être prolongée également par une activité TICE proposée page 74 dans la page *Aula multimedia*, l'activité 3 *Crea con las TIC* où les élèves sont invités à créer leur propre agenda hebdomadaire.

On démarrera la séance par l'exploitation du visuel. Son étude facilitera la compréhension de l'oral. On laissera quelques instants à la classe pour observer ce document. Il ne s'agit pas précisément d'un emploi du temps scolaire mais d'un agenda portant sur les activités extrascolaires de la semaine. Après avoir repéré ce que fait María tous les jours : *Todos los días va al cole y hace los deberes por la tarde cuando vuelve a casa*, on s'attachera à repérer les activités de l'après-midi. Les élèves seront invités à répondre aux questions 1a et 1b du manuel. **Énoncés attendus** : *María juega al baloncesto los lunes y tiene clase de baile los viernes. Los miércoles va al cine con sus amigas.* L'enseignant insistera sur l'expression de la fréquence avec l'article défini *los* + un jour de la semaine. Il introduira également le lexique des activités : *juega al baloncesto, va al cine* qu'il pourra mettre en surbrillance dans l'agenda grâce au surligneur du **manuel numérique**. Cette première phase de la séance se terminera par l'observation des activités du week-end. On demandera de dire ce que fait María le week-end avec ses parents, les mots à repérer dans l'agenda sont transparents ou sont illustrés. Les élèves pourront répondre à la question 1c. **Réponse attendue** : *Los fines de semana María va al restaurante con sus padres y su hermano, monta en bici y va de compras.* Au préalable, on aura donné deux expressions indispensables : *montar en bici, ir de compras*, que l'on notera au tableau.

On passera ensuite à l'écoute du document audio. On commencera par une écoute globale précédée d'une consigne générale de repérage. *¿Quién habla y qué describe?* L'enseignant pourra également demander à la classe de repérer les éléments de l'agenda qui sont repris dans l'audio. Ainsi cette première écoute sera dynamique. Lors de la restitution, on surlignera à l'écran les éléments évoqués dans l'audio et présents dans l'agenda de María. **Réponses attendues** : *cole, deberes, baloncesto, cine, clase de baile, restaurante, deberes, bici, compras, Pablo.* Puis on écoutera l'enregistrement fragmenté qui se focalise sur la première partie de la description faite par María. L'enseignant lancera cette version fragmentée en cliquant sur l'icône MP3 du **manuel numérique**. Il veillera à faire écouter les passages qui correspondent aux consignes et demandera à la classe de présenter María. **Réponse attendue** : *María es una alumna que vive en Sevilla.* On pourra situer la ville sur la carte interactive du **manuel numérique**. On lancera alors la deuxième piste de la version fragmentée et on demandera aux élèves de repérer les informations demandées dans les consignes 2d et 2e. **Énoncés attendus** : *Se despierta a las siete. María vuelve a casa a las tres para comer con su hermano Pablo.* On écoutera la fin de l'enregistrement en demandant à la classe de dire ce qu'elle fait le weekend. **Réponse attendue** : *Los fines de semana va al restaurante, pasea en bici cerca (por las orillas) del Guadalquivir y va de compras.* On terminera la séance par une écoute globale qui permettra de répondre à la question 2f. **Réponse attendue** : *María piensa que su semana es perfecta.*

Avant de poursuivre avec l'activité de production orale, on reprendra le contenu du document, on notera les réponses apportées par la classe et on insistera sur les éléments linguistiques nouveaux qu'on soulignera. L'enseignant invitera les élèves à prononcer les mots *María* et *días* que l'on entend dans le document audio, il fera écouter et répéter les mots de la rubrique *Fonética* page 67 et insistera sur la prononciation de *ía* (en deux syllabes distinctes *í - a*).

C. Prolongements et activités supplémentaires

On passera alors à la production orale en continu (consigne 3). Il s'agit de jouer le rôle du frère de María, Pablo. Celui-ci présente la semaine de sa sœur. Les élèves sont donc amenés à exprimer l'heure, le lexique des activités quotidiennes extrascolaires, les verbes à diphtongue. Cette activité peut être préparée à la maison pour la séance suivante et pourra constituer un aspect de la reprise.

Si la classe n'a pas encore fait les activités des *Apuntes de gramática*, l'enseignant pourra l'inviter à réaliser oralement les exercices 1 et 2 de *Practica*. Ils seront refaits à la maison à l'écrit. Si les élèves utilisent le cahier d'activités, on pourra leur demander de faire les activités page 27 pour la séance suivante. L'enseignant projettera les pages du cahier d'activités en cliquant sur l'icône en haut de la page 67.

Il serait pertinent à ce moment de l'unité de faire manipuler l'outil informatique en réalisant l'activité page 74 n° 3 *Crea con las TIC*. En fonction de l'environnement numérique de l'établissement, cette activité pourra être menée en salle multimédia ou à la maison. Les travaux pourront être affichés dans la classe ou venir illustrer les cahiers des élèves.

ACTÚA

Ce premier projet intermédiaire de l'unité 5 est une activité de production orale en interaction. Il s'agit d'interroger un ou une camarade sur sa journée type. Les élèves vont donc travailler en binômes ou bien en deux groupes distincts, ceux qui posent des questions et ceux qui y répondent. Le scénario choisi dépendra de la classe, de son niveau ou de sa configuration. Avant la mise en œuvre du projet, l'enseignant listera avec sa classe les outils à utiliser, qu'ils soient lexicaux ou grammaticaux. Une autre dimension est donnée à ce projet car les élèves devront dire s'ils s'ennuient, comme le narrateur, ou s'ils sont contents, comme María. On laissera un temps de préparation de quelques minutes. Si les élèves le souhaitent, ils pourront prendre quelques notes, cependant, pour encourager les bonnes habitudes, les présentations se feront cahiers fermés. Lors des prestations, on peut associer le reste de la classe pour évaluer la prononciation de *ía*, le lexique utilisé, les conjugaisons des verbes. On peut également envisager de répartir ces tâches de repérage dans la classe.

Énoncés attendus pour le questionnement : *¿Estás contento(a) con tu semana?, ¿o te aburres? ¿Qué haces los fines de semana? ¿Qué haces entre semana cuando vuelves a casa? ¿A qué hora te despiertas? ¿Te gusta despertarte a las siete?*

Apuntes de gramática

MEMORIZA

- L'heure → (Lengua p. 77)
- Les verbes à diphtongue
- Le présent de *salir* et *hacer*

PRACTICA

Corrigé

1. a. *Son las siete.* **b.** *Son las tres menos cuarto.* **c.** *Son las tres y media.* **d.** *Es la una.* **e.** *Son las seis y cuarto.*
2. a. *juega* **b.** *salgo - empiezan* **c.** *vuelven* **d.** *te despiertas - puedes* **e.** *vuelvo - hago*

La rubrique *Fonética* pourra être travaillée à la fin du *Paso* ou bien après une des activités langagières, car elle porte sur la prononciation de *la erre* présente dans de nombreux mots du *Paso* 1. On lira et on écoutera les exemples à répéter. Le professeur pourra demander aux élèves de dire d'autres mots où on prononce le *r*.

Pistes de travail à la maison

Les consignes de travail possibles pour le *Paso 1* pourront être les suivantes :

À la suite du document 1. *El día de Diego*
- Refaire à l'oral l'activité d'interaction 2 page 66.
- Exercices du cahier d'activités page 26 pour les élèves qui l'utilisent.

À la suite du document 2. *No salgo de casa*
- Rédiger la suite du texte comme demandé dans l'activité de production écrite page 67.
- Exercices du cahier d'activités pages 27 pour les élèves qui l'utilisent.

À la suite du document 3. *Así es mi semana*
- Faire ou refaire à l'oral l'activité de production orale en continu page 67.
- Faire l'activité TICE n° 3 *Crea con las TIC* page 74.

Pour l'ensemble du *Paso 1*, et en fonction du matériel dont dispose la classe.
- Apprendre par cœur le lexique de la vie quotidienne dans la boîte *Palabras* page 66.
- Apprendre l'expression de l'heure *Apuntes de gramática* page 67 et *Lengua: Juega y repasa* page 77.
- Apprendre les conjugaisons des verbes à diphtongue page 67.
- Faire les exercices *Practica* page 67.
- Faire les jeux de lexique *Lengua: Juega y repasa* page 76 n° 1 et n° 2.
- Faire les exercices de *Lengua: Juega y repasa* page 77 n° 1 et n° 2.
- Exercices du cahier d'activités pages 26 et 27 si les élèves l'utilisent.

Cahier d'activités → (p. 26-27)

CD3 piste 31 - MP3 piste 10 Spécial cahier

Script Spécial cahier

Pour l'exercice B4, page 27

Son las siete y cuarto.
Son las diez menos cinco.
Es la una y media.
Son las tres y veinte.
Son las seis menos diez.

Corrigé

Exercice 1

me despierto - empiezan - vuelvo a casa - comes - hago - te acuestas

Exercice 2

a. *me despierto - empiezo* **b.** *vuelves* **c.** *juegan* **d.** *se acuesta.*

Exercice 3

a. *me despierto - Comienzan - Vuelvo - juego - ceno - Me acuesto* **b.** *cenar*

Exercice 4

Les aiguilles doivent être dessinées pour représenter : **a.** *Son las siete y cuarto.* **b.** *Son las diez menos cinco.* **c.** *Es la una y media.* **d.** *Son las tres y veinte.* **e.** *Son las seis menos diez.*

Exercice 5

(MP3 piste 54 - CD2 piste 27) **a.** *a las ocho* **b.** *a las siete* **c.** *a las dos*

Exercice 6

a. *Es la una y cinco.* **b.** *Son las cinco menos veinte.* **c.** *Son las seis.* **d.** *Son las ocho y veinticinco.* **e.** *Son las once menos cuarto.* **f.** *Es la una y media.*

Exercice 7

Por la mañana: 1. *me despierto* 2. *me ducho* 3. *desayuno* 4. *voy al cole*
Por la tarde: 5. *como* 6. *hago los deberes* 7. *juego con videojuegos*
Por la noche: 8. *ceno* 9. *me acuesto* 10. *duermo*

PASO 2 ¿Qué estás haciendo?

→ (p. 68-69)

▶ Je dis ce que je fais.

→ **Activités d'accompagnement, Cahier d'activités p. 28-29**

1 TEXTE

ESTÁ ESCUCHANDO MÚSICA

CD2 piste 34

A. Les objectifs

Connaissances et compétences langagières

- le gérondif
- la forme progressive : *estar / ir* + gérondif
- le lexique des activités et des loisirs

Connaissances et compétences culturelles

- un extrait d'un roman jeunesse de Lof Yu (pseudonyme d'Adrià Font)

B. Pistes d'exploitation et description des attendus

Il s'agit ici d'entraîner les élèves à la compréhension de l'écrit sur une ou deux séances. Le texte est une conversation entre plusieurs membres d'une famille qui s'apprêtent à partir en vacances. Le père a besoin d'aide pour mettre les valises dans la voiture mais son fils est dans sa chambre en train d'écouter de la musique, le casque sur les oreilles. La situation est simple à comprendre. L'enregistrement va faciliter sa compréhension. Les élèves vont également pouvoir s'appuyer sur des éléments connus, comme l'heure, la famille, la maison. C'est pourquoi avant la première lecture, l'enseignant demandera à la classe de repérer les éléments essentiels pour situer la scène, le lieu, les personnages, l'heure. Cette consigne correspond à la question 1a. En fonction du niveau de la classe, on peut répartir les différentes tâches de repérage. Les élèves d'un premier groupe situent la scène, les autres repèrent les personnages, les derniers, le moment de la journée. Lors de la restitution en interaction, l'enseignant pourra mettre en surbrillance les informations directement dans le texte grâce au surligneur du **manuel numérique**. **Énoncés attendus** : *Es la una menos cinco de la tarde, Andrés y sus padres están en casa. Andrés está en su habitación.* Puis on fera une deuxième lecture fragmentée. On lira du début jusqu'à *grita Ernesto.* Au préalable, l'enseignant demandera aux élèves d'expliquer ce qu'est en train de faire le père en répondant aux questions 1b et 1c. **Réponse attendue** : *El padre está bajando cosas.* Si les élèves demandent pourquoi, on pourra supposer que *las cosas* peuvent être *las maletas, el equipaje. Sí, el padre necesita la ayuda de su hijo porque dice que tiene que ir al aparcamiento y que tienen que bajar cosas.* On cherchera alors, dans la suite de la lecture, jusqu'à la fin, pour quelle raison Andrés n'aide pas son père. L'enseignant lira la consigne 1d qui permet de répondre à cela. On attend que les élèves repèrent deux actions. **Réponse attendue** : *Andrés está escuchando música con los cascos en su habitación y está cantando.* Lors de la restitution, on aura soin de souligner les éléments du texte qui le justifient avec le stylo du **manuel numérique**. On organisera la classe en groupes de trois élèves et on leur laissera quelques instants pour préparer une lecture expressive du texte. L'enseignant pourra faire écouter de nouveau le texte pour que les élèves s'en imprègnent. Le professeur attirera l'attention des élèves sur la prononciation du son [an] du gérondif, [en] et [on]. Cela fera l'objet du point de *Fonética*. Lors des lectures expressives par les groupes, on associera le reste de la classe, qui devra donner des conseils sur la prononciation. Pour terminer la séance, l'enseignant reviendra sur le point de langue dégagé dans le texte et son exploitation, avec la forme progressive. On demandera aux élèves de traduire en français les expressions soulignées *está escuchando música, vamos bajando cosas, está cantando,* puis l'enseignant expliquera la forme progressive à l'aide des *Apuntes de gramática.*

C. Prolongements et activités supplémentaires

On complétera cette activité par une production orale en interaction. Avant sa mise en œuvre l'enseignant pourra, en fonction de la classe, entraîner les élèves à l'utilisation de la forme progressive en demandant de faire les activités *Practica* de la page 69 ou les exercices 1A et 2A du cahier d'activités page 28, si les élèves l'utilisent.
Pour réaliser la production orale, on organisera la classe en trinômes. On expliquera la situation et, avec les élèves, l'enseignant listera les points de langue à réinvestir et la situation à respecter : la forme progressive, le lexique des activités, Ernesto qui a besoin de son fils pour descendre des affaires dans la voiture au parking devant la maison.
On laissera quelques minutes à la préparation de cette conversation. Les présentations pourront constituer la reprise du cours lors de la séance suivante. Elles se feront cahiers fermés pour prendre de bonnes habitudes de prise de parole spontanée.

Énoncés attendus

Andrés: *¿Sí, Mamá? Estoy escuchando música. ¿Qué pasa?*
Madre: *Tu padre va bajando cosas. Necesita tu ayuda.*
Andrés: *¿Qué hora es?*
Mamá: *Es la una y cinco. ¿Qué estás haciendo?*
Andrés: *Nada, estoy cantando porque estoy contento. ¿Papá?*
Ernesto: *Sí. Ayúdame. Voy bajando cosas. Voy al aparcamiento.*
Andrés: *Ahora voy.*
Ernesto: *Gracias, Andrés.*

2 DOCUMENT BANDE DESSINÉE

SE PASA EL TIEMPO CHATEANDO

A. Les objectifs

Connaissances et compétences langagières

- le gérondif des verbes des trois groupes
- le gérondif de *leer* et *dormir* : *leyendo, durmiendo*
- le verbe *doler*
- le lexique des activités liées aux nouvelles technologies: *chatear, jugar con la consola, mandar un mensaje, escribir un SMS, el ordenador, el portátil*
- comprendre le message d'une bande dessinée
- s'appuyer sur les dessins d'une BD pour comprendre une scène

Connaissances et compétences culturelles

- une bande dessinée de Nik, un dessinateur argentin, et son personnage fétiche, Gaturro
- repérer un américanisme : *el celu* (*el celular; el móvil* en Espagne)

B. Pistes d'exploitation et description des attendus

Cette activité est une compréhension de l'écrit qui est à mener sur une séance. Il s'agit d'une bande dessinée de Nik, le créateur du célèbre chat Gaturro. Les élèves vont découvrir comment « l'héroïne » passe sa journée. Ils vont être amenés à observer les dessins et à lire les textes des bulles. C'est une critique des activités excessives liées aux nouvelles technologies. Cet aspect sera à mettre en avant lors de la production orale 2 de la page. Pour aborder cette séance, l'enseignant lira d'abord le titre donné au document. Le verbe *chatear* (*chateando*) est un verbe transparent et la forme du gérondif aura été vue avec le texte de Lof Yu (document 1). Si l'enseignant démarre par la bande dessinée alors le gérondif sera traité comme un point de langue nouveau à élucider puis à réemployer lors de l'exploitation et la production.
Après ce temps d'observation, on demandera à la classe de présenter l'adolescente, ce qui correspond à la consigne 1a. **Énoncés attendus** : *La protagonista es una chica, una adolescente que tiene una mascota, un gato. Está en su casa y se pasa el tiempo chateando.* Puis on demandera à la classe de repérer les outils numériques qu'elle utilise et ce qu'elle fait avec. Pour cela ils devront avoir recours au lexique des bulles ainsi qu'à la forme progressive. Ce moment de repérage permettra de répondre à la consigne 1b. Lors de la restitution, l'enseignant pourra isoler les vignettes avec la fonction zoom du **manuel numérique**. **Énoncés attendus** : *La chica tiene un ordenador portátil, una consola, un móvil, un ordenador. Está chateando, está jugando con videojuegos, está escribiendo / mandando un SMS, está leyendo un SMS, y está chateando otra vez.* On donnera les expressions manquantes et on insistera sur l'importance des mots de la boîte *Palabras* pour l'expression. On soulignera les mots dans la bande dessinée et on écrira les réponses au tableau avec la fonction texte du **manuel numérique**. On terminera l'exploitation de la bande dessinée en répondant à la consigne 1c qui permet de reprendre le titre quand il faudra justifier. **Réponse attendue** : *Le duelen los dedos porque se pasa el tiempo chateando o jugando*

con la videoconsola. On notera cette phrase pour la trace écrite car elle introduit deux points de langue nouveaux, *doler [ue]* et *pasarse el tiempo + gérondif.*

C. Prolongements et activités supplémentaires

On poursuivra cette étude par l'activité de production orale en continu. Il s'agit de jouer le rôle du frère de la fille qui se désespère de la voir ainsi. Il discute avec le chat Gaturro, l'animal de compagnie de sa sœur.
On lira attentivement la consigne qui va mettre les élèves sur la voie. On précisera avec eux les outils nécessaires à cette production orale : les verbes liés aux nouvelles technologies, la forme progressive avec *pasarse el tiempo, doler [ue]* et l'adjectif donné dans la boîte *Palabras* : *(ser) adicta.* Suivant la classe et le temps dont on dispose, on donnera cette activité à faire en classe ou à la maison. La présentation pourra être la reprise dans le cours suivant.
Énoncés attendus : *Mi hermana es adicta a las nuevas tecnologías. Se pasa el día chateando. Se pasa el tiempo jugando con la consola, mandando SMS. Cuando está durmiendo le duelen los dedos. Estoy desesperado.*
On pourra entraîner les élèves à employer la forme progressive en leur faisant faire l'activité n° 3 de *Lengua: Juega y repasa* page 76, les exercices n°s 3 et 4 page 77. Si les élèves utilisent le cahier d'activités, les exercices des pages 28 et 29 pourront être faits à la maison ou en classe en fin d'heure, il suffira de lancer les pages du cahier en cliquant sur l'icône en haut de la page du **manuel numérique**.

3 TEXTE ¡ESTOY DURMIENDO!

A. Les objectifs

Connaissances et compétences langagières

- la forme progressive et le gérondif
- les verbes à diphtongue *querer* et *pensar*
- le lexique lié à une conversation par SMS
- des expressions du langage familier

Connaissances et compétences culturelles

- des expressions familières : *¿Cómo te va?, porfa, el cumple, ¿y eso?*

B. Pistes d'exploitation et description des attendus

Cette activité est une activité de compréhension de l'écrit accompagné du visuel de trois téléphones portables ce qui permettra aux élèves de mieux appréhender la situation. Une séance devrait être suffisante pour l'ensemble des activités, y compris celle de production de l'écrit. En effet, les points de langue essentiels ont été abordés lors du travail sur les deux premiers documents du *Paso 2*, la forme progressive, entre autres. Si la bande dessinée a été travaillée précédemment, le gérondif irrégulier de *dormir (durmiendo)* et la modification orthographique du gérondif de *leer (leyendo)* ne devraient pas poser de problème. Le mot *el móvil* aura également été abordé dans la bande dessinée de Nik.
Pour démarrer la lecture des conversations, l'enseignant zoomera sur les téléphones portables. Il les isolera et fera une lecture des messages ou bien demandera aux élèves d'en faire une lecture silencieuse. Au préalable, il aura donné une consigne générale de repérage qui correspond, en fait, aux consignes 1a et 1b. Les élèves seront invités à identifier les deux personnages ainsi que le type de conversation. Les éléments tels que « *el curso de lengua* » permettent de déduire que Javier et Antonio sont deux adolescents, deux élèves. Les SMS apportent la réponse à la deuxième consigne. Lors de la restitution, on soulignera les expressions qui justifient les réponses, à l'aide du stylo du **manuel numérique**. **Énoncés attendus** : *Antonio y Javier son dos adolescentes, dos amigos, dos alumnos. Están escribiendo SMS.*
On passera alors à une deuxième lecture et on isolera les deux premiers téléphones, celui de gauche et celui de droite. L'enseignant demandera aux élèves de dire si Antonio sort et pourquoi son ami ne répond pas. Ainsi les élèves traiteront les consignes 1c et 1d. Lors de la restitution, on insistera sur l'expression de la forme progressive *estar* + le gérondif de *dormir*, que l'on soulignera. On demandera des phrases bien construites avec un vocabulaire riche. **Énoncés attendus** : *Antonio va a salir porque va a la fiesta de cumpleaños de Carlos. Javier no contesta porque está durmiendo.* On terminera la lecture par la dernière réponse de Javier. Les élèves diront ce que pense faire le garçon en répondant à la consigne 1e. Dans leur réponse, on les invitera à utiliser les verbes à diphtongue *pensar [ie]* et *querer [ie].* **Réponse attendue** : *Javier piensa que no va a ir porque quiere dormir.* Les réponses auront été notées au fur et à mesure à l'écran grâce à la fonction texte du **manuel numérique**. Elles constitueront la trace écrite de la séance. Les points de langue nouveaux seront surlignés.

C. Prolongements et activités supplémentaires

Avant de passer à l'activité de production écrite, l'enseignant pourra demander à des binômes de lire de façon expressive la conversation des SMS échangés. Au préalable, on rappellera la prononciation des sons [an], [en] avec la rubrique *Fonética*. Cette lecture permettra de rebrasser les outils langagiers. Ceux-ci seront explicités par l'enseignant avec les *Apuntes de gramática.* On passera alors à l'activité 2 du manuel. C'est une activité de production écrite. Les élèves sont amenés à rédiger à leur tour un SMS. Ils jouent le rôle de Javier qui écrit à son

ami Carlos, dont c'est l'anniversaire. Il lui dit qu'il ne vient pas et explique pourquoi. Après avoir commenté la situation, l'enseignant pointera avec sa classe les outils langagiers à mettre en œuvre : les expressions familières, les verbes *pensar* et *querer* et la forme progressive. En fonction du temps dont on dispose, et de la classe, cette activité sera faite en classe ou à la maison.
Énoncés attendus : *Javier: ¡Hola Carlos! ¿Cómo te va? ¿Qué estás haciendo? No pienso ir a tu fiesta de cumple. Quiero dormir porque mañana tengo un examen importante. Nos vemos mañana. Feliz cumple.*

On pourra prolonger cette activité par des exercices d'entraînement *Practica* n° 2 page 69, *Lengua: Juega y repasa* n° 3 et n° 4 page 77.

ACTÚA

Ce deuxième projet intermédiaire est une activité de production orale en interaction.
La situation reprend les contenus du *Paso 2* mais aussi une situation connue dans le *Paso 1*. Elle en est donc un prolongement logique. Il s'agit ici d'une conversation téléphonique et non plus d'une rédaction de SMS comme dans l'activité précédente. Les élèves seront amenés à rebrasser le lexique des activités quotidiennes extrascolaires, la forme progressive, le gérondif régulier et irrégulier. Cette activité facilitera la réalisation du projet de fin d'unité *Misión A* page 78. Plusieurs scénarios sont envisageables suivant le profil de la classe. On pourra organiser la classe en binômes ou bien on la divisera en groupes : ceux qui téléphonent à leur ami(e) et ceux qui répondent.
Le deuxième scénario demande plus d'aisance car l'expression devra être plus spontanée. L'enseignant insistera sur l'importance de la prononciation correcte des sons [an], [en] et [on] et attirera l'attention des élèves sur la rubrique *Fonética* ; il leur conseillera d'écouter les pistes MP3 59 et 60 pour s'entraîner à la maison. Cette activité peut être réalisée sur une séance ou donnée à préparer à la maison, elle sera présentée à la séance suivante. L'enseignant énoncera les codes de conversation au téléphone si ceux-ci sont méconnus : *¡Diga! ¡Oiga!*
Énoncés attendus :
Alumno A: *¡Diga!*
Alumno B: *¡Oiga! Soy yo Rafael. ¿Qué tal Juan?*
Alumno A: *¡Hola Juan! ¿Cómo te va?*
Alumno B: *Estoy en casa y me aburro. ¿Qué estás haciendo?*
Alumno A: *Estoy jugando con la consola con mi hermano mayor. El juego es fantástico.*
Alumno B: *Vale, yo estoy leyendo los apuntes de lengua para mañana.*
Alumno A: *¿Piensas salir? ¿Quieres venir a jugar con nosotros?*
Alumno B: *Quiero terminar los deberes.*

Apuntes de gramática

MEMORIZA

- Le gérondif → (Lengua p. 77)
- *Estar* + gérondif - *Ir* + gérondif

PRACTICA

Corrigé
1. a. *jugando* **b.** *teniendo* **c.** *pasando* **d.** *viviendo* **e.** *comprendiendo*
2. a. *está escuchando* **b.** *está escribiendo* **c.** *estáis durmiendo* **d.** *están chateando* **e.** *Estoy leyendo*

Pistes de travail à la maison

Les consignes de travail possibles pour le *Paso 2* pourront être les suivantes :
À la suite du document 1. *Está escuchando música*
- Activité d'interaction orale n° 2 page 68.
- Exercice *Practica* n° 1 page 69.
- Les exercices du cahier d'activités A1 et A2 page 28.

À la suite du document 2. *Se pasa el tiempo chateando*
- Activité d'expression orale en continu n° 2 page 68.
- Mémoriser la boîte *Palabras*.
- Exercices du cahier d'activités A3 page 28, B5 et B6 page 29.

À la suite du document 3. *¡Estoy durmiendo!*
- Faire à l'oral l'activité de production écrite n° 2 page 69.
- Exercice n° 3 *Lengua: Juega y repasa* page 76.

Pour l'ensemble du *Paso 2*, en fonction du matériel dont dispose la classe.
- Apprendre par cœur le lexique des boîtes *Palabras* pages 68 et 69.
- Apprendre le gérondif dans *Apuntes de gramática* page 69.
- Apprendre la forme progressive (*estar* + gérondif - *ir* + gérondif), *Apuntes de gramática* page 69.
- Faire ou refaire les exercices *Practica* page 69.
- Exercices du cahier d'activités pages 28 et 29 si les élèves utilisent le cahier.

Cahier d'activités → (p. 28-29)

CD3 piste 32 - MP3 piste 11 Spécial cahier

Script Spécial cahier

Pour l'exercice B5, page 29
Está jugando en la habitación. ¿Quién es?
Está hablando con la vecina. ¿Quién es?
Están viendo la tele. ¿Quiénes son?
Se está duchando. ¿Quién es?
Están comiendo juntos. ¿Quiénes son?

Corrigé

Exercice 1

a. *jugando > jugar* **b.** *leyendo > leer* **c.** *escuchando > escuchar* **d.** *bajando > bajar* **e.** *escribiendo > escribir* **f.** *durmiendo > dormir*

Exercice 2

a. *están chateando* **b.** *está haciendo* **c.** *estoy escuchando*

Exercice 3

a. *mandando* **b.** *leyendo* **c.** *navegando* **d.** *durmiendo* **e.** *escribiendo* **f.** *cantando*

Exercice 4

Alejandra y Martín están jugando al balón. - Martín está viendo la tele. - Martín está escuchando música.

Exercice 5

a. 1. *Es Pablito. (Está jugando en la habitación.)* **2.** *Es Andrés. (Está hablando con la vecina.)* **3.** *Son los Moreno. (Están comiendo juntos.)* **4.** *Es Inés. (Se está duchando.)* **5.** *Son Antonio y sus amigos. (Están viendo la tele.)* **b.** *Está leyendo un libro. ¿Quién es?*

Exercice 6

a. *ver una película - navegar por Internet - dormir en casa - chatear con mis amigos - jugar con la videoconsola - escuchar música*

b. 2. *Estoy navegando por Internet.* **3.** *Estoy durmiendo en casa.* **4.** *Estoy chateando con mis amigos.* **5.** *Estoy jugando con la videoconsola.* **6.** *Estoy escuchando música.*

Exercice 7

a. *la videoconsola* **b.** *el móvil* **c.** *el ordenador* **d.** *Internet*

PASO 3 Así me visto

→ (p. 70-71)

▶ Je dis comment je m'habille et ce que je peux porter au collège.

→ **Activités d'accompagnement, Cahier d'activités p. 30-31**

1 DOCUMENT VIDÉO

¿CÓMO VISTES PARA IR AL COLE?

DVD classe, CD2 piste 39, MP3 piste 61

Script

Hola, chavales, soy Paco otra vez. ¡Qué difícil es elegir la ropa para ir al cole! Así que os presento mi vídeo con algunos consejos. En un día normal de escuela, tenéis que vestir con ropa sencilla y cómoda. Por ejemplo: visto una camiseta y unos vaqueros. Mi cole no es muy estricto. Puedo llevar zapatillas todos los días. No tengo que llevar zapatos. Menos mal, porque no me gustan. En cambio, no puedo llevar gorra en clase, tengo que dejarla en la mochila. Y tú, ¿cómo vistes para ir al cole?

A. Les objectifs

Connaissances et compétences langagières

- le verbe *poder* au présent de l'indicatif
- l'obligation personnelle : *tener que* + infinitif
- le lexique des vêtements et accessoires: *la ropa, la camiseta, los vaqueros, la gorra, los zapatos, las zapatillas, la mochila…*
- comprendre une vidéo ou un audio sur les vêtements et les accessoires

Connaissances et compétences culturelles

- le code vestimentaire d'un jeune espagnol
- les vêtements que l'on peut porter ou pas dans un collège espagnol

B. Pistes d'exploitation et description des attendus

Il s'agit ici d'entraîner les élèves à la compréhension d'une vidéo. La bande-son de la vidéo est incluse dans les CD classe (CD2 piste 39) et est disponible sous format MP3 pour l'élève (piste 61). Dans cette vidéo, un jeune *youtuber* espagnol, Paco, parle des vêtements qu'il porte pour aller au collège et il donne des conseils à ses auditeurs. On pourra envisager une séance pour l'exploitation de cette vidéo. L'enseignant qui utilise le **manuel numérique** pourra zoomer sur l'écran de la vidéo puis la lancer. Au préalable, on démarrera par l'image fixe de la vidéo, on présentera le garçon, on le situera et on listera les habits qui sont sur son lit. Cette première phase permettra à la classe d'appréhender le contenu de la vidéo et d'en comprendre l'essentiel par la suite. On pourra noter les mots nouveaux au tableau. L'enseignant rappellera aux élèves la pertinence d'avoir recours à la boîte *Palabras* pour enrichir leur expression. On lancera la vidéo et on donnera la consigne 1a, lister les vêtements sur le lit du garçon. **Réponse attendue** : *una camiseta, unos vaqueros, una gorra.* Les consignes suivantes ne respectent pas l'ordre dans lequel Paco décrit ses vêtements et parle de ce qu'il peut et doit porter pour aller au collège. On pourra répartir les tâches dans la classe pour les questions 1b, 1c et 1d. Les réponses aux questions 1c et 1d introduisent l'obligation personnelle et la conjugaison de *poder.* Il sera important lors de la mise en commun que les autres groupes interrogent celui qui a traité cette question de façon à réemployer ces nouveaux points de langue. L'enseignant pourra faire des pauses en cliquant sur pause dans la vidéo pour laisser aux élèves le temps de repérer et éventuellement de noter dans leur cahier les informations importantes. On fera ensuite une mise en commun en suivant le scénario suggéré ci-dessus. **Énoncés attendus** : *Paco no lleva zapatos porque no le gusta(n). Para un día de clase, tenemos que llevar ropa sencilla y cómoda, por ejemplo una camiseta con vaqueros. En su cole, Paco no puede llevar gorra.* Avant de noter la trace écrite, l'enseignant passera une dernière fois la vidéo pour vérifier que tout a été dit. On soulignera avec le stylo du **manuel numérique** les expressions et les points de langue nouveaux. L'enseignant se rapportera aux *Apuntes de gramática* page 71, lira la conjugaison de *poder* et expliquera l'obligation personnelle *tener que* + infinitif qui aura été introduite dans la consigne 1c.

C. Prolongements et activités supplémentaires

On complétera cette compréhension de l'oral (audiovisuelle) par une activité de prise de parole en continu avec la consigne 2. Pour sa réalisation, les élèves seront amenés à réinvestir la conjugaison de *poder*, l'obligation personnelle avec *tener que* + infinitif et le lexique des vêtements. Comme il s'agit de jouer le rôle d'une fille, les élèves auront besoin de compléter le lexique connu par des mots nouveaux. L'enseignant pourra alors proposer de lire et regarder les boîtes *Palabras* illustrées de la page 70 et de faire l'activité lexicale de *Lengua: Juega y repasa* page 76 n° 4 afin d'introduire : *un vestido, una falda.*

2 TEXTE

La manera de vestir en el colegio

A. Les objectifs

Connaissances et compétences langagières

- le verbe *vestir* au présent de l'indicatif
- l'obligation personnelle : *tener que* + infinitif
- le lexique des vêtements: *la ropa, la gorra, la capucha, los pantalones cortos, la minifalda, la ropa de playa, la camiseta.*
- écrire un message simple « à la manière de » : imiter un règlement

Connaissances et compétences culturelles

- le nom d'un collège espagnol
- une ville espagnole : Valladolid
- se familiariser avec le règlement vestimentaire d'un collège espagnol

B. Pistes d'exploitation et description des attendus

Il s'agit ici d'entraîner les élèves à la compréhension d'un message écrit puis d'écrire « à la manière de ». Les élèves vont découvrir le règlement vestimentaire d'un collège espagnol de Valladolid. Une séance sera suffisante pour l'ensemble des compétences langagières ciblées car les points de langue et le lexique auront déjà été travaillés avec la vidéo du document 1.

Le professeur utilisateur du **manuel numérique** pourra projeter le règlement en l'agrandissant avec le zoom. Avant de procéder à la première lecture, on donnera une consigne générale et simple de repérage qui correspond à la consigne 1a du manuel. On demandera aux élèves de repérer le nom du collège, de le situer et de donner le thème du règlement. Le professeur pourra lire l'affiche ou bien les élèves en feront une première lecture silencieuse. Puis on lancera un premier sondage et une mise en commun. **Énoncés attendus** : *Es un reglamento del colegio Zurbarán que está en Valladolid, en España. Son reglas sobre la manera de vestir en el colegio. Son normas de convivencia.* L'enseignant situera Valladolid sur la carte interactive et élucidera le mot *convivencia*, le vivre-ensemble. Lors de la deuxième lecture, on pourra répartir les tâches de repérage dans la classe. Par exemple, on peut imaginer le scénario suivant : un groupe repère la règle générale, un deuxième groupe repère les vêtements que ne doivent pas porter les filles, un troisième les vêtements que ne doivent pas porter les garçons, et le quatrième, ce qu'ils ne doivent pas porter quand il fait chaud. Ces consignes correspondent à celles du manuel. Ainsi la lecture sera plus dynamique et la mise en commun se fera en interaction. L'enseignant surlignera les éléments de réponse sur l'affiche du règlement et notera les phrases importantes pour la trace écrite. On peut également envisager de noter les réponses sous forme de tableau à quatre colonnes : 1. *Los alumnos visten...* 2. *Las chicas no tienen que...* 3. *Los chicos no tienen que...* 4. *Cuando hace calor...* Dans tous les cas, on insistera sur la conjugaison de *vestir* et sur l'expression de l'obligation. **Énoncés attendus** : *Los alumnos tienen que vestir ropa limpia. Los alumnos no visten ropa de playa cuando hace calor. Las chicas no tienen que vestir pantalones cortos ni minifaldas. Los chicos no tienen que llevar gorra ni capucha dentro del aula.*

On pourra expliquer que le verbe *vestir* n'est utilisé que pour les vêtements alors que *llevar* s'utilise pour les vêtements et les accessoires.

C. Prolongements et activités supplémentaires

On poursuivra cette activité de compréhension écrite par une production écrite qui est une imitation de l'affiche. Il s'agit d'écrire à la manière du règlement. Les élèves seront amenés à réinvestir la conjugaison de *vestir*, l'obligation personnelle avec *tener que* + infinitif et le lexique des vêtements. Il sera pertinent de réaliser cette activité avec l'outil informatique, soit en salle informatique soit à la maison. On pourra demander aux élèves de créer une affiche originale et illustrée. Puisqu'on demande aux filles de rédiger deux règles et aux garçons de la classe également, on peut envisager des groupes mixtes. Ainsi, le règlement s'adressera à tout le monde. Les productions, après qu'elles auront été vérifiées, pourront être affichées dans la classe ou dans l'établissement. L'enseignant s'assurera de la bonne compréhension des points de langue en faisant travailler les exercices *Practica* de la page 71.

Énoncés attendus :
El colegio... - Ciudad de...
Las chicas no tienen que vestir tops cortos.
Las chicas no tienen que llevar sombreros.
Los chicos no tienen que vestir ropa de deporte en clase.
Los chicos no tienen que llevar...

3 TEXTE

Un uniforme con estilo

A. Les objectifs

Connaissances et compétences langagières

- la conjugaison de *vestir* [i] au présent de l'indicatif
- l'obligation personnelle : *tener que* + infinitif
- le lexique des vêtements liés au port de l'uniforme : *un uniforme, el escudo, una chaqueta, un polo, una falda de cuadros*
- le lexique de la presse écrite : *un artículo, una revista, el periódico, el reportaje*
- savoir repérer des informations ciblées dans un document informatif comme un article de presse

Connaissances et compétences culturelles

- le nom d'un collège espagnol et sa localisation en Espagne
- *El País*, un journal espagnol très connu.
- l'obligation de porter l'uniforme dans certains collèges espagnols

B. Pistes d'exploitation et description des attendus

Une séance est prévue pour l'exploitation du document 3 et pour l'activité associée. Il s'agit ici d'un entraînement à la compréhension de l'écrit suivi d'une activité d'expression orale en interaction. Les élèves vont découvrir par la lecture de l'article du journal *El País* du 24 septembre 2015 que l'on porte un uniforme dans de nombreux établissements espagnols. Celui de ce collège de León a été sélectionné comme étant l'uniforme le plus élégant et le plus « stylé » par la revue américaine *Vogue*. Les élèves auront ainsi un autre regard sur le port de l'uniforme. L'enseignant utilisateur du **manuel numérique** pourra commencer la séance par la projection de la photo à l'écran, il pourra l'agrandir soit avec le zoom, soit en l'étirant sur le côté. Cette photo est un des visuels qui illustraient l'article original du journal *El País*. On laissera quelques secondes aux élèves pour qu'ils réagissent. Le lexique des vêtements ayant déjà été vu et utilisé dans les documents précédents, les élèves auront les outils suffisants pour s'exprimer avec une certaine liberté. Si la classe sollicite l'enseignant, celui-ci fournira le lexique manquant : *una chaqueta, los calcetines, una falda de cuadros*. Les élèves remarqueront sûrement la manière identique dont sont habillés les élèves, leur âge également. Ils auront donc déduit que ces élèves portent le même uniforme car ils étudient dans le même collège. Sans empiéter sur la lecture de l'article, on pourra demander aux élèves de décrire rapidement cet uniforme.

On passera alors à la lecture de l'article. L'enseignant lira le titre, puis l'article en entier ou bien les élèves en feront une lecture silencieuse. Au préalable, on aura demandé à la classe de repérer le type de texte, le thème et le lieu. Ces indices sont indispensables à la compréhension du texte. Ils correspondent aux attentes des consignes 1a, 1b et 1c. **Énoncés attendus** : *El artículo trata de un colegio y de un uniforme escolar. No es un colegio de Madrid. Es un colegio de León en Castilla y León. Según la revista* Vogue *el uniforme es el más estiloso del mundo.* Lors de la mise en commun, l'enseignant soulignera avec le stylo du **manuel numérique** les éléments de réponse dans le texte directement. Les consignes suivantes, 1d, 1e et 1f suivent la lecture de l'article. On pourra isoler les parties de l'article avec la fonction zoom du **manuel numérique**. La consigne de repérage sera donnée avant la lecture fragmentée. Il s'agit de repérer les informations sur ce que portent les filles et les garçons, et les élèves en général. Lors de la restitution, des élèves pourront venir au tableau souligner les expressions qui permettent d'apporter les réponses. **Énoncés attendus** : *Los chicos visten pantalones (lisos y oscuros) mientras que las chicas visten faldas (de cuadros y tableadas). Todos los alumnos llevan el escudo del centro escolar / llevan una chaqueta granate moderna y un polo blanco.* On terminera la lecture fragmentée de l'article avec les impressions des collégiens qui s'expriment positivement sur leur uniforme. La consigne permet de réinvestir l'expression du goût avec *gustar*. C'est ce qu'il est demandé de repérer dans la dernière consigne. **Énoncés attendus** : *A los alumnos les gusta el uniforme que llevan porque tiene mucho estilo, es elegante y moderno.*

C. Prolongements et activités supplémentaires

On complétera cette activité par une production orale en interaction. Pour rester dans la situation de l'article, on imagine qu'un(e) journaliste interroge des élèves du collège de León sur leur uniforme. Il faudra donc être fidèle au texte de départ, reprendre les informations sur les vêtements et sur les impressions des élèves espagnols. Avant la mise en œuvre, l'enseignant expliquera les consignes, précisera avec la classe les outils linguistiques à mobiliser, les idées à reprendre. Il donnera les modalités de travail. Suivant la classe ou le groupe, on proposera des exercices d'entraînement sur la conjugaison de *vestir* et l'obligation. On relira les *Apuntes de gramática* page 71. Pour la mise en œuvre, plusieurs scénarios sont envisageables. Soit on sépare la classe en deux, les journalistes et les élèves, chacun préparant séparément puis échangeant de façon spontanée, ou bien on organise la classe en groupes de quatre ou cinq élèves qui se répartissent les rôles. Après quelques minutes de préparation, les groupes présenteront leurs productions orales qui pourront être enregistrées ou filmées.

Énoncés attendus :

Alumno A *(periodista)*: *Buenos días. ¡Qué uniforme más elegante! ¿Te gusta?*

Alumno B *(chico)*: *Buenos días. Sí, me gusta mucho.*

Alumno A: *¿Por qué te gusta el uniforme de tu cole?*

Alumno B: *Me gusta porque es elegante y el más estiloso del mundo.*

Alumno C *(chica)*: *A mí me gusta porque el color representa la bandera de León.*

Alumno A: *¿Qué visten los alumnos?*

Alumno C: *Las chicas visten una falda de cuadros mientras que los chicos visten pantalones lisos y oscuros. Llevamos una chaqueta moderna y un polo blanco.*

Alumno A: *¿Llevas un escudo? ¿Qué es?*

Alumno D *(chico o chica)*: *El escudo representa nuestro centro escolar.*

Alumno A: *¿Es importante vestir un uniforme que os gusta?*

Alumno D: *Sí, y estamos muy impresionados por el artículo de* Vogue.

ACTÚA

Ce troisième projet intermédiaire est une activité de production écrite. Il va permettre de se préparer au projet de fin de séquence *Misión B*. Il s'agit ici de donner des conseils vestimentaires à un(e) ami(e) dans un message écrit. Les élèves seront ainsi amenés à réinvestir le lexique des vêtements, la conjugaison de *vestir* et de *poder*, l'obligation personnelle avec *tener que* + infinitif. L'enseignant lira la consigne *Actúa* et il expliquera la situation. Avec la classe, on pointera les outils linguistiques à utiliser pour sa réalisation. On conseillera d'utiliser le contenu des trois documents du *Paso 3*. Les modalités peuvent varier en fonction de la classe et de l'environnement numérique de l'établissement. On peut proposer de rédiger le message avec les TICE et de déposer le message sur le réseau du collège pour que l'enseignant puisse les corriger.

Énoncés attendus :

Buenos días (prénom)

Para un día de clase, tienes que vestir ropa limpia y cómoda. Puedes vestir vaqueros, una camisa o una camiseta si hace calor, zapatos modernos o zapatillas blancas y una chaqueta.

(Pour une fille) *No tienes que vestir minifaldas ni pantalones cortos.*

Apuntes de gramática

MEMORIZA

- Le présent de *poder*
- Le présent de *vestir*
- *Tener que* + infinitif

PRACTICA

Corrigé

1. a. *visto* **b.** *viste* **c.** *vestimos*

2. a. *podemos* **b.** *puedes* **c.** *pueden*

3. a. *Javier tiene que empezar las clases a las ocho.* **b.** *Tengo que ir a la piscina los sábados.* **c.** *Los alumnos tienen que vestir el uniforme del colegio.*

Pistes de travail à la maison

À la suite du document 1. *¿Cómo vistes para ir al cole?*
- Mémoriser le lexique de la boîte *Palabras*.
- Mémoriser la conjugaison de *poder* dans *Apuntes de gramática*.
- Mémoriser l'obligation personnelle *tener que* + infinitif dans *Apuntes de gramática*.
- Faire les exercices n°s 2 et 3 de *Practica* page 71.
- Faire l'activité d'expression orale n° 2 page 70.
- Faire l'activité A2 page 30 du cahier d'activités.

À la suite du document 2. *La manera de vestir en el colegio*
- Mémoriser le lexique de la boîte *Palabras*.
- Mémoriser la conjugaison de *vestir* dans *Apuntes de gramática*.
- Relire l'expression de l'obligation personnelle *tener que* + infinitif dans *Apuntes de gramática*.
- Faire l'exercice n° 1 de *Practica* page 71.
- Faire l'activité de production écrite n° 2 page 70.
- Faire les activités A1, A3, A4 et B5 du cahier d'activités page 30.

À la suite du document 3. *Un uniforme con estilo*
- Revoir les points de langue des *Apuntes de gramática*.
- Faire les exercices *Practica* s'ils n'ont pas été faits.
- Faire l'activité lexicale n°s 4 et 5 de *Lengua: Juega y repasa* page 76.
- Faire l'activité d'expression en interaction 2 page 71.
- Faire le *Actúa* page 71.
- Les exercices du cahier d'activités page 31, si l'élève l'utilise.

Cahier d'activités → (p. 30-31)

Corrigé

Exercice 1
a. *vestimos* **b.** *visto* **c.** *vistes* **d.** *viste* **e.** *visten* **f.** *vestís*

Exercice 2
a. *puedo* **b.** *pueden* **c.** *podéis* **d.** *puedes* **e.** *pueden*

Exercice 3
a. *Mi hermana viste de manera elegante.* **b.** *Los jóvenes visten un uniforme.* **c.** *Yo puedo vestir camisetas de color.* **d.** *Nosotros podemos llevar vaqueros.* **e.** *Tú puedes llevar faldas.* **f.** *Vosotras vestís pantalones cortos.*

Exercice 4
a. *En el cole, no puedo llevar gorra.* **b.** *No vistes una minifalda.* **c.** *El chico viste una camiseta de color.*

Exercice 5
Gauche, de bas en haut : *zapatillas, camisa, chaqueta, pantalones cortos.*
Droite, de haut en bas : *gorra, camiseta, vaqueros.*

Exercice 6
1. *zapatillas* **2.** *falda* **3.** *pantalones* **4.** *vestido* **5.** *camisa*

Exercice 7
a. *El color de los pantalones tiene que ser oscuro.* **b.** *Los alumnos tienen que llevar el uniforme de los tres a los catorce años.* **c.** *Los chicos visten una chaqueta moderna y un polo blanco.* **d.** *Las chicas pueden llevar camisetas de color.*

Exercice 8
Exemple : *El uniforme que tenemos que vestir en el cole es una chaqueta verde con el escudo del centro escolar. Podemos llevar una camisa blanca, una falda de cuadros o pantalones pero no tenemos que llevar minifaldas ni pantalones cortos.*

DESCUBRE
¡Tres fiestas, tres modos de vestir!

→ (p. 72-73)

A. Les objectifs

Domaine du socle commun

D1. Les langages pour penser et communiquer
D5. Les représentations du monde et de l'activité humaine.

Connaissances et compétences culturelles

Cette double page s'inscrit dans la découverte culturelle de la nouvelle langue étudiée. On y retrouve les points de langue et le lexique découverts et travaillés au cours de l'unité. L'ensemble est présenté sous une forme attractive de manière à éveiller la curiosité de l'élève et à le stimuler dans le réemploi des nouveautés étudiées. Il s'agit cette fois-ci de découvrir trois séries de documents iconographiques, d'y associer la lecture des dialogues de mise en situation et de réemployer ensuite le lexique.

B. Pistes d'exploitation et description des attendus

Après l'apprentissage des trois *Pasos*, le professeur pourra faire découvrir la double page aux élèves et faire rebrasser le lexique et la grammaire étudiés au cours de l'unité, mais à partir de documents visuels qui serviront de levier à l'expression orale principalement. On remarquera que les photos ont de brèves légendes explicatives présentées dans des rubans (A, B, C), ainsi que des bulles rectangulaires simulant des dialogues en situation.
Après un moment d'observation, on pourra demander de citer les trois fêtes et on les situera en s'appuyant sur les cartes proposées. Cela permettra de travailler la phonétique, le verbe *estar* pour situer et la préposition *en* en introduction : tout le monde à ce stade-là sera capable de répondre à la question : *Cita y sitúa las tres fiestas de estas páginas.*
Puis on pourra continuer dans une progression accessible en posant cette fois-ci des questions où figurent les verbes *vestir* ou *llevar* ainsi que *tener que* : *¿Qué visten los jóvenes que participan en los Castellers? ¿Cómo tienen que vestir los jóvenes en los Sanfermines en Pamplona? ¿Cómo visten las chicas en la Feria de Abril en Sevilla?* Les élèves pourront ainsi réemployer ou conjuguer ces verbes à la troisième personne du pluriel et y associer le lexique des vêtements qui figure dans la double page. Les mots qui nécessiteront éventuellement quelques précisions pourraient être : *la faja* (voir dessin), *el vestido de flamenca.*
La découverte de ces trois fêtes et des tenues vestimentaires associées pourra aussi être faite en équipes (en binômes) grâce à la rubrique *En parejas*. Le professeur demandera alors aux élèves de former des binômes (*alumno A, alumno B*) et de suivre les consignes données dans cette rubrique après s'être assuré qu'elles sont comprises par tous. L'élève A choisit dans la double page *Descubre* une fête qu'il ne cite pas, il décrit comment on doit s'habiller pour y participer et l'élève B doit deviner de quelle fête il s'agit. C'est l'occasion de réemployer le lexique appris dans cette unité sur les vêtements, l'expression de l'obligation *tener que* et les verbes à affaiblissement comme *vestir*. À ce stade-là, le questionnement est encore une notion à travailler.

<u>Quelques énoncés attendus</u> :
Alumno A: *Hoy tengo que vestir una camiseta blanca y un pañuelo rojo. ¿A qué fiesta voy?*
Alumno B: *Si tienes que vestir una camiseta blanca y un pañuelo rojo, vas a (la fiesta de) los Sanfermines en Pamplona.*

La rubrique *Juega con la ropa de fiesta* pourra servir de support à une petite préparation écrite à faire à la maison et à présenter ensuite devant la classe à l'oral. Elle peut aussi servir d'entraînement oral en classe, à faire à la fin de l'activité *En parejas*. L'élève s'identifie à l'un des jeunes et dit comment il doit s'habiller.

C. Prolongements et activités supplémentaires

On pourrait en profiter pour réinvestir le lexique des couleurs, des mois (*abril* pour *la Feria*) et favoriser la description des documents avec *estar* + gérondif.

Énoncés attendus : *¿Qué están haciendo en la primera foto? Están haciendo un castillo humano* (expliquer le mot catalan *castell*).

¿Qué está haciendo el chico en el primer plano de la foto de los Sanfermines? Está corriendo delante de un toro de mentira / un toro falso / un toro de entrenamiento.

¿Cuándo es la Feria en Sevilla? En abril.

Enfin, on pourra proposer aux élèves d'illustrer la fête qu'ils ont choisie en écrivant une phrase explicative. On n'oubliera pas de respecter les codes couleurs des vêtements.

Hoy es fiesta, voy a la Feria de Sevilla, tengo que vestir mi vestido rojo de lunares con volantes y una flor blanca en el pelo.

Hoy es fiesta y, para los Sanfermines en Pamplona, tengo que vestir pantalones blancos, un pañuelo rojo y una camiseta blanca.

Aula multimedia

→ (p. 74)

1 Exprésate con un vídeo

DVD classe

Script

***Habanastation,* una película de Ian Padrón (2011)**

Madre *(hablando por teléfono)*: De la manera en que usted me lo dice no es posible. No, no puede ser. Sencillamente, no puede ser.
Mayito: Espérame Mami.
Madre *(hablando por teléfono)*: Es que Pepe está ocupado en el mes de julio.
Mayito: ¡Mami!
Madre: Dime mi amor.
Mayito:¿Puedo ir al baño?
Madre: Apúrate.
Mayito: Sí…
Madre *(hablando por teléfono)*: Mire, lo primero que usted tiene que hacer es mandarme la lista de los teatros, señor. Claro. Y revisar todo el tema de los hoteles. Hablamos más tarde. Que tenga un buen día. Bueno. Okey.
Mayito: Buenos días, Noel.
Noel: Buenos días, campeón.
Mayito se sube al coche.
Madre: Ponte el cinturón. (*Viendo a dos mujeres corriendo.*) Ridículas. No se quitan el maquillaje ni para correr.
Mayito: Mami, ¿me puedo comprar un caramelo?
Madre: Ay, Mayito, de la calle nada, mi amor. Tú tienes la merienda en la lonchera. Oye, ¿mi beso?
La profe: Apúrense. Carlos ven acá. Métete la camisa por dentro y bájate el cuello.
No pienso repetírtelo más.
La profe: ¡Mayito!
Mayito: Buenos días, profe.
La profe: ¿Estás preparado?
Mayito: Sí, sí.
La profe: Bueno, dale. Apúrate.

2 Juega con la web

Las horas y los relojes

3 Crea con las TIC

Mi agenda semanal

A. Les objectifs

Connaissances et compétences langagières

- *estar* + gérondif
- l'heure
- les verbes *vestir* et *poder* au présent de l'indicatif
- le lexique des activités quotidiennes
- le lexique des vêtements et de l'uniforme
- se familiariser avec le vocabulaire informatique : *crear una tabla, un tratamiento de textos, guardar en un archivo, imprimir* (voir aussi la page III du manuel)
- faire la voix off d'une scène filmée.

Connaissances et compétences culturelles

- le film cubain *Habanastation*, du réalisateur Ian Padrón (2011)
- le port d'un uniforme scolaire unique à Cuba

B. Pistes d'exploitation et description des attendus

Cette page, comme toutes les pages *Aula multimedia*, a pour objectif le rebrassage des contenus de l'unité en faisant découvrir, par de nouveaux vecteurs multimédia, des aspects culturels en lien avec la thématique de l'unité, et en faisant manipuler les TICE dans une perspective actionnelle et ludique. Les trois activités proposées peuvent être menées en salle informatique, en classe, avec les tablettes, ou à la maison, selon le matériel disponible.

La première activité, *Exprésate con un vídeo*, propose un extrait du film cubain *Habanastation*. Elle peut être proposée en fin d'unité pour consolider les acquis : le lexique des vêtements, la conjugaison de *vestir*, la forme progressive. Elle peut aussi être travaillée à la fin du *Paso* 3 de l'unité, à la suite de l'article d'*El País* page 71, *Un uniforme con estilo*. Ainsi les élèves pourront étudier le port de l'uniforme et les obligations vestimentaires dans des collèges espagnols et cubains.

L'accent et la prononciation pouvant poser problème, il est possible de procéder à un premier visionnage global sans le son afin de repérer des éléments sur les lieux, les personnages, l'habillement..., à titre de mise en situation. Cet extrait est le début du film. On voit le jeune Mayito quitter la maison avec sa mère qui le conduit à l'école. On arrive ensuite devant l'école où tous les élèves en uniforme sont accueillis par leur professeure. L'extrait s'arrête à ce moment-là, à l'entrée de l'école. Il sera intéressant de commencer par lire le titre du film et de s'interroger dessus. On demandera aux élèves de trouver le nom de ville qui apparaît dans le titre, Habana, et de localiser le pays, Cuba. Ainsi on répondra à la consigne 1 et on préparera la classe à la première projection. **Énoncés attendus** : *La película se llama* Habanastation. *La Habana es la capital de Cuba. Pasa en Cuba.*

L'enseignant utilisateur du **manuel numérique** cliquera sur le cliché à droite, puis il demandera à la classe d'observer cette scène et de décrire ce que font les jeunes et comment ils sont habillés. On pourra agrandir le photogramme avec le zoom. Si les élèves sollicitent leur professeur, celui-ci peut donner des mots utiles à l'expression comme *pañuelo* (qu'ils auront déjà vu dans *Descubre*). **Énoncés attendus** : *Los jóvenes están llegando al cole, están saludando a la profesora. Visten un uniforme, llevan una camiseta blanca, pantalones cortos o una falda roja y un pañuelo rojo.*

L'enseignant pourra expliquer que tous les élèves cubains, dans toute l'île, portent le même uniforme, le foulard des filles peut aussi être bleu. Puis on passera à la première projection de la séquence filmique. Les élèves devront, grâce à cette séquence, se faire une idée du personnage principal, le présenter à partir des éléments de la scène (la maison, la voiture, le jardinier, les jeux vidéo dans la voiture....). Ainsi les élèves pourront-ils passer à la consigne 3. **Énoncés attendus** : *El personaje principal es un joven cubano, un alumno. Se llama Mayito. Vive en una casa grande. Su madre tiene un coche. Su madre le conduce al cole. Mayito juega con videojuegos en el coche. Pienso que su familia es rica / tiene dinero. Mayito viste un uniforme como todos los alumnos de su cole.*

Avant de passer à la dernière consigne, l'enseignant proposera un autre visionnage de l'extrait et les élèves pourront se familiariser davantage avec la situation de Mayito. La dernière consigne est un jeu de rôles. Les élèves sont amenés à interpréter Mayito et doivent le faire parler. L'enseignant coupera le son et les élèves feront la voix off en faisant parler Mayito à la première personne. On peut imaginer que cette activité sera faite à la maison ou en salle informatique et que les élèves s'enregistreront avec le logiciel Audacity sur le réseau du collège ou grâce au micro d'un lecteur MP3 ; le fichier son sera envoyé au professeur. L'enregistrement sera lancé en même temps que l'extrait du film. On attend que les élèves réutilisent l'obligation personnelle, le lexique des activités, l'heure, la conjugaison de *vestir*.

Énoncés attendus : *Por la mañana tengo que ir al cole en coche. Tengo que salir de casa a las ocho y mi madre me conduce porque vivimos lejos.*

Juego con videojuegos en el coche. Cuando voy al cole, tengo que vestir un uniforme. Visto una camisa blanca, pantalones cortos rojos y llevo un pañuelo, rojo también. Cuando llego al cole, tengo que saludar a mi profe.

La deuxième activité, *Juega con la web*, renvoie sur un site web pour faire un jeu manipulatoire d'un champ lexical ou d'un point culturel vu dans l'unité. Ici il s'agit du site http://sauce.pntic.mec.es/~atub0000/hotpot/reloj/horas.htm grâce auquel les élèves vont exprimer les heures dans différentes activités. Ces activités peuvent être menées en salle informatique ou avec les tablettes des élèves, s'ils en possèdent une, ou faites à la maison. Cela dépendra du temps dont on dispose, du niveau de la classe et de la configuration numérique de l'établissement. Lors du premier exercice, on demande de déplacer les étiquettes vers les horloges correspondantes. C'est une activité de lecture de l'heure, l'élève vérifie sa compréhension écrite. Une fois l'activité terminée, on clique sur *comprobar* et l'élève note son pourcentage de réussite. On peut imaginer donner un taux de réussite satisfaisant sous la barre duquel l'élève devra refaire l'activité. L'exercice 2 est la suite des activités proposées sur le site. Les élèves cliquent sur la flèche en haut de l'écran pour faire les autres exercices. Le site propose cinq exercices, tous basés sur le même principe de lecture et de compréhension de l'heure. C'est pourquoi peu de temps sera consacré à cette activité TICE très simple.

La troisième activité de la page *Aula multimedia* s'intitule *Crea con las TIC*, elle propose une activité de production, ici, créer un agenda hebdomadaire sous forme de tableau à l'aide d'un traitement de texte. Cette activité peut être réalisée en salle informatique ou à la maison. Le travail sera enregistré soit sur le réseau, soit sur une clé USB. Les agendas sont à imprimer, dans l'établissement (en couleurs si possible) ou à la maison. Ils pourront être affichés dans la salle ou collés dans les cahiers des élèves. Lors de la réalisation de cette activité, les élèves vont rebrasser le vocabulaire des jours, des heures et le lexique des activités quotidiennes. Cela renvoie au document 3 du *Paso 1* page 67. On peut envisager de réaliser cette activité à la suite du *Paso 1* pour respecter la cohérence de l'unité. La manipulation des TICE permet à l'élève d'acquérir des compétences en informatique pour créer quelque chose, un « produit ». Il acquiert également du lexique en espagnol : *el programa, el tratamiento de texto, columnas y filas, las casillas, guardar en un archivo, imprimir.* Avant de démarrer, l'enseignant projettera le modèle à l'écran et, grâce au **manuel numérique**, il zoomera sur les éléments importants et sur les consignes, qu'il lira et explicitera. On conseillera aux élèves de recourir aux contenus lexicaux du *Paso 1*, qu'ils retrouveront dans les activités *Lengua: Juega y repasa*, page 76.

C. Prolongements et activités supplémentaires

On pourra prolonger l'activité *Exprésate con un vídeo* en projetant la bande annonce du film *Habanastation* : https://www.youtube.com/watch?v=3BvRHWeeN3g
D'autres films cubains mettent en scène des jeunes élèves, *Viva Cuba* de Juan Carlos Cremata Malberti (2005) : https://www.youtube.com/watch?v=wnU1NTdF_qc et *Conducta* d'Ernesto Daranas (2016), en français *Chala, une enfance cubaine*. https://www.youtube.com/watch?v=syibaP4sluo
On pourra projeter les bandes-annonces et comparer avec le début de *Habanastation*.

Bellas Artes

→ (p. 75)

A. Les objectifs

Domaine du socle commun

D1. Les langages pour penser et communiquer.
D2. La formation de la personne et du citoyen.

Connaissances et compétences culturelles

Sensibiliser l'élève aux Beaux-Arts, c'est lui permettre de découvrir une autre réalité culturelle à travers l'expression artistique ; c'est aussi lui proposer un autre type de support pour l'aider à s'exprimer. L'apprentissage de la lecture d'un document artistique est riche et développe l'esprit d'observation, et sert de levier à l'expression orale. Nous proposons ici un tableau naïf d'un artiste colombien qui gagnera à être projeté grâce au zoom du **manuel numérique**.

B. Pistes d'exploitation et description des attendus

On commencera par quelques minutes d'observation, puis on lira le nom de l'artiste, le titre de l'œuvre et la minibiographie proposée dans l'encadré de droite. On n'hésitera pas à préciser ou à rappeler quelques mots ou expressions supplémentaires (*un color vivo*, une couleur vive ; *alegre*, joyeux) et on en profitera pour rappeler que le genre du mot *color* est masculin. Pour stimuler la production orale, on se servira des premières amorces de phrases de l'activité d'expression orale en continu.

Énoncés attendus :
1a. *Las mujeres visten faldas largas de todos los colores* (on fera citer les couleurs).
1b. *Los policías llevan uniforme.*
1c. *Todos los niños visten pantalones cortos y camiseta.*
1d. *Los hombres visten pantalones negros y una camisa blancas. Llevan un pañuelo rojo y un sombrero.*
Ensuite, on pourra exploiter la boîte *Palabras*, la faire écouter (CD2 piste 43, MP3 piste 65) et répéter en classe pour ensuite arriver à la question 2 *¿Qué están haciendo?*
En binômes (*en parejas*), on reprendra le jeu « Qui est qui ? » : l'élève A choisit un personnage du tableau, qu'il ne dévoile pas, il décrit les vêtements qu'il porte et ce qu'il fait, l'élève B situe le personnage dans le tableau. On lira avec les élèves l'exemple proposé dans le manuel. On aura ainsi travaillé le lexique de l'habillement, la situation dans l'espace, le verbe *vestir*, *estar* + gérondif.

C. Prolongements et activités supplémentaires

On peut rebrasser aisément de nombreux points de langue avec ce tableau naïf d'Alejandro Pinzón, dans lequel de nombreux personnages et actions en train de se dérouler sont représentés ; on peut aussi retravailler *estar* + gérondif.
Énoncés possibles : *¿Qué están haciendo los niños? Están jugando en la plaza. ¿Dónde están las cometas? Están volando por el cielo.*
On peut revoir aussi *a la derecha, a la izquierda, cerca de, al lado de…* car ces tournures sont difficiles à intégrer pour les débutants. Cette page permet une révision globale de l'action et de l'activité, de la situation dans l'espace, de la description.

Lengua Juega y repasa

→ (p. 76-77)

CD2 piste 44 (Canción)

→ Autres exercices : Cahier d'activités p. 32 (corrigé en fin de rubrique)

Avec les exercices de cette page *Lengua: Juega y repasa*, l'élève va consolider ses acquis lexicaux et linguistiques ainsi que les connaissances de civilisation abordées dans l'unité : les champs lexicaux (*Las actividades cotidianas, La ropa*) et les connaissances langagières (verbes à diphtongue et à affaiblissement, *estar* + gérondif, *tener que* + infinitif, l'expression de l'heure). Cette page peut être faite en cours ou donnée en préparation à la maison. Le dernier exercice (n° 5) permet à tout élève de s'exprimer facilement à l'oral. On n'hésitera pas à écouter la chanson *La tarara* plusieurs fois (CD2 piste 44) et à la chanter en activité finale. On pourra, comme cela est proposé dans la consigne du manuel, s'amuser à remplacer « *un vestido blanco* » par un autre vêtement. L'enseignant aidera les élèves à bien respecter le nombre de pieds pour ne pas déséquilibrer le rythme de la chanson avec des expressions comprenant six pieds comme : *pantalones negros, una falda roja, vaqueros azules…*

Corrigé

Las actividades cotidianas

1. *Me despierto a las 7:15* (**b**). *Empiezan las clases a las 8:00* (**f**). *Vuelvo a casa a las 14:30* (**d**). *Hago los deberes a las 16:00* (**c**). *Me ducho a las 21:45* (**e**). *Duermo a las 22:00* (**a**).

2. a. 5 *Me despierto a las 7:00 y me duermo a las 21:30.* **b.** 1 *Empiezo las clases a las 8:00 y termino a las 16:30.* **c.** 3 *Hago los deberes a las 5:00 y juego a las 6:30.* **d.** 2 *Salgo de casa a las 7:45 y vuelvo a las 5:00.* **e.** 4 *Me levanto a las 7:00 y me acuesto a las 21:30.*

3. a. *Martín está viendo la tele.* **b.** *Alejandra y Martín están jugando al balón.* **c.** *Martín está escuchando música.* **d.** *Alejandra está descansando.* **e.** *Alejandra está hablando por teléfono.*

La ropa

4. a. *un vestido* **b.** *pantalones* **c.** *una camiseta* **d.** *vaqueros* **e.** *una falda.*

5. a. *Las zapatillas* **b.** *La gorra* **c.** *El pañuelo*

Canción

6. *La tarara* : à chanter en karaoke en remplaçant *un vestido blanco* par un autre vêtement. Pour stimuler l'aisance à l'oral et dans le chant, on peut accélérer le rythme. On peut aussi proposer de copier la chanson dans le cahier et de l'illustrer en reprenant les notes de musique de l'illustration. On rappellera aussi les mots de la même famille : *la canción, cantar, el cantante.*

L'heure → (Mémento p. 137)

Cet encadré propose quelques éléments visuels qui permettront à l'élève de mémoriser l'expression de l'heure. Les dessins de pendules donnent quelques exemples que les élèves pourront imiter.

Pour compléter ces éléments, les élèves pourront se reporter au mémento, page 137, pour plus de détails et de précisions.

Le gérondif → (Mémento p. 139)

Il s'agit ici d'expliquer la formation des gérondifs réguliers des trois groupes verbaux et de signaler quelques formes irrégulières (affaiblissement et modifications orthographiques).

Par ailleurs sont explicités deux des emplois les plus fréquents du gérondif, la forme progressive (avec *estar* et *ir*) ainsi que sa valeur circonstancielle de manière.

Corrigé

1. a. *Son las cinco y diez.* **b.** *Es la una menos cinco.* **c.** *Son las doce menos veinte.* **d.** *Son las nueve (de la noche).* **e.** *Son las tres menos cuarto.* **f.** *Son las seis y media (de la tarde).* **g.** *Es la una y veinticinco.* **h.** *Son las nueve y cuarto (de la mañana).*

2. a. *¿Qué hora es?* **b.** *¿A qué hora cenas con tus padres?* **c.** *¿A qué hora vais a la cama?* **d.** *¿Qué hora es?* **e.** *¿A qué hora se duchan?*

3. a. *aprendiendo* **b.** *bailando* **c.** *bajando* **d.** *viendo* **e.** *saliendo*

4. a. *Mi padre está durmiendo la siesta.* **b.** *Estoy haciendo mis deberes.* **c.** *Los alumnos están volviendo del colegio.* **d.** *Estamos trabajando por la tarde.* **e.** *Estás escribiendo un SMS.*

Mapa mental → (p. 77)

Le dernier tiers de la double page *Lengua: Juega y repasa* comprend la carte mentale de l'unité. Elle rebrasse logiquement le lexique étudié en l'intégrant dans un questionnement ou des phrases qui reprennent les notions et points de grammaire abordés dans l'unité. On pourra la faire lire en binômes en classe (l'élève A pose les questions, l'élève B répond) et la donner ensuite à étudier afin de faciliter la mémorisation.

La carte mentale de la page 32 du cahier d'activités permettra de mettre en pratique et de fixer les acquis de l'unité, puisque les élèves devront se les approprier pour remplir cette carte mentale centrée sur eux-mêmes et leur quotidien.

On pourrait proposer aux élèves de préparer leur carte mentale personnelle et de la présenter : chacun reprendra à son compte le lexique et les faits de langue fraîchement acquis.

Corrigé

1. Me preparo

¿Qué hago? ¿A qué hora? *Por la mañana, me despierto a las siete, desayuno con pan y mantequilla a las siete y media, voy al cole a las ocho. Vuelvo del colegio a las cuatro y media…*

¿Qué tengo que hacer? ¿A qué hora? *Por la tarde, tengo que comer a las doce y media, tengo que estudiar en clase por la tarde…*

¿Qué visto? ¿Qué llevo? *Para ir al colegio, visto (o no visto) el uniforme y llevo ropa cómoda, sencilla, pantalones, un polo y zapatos.*

Le professeur invitera les élèves à reproduire les modèles en reprenant à leur compte la carte mentale qui sert de point de départ de l'expression écrite : tous sont ainsi capables de rédiger le courrier électronique qui précise leurs activités quotidiennes. L'enseignant veillera à la mise en forme et au réemploi lexical et grammatical.

2. Escribo sobre mi día a día

Para (adresse mail)

¡Hola (prénom)*!*

Quiero presentarte mi día a día: Por la mañana, me despierto a las siete, desayuno a las siete y media, voy al cole a las ocho. Por la tarde, tengo que comer a las doce y media, tengo que ir al cole para estudiar. Vuelvo a casa a las cuatro y media.
Para ir al colegio, visto (o no visto) el uniforme. Llevo ropa cómoda, sencilla, pantalones, un polo y zapatos porque, en mi cole, no podemos llevar zapatillas.
¡Te estoy esperando! ¡Hasta luego, Martín!

TU MISIÓN → (p.78)

Misión A

Crea la tira de cómic del día a día de un(a) adolescente español(a) y preséntala.

A. Les objectifs

Connaissances langagières

- des verbes à diphtongue (*poder*) et à affaiblissement (*vestir*) au présent de l'indicatif
- *estar* et *ir* + gérondif
- *tener que* + infinitif
- l'expression de l'heure
- le lexique des actions quotidiennes, des activités

Compétences langagières

- rédiger un texte court sur la journée type d'un personnage de bande dessinée
- présenter un personnage et parler de sa journée type

B. Pistes d'exploitation et description des attendus

L'objectif de ce projet de fin d'unité est de remobiliser la langue travaillée tout au long de l'unité. Cette première mission concrète repose sur la capacité créative de l'élève à imaginer une page de bande dessinée qui présente la vie quotidienne d'un(e) adolescent(e) espagnol(e). Elle peut être faite en classe ou être préparée à la maison.
- Étape 1 : l'élève imagine et crée son personnage (prénom) en rédigeant un texte court.
- Étape 2 : il prépare quatre cases qu'il complète avec des dessins ou des photos qui racontent visuellement la journée type de son personnage.
- Étape 3 : il intègre le nombre de bulles et les textes nécessaires pour animer sa BD, en faisant attention à la chronologie et en utilisant l'expression de l'heure et les verbes d'action.
- Étape 4 : chacun présente sa BD à la classe.

C. Prolongements et activités supplémentaires

Faire préparer le travail de collages ou de dessins à la maison pour gagner du temps.

Pour ce faire, encourager le travail de création (invention d'un personnage) et conseiller d'utiliser la carte mentale pour respecter la chronologie de la journée et utiliser les acquis de l'unité.

Misión B

Imagina el reglamento vestimentario de un colegio muy estricto o, al contrario, muy libre.

A. Les objectifs

Connaissances langagières

- *tener que* + infinitif
- les verbes *poder* et *vestir*
- le lexique des vêtements que l'on peut porter ou pas au collège

Compétences langagières

- rédiger un ensemble d'obligations
- présenter un règlement sur ce qu'on peut porter ou non au collège

B. Pistes d'exploitation et description des attendus

On ne peut qu'encourager les élèves à revoir le *Paso 3* qui est la référence pour ce projet de fin d'unité. On pourra préciser que le nombre de propositions ne pourra excéder cinq points. On encouragera à terminer le règlement par une petite phrase de conclusion comme sur le document *Normas de convivencia: la manera de vestir* de la page 70.
- Étape 1 : l'élève choisit le type de règlement : strict, libre, très libre.
- Étape 2 : l'élève récapitule le lexique qu'il ou elle va employer et les verbes associés (*tener que, poder, vestir*) en établissant une liste des vêtements autorisés ou non dans le règlement à concevoir.
- Étape 3 : en s'inspirant de la page 70 (*La manera de vestir en el colegio*), l'élève écrit son règlement sur un poster et le présente à la classe.

La présentation du règlement à la classe permettra aux élèves de reprendre les tournures étudiées tout au long de l'unité, l'enseignant n'hésitera pas à leur rappeler de bien s'appuyer sur le *Paso 3* et la photo page 78.

C. Prolongements et activités supplémentaires

Proposer des amorces de phrases du type : *Los chicos pueden... / tienen que... Las chicas pueden... / tienen que...*
On pourrait proposer de faire faire cette *Misión* sous forme de carte mentale que l'on rédigera ensuite. Il suffit de mettre au centre le collège : *En el colegio...* Ensuite on propose des arborescences avec : *los alumnos pueden llevar...* ou *no tienen que...* qui seront à compléter.

UNIDAD 6 ¡Come y muévete!

OUVERTURE

→ (p. 79)

A. Objectifs et cohérence de l'unité

Activités langagières A1+/A2

Écouter et comprendre
- Comprendre des conseils pour rester en forme.
- Comprendre une discussion sur l'état de santé de quelqu'un.
- Comprendre une discussion sur l'achat d'aliments.

Lire
- Comprendre un texte court sur un état de santé.
- Comprendre un texte court en lien avec l'activité sportive.

Réagir et dialoguer
- Parler avec des commerçants.

Parler en continu
- Exprimer une obligation.
- Exprimer un ordre ou un conseil.
- Parler des repas et de l'alimentation

Écrire et réagir à l'écrit
- Rédiger une liste de conseils.

Des fiches duplicables d'évaluation viennent clore chaque unité. Elles comprennent une fiche "Évaluation des compétences", avec des exercices d'évaluation de toutes les activités langagières travaillées dans l'unité, et une fiche "Test de connaissances" pour évaluer les connaissances acquises en phonologie, lexique, grammaire et culture. Le CD3 classe comprend, pour chaque unité, une piste pour "Écouter et comprendre" et une piste pour la phonologie.

B. Pistes d'exploitation et description des attendus

L'unité 6 ***¡Come y muévete!*** est centrée sur l'alimentation et l'activité physique. Elle vise à apprendre le lexique des repas, des aliments et des activités physiques. Elle va permettre à l'élève d'apprendre à comprendre des conseils pour avoir une alimentation saine, d'apprendre à parler avec des commerçants et enfin d'apprendre à donner des conseils – et à les appliquer – pour rester en forme.

Il est important de consacrer quelques minutes à la lecture de la page d'ouverture. Afin d'être acteur de son apprentissage et de la construction de ses savoirs, l'élève a besoin de connaître les compétences qui vont être travaillées au niveau A1+/A2, les nouveaux points de langue abordés, les découvertes culturelles qu'il va faire dans la nouvelle unité.

Dans la rubrique *Tu misión*, l'élève aura le choix entre deux missions. La première est une activité d'expression écrite. Elle consiste à réaliser une affiche avec des fruits et légumes pour promouvoir l'alimentation saine. La seconde est une activité d'expression orale en continu. L'élève enregistrera un spot radiophonique pour inciter les jeunes à faire du sport.

Grâce au zoom du **manuel numérique**, la page d'ouverture pourra être projetée. Afin de réactiver un point de langue étudié dans l'unité précédente, l'enseignant utilisateur pourra isoler la photo et demander aux élèves : *¿Qué están haciendo los dos jóvenes?* Il pourra mettre en surbrillance le titre de la photo et élucidera le terme *saludable*, construit à partir du mot *la salud*.

PASO 1 ¡Come sano!

→ (p. 80-81)

▶ Je comprends des conseils pour une alimentation saine.

→ **Activités d'accompagnement, Cahier d'activités p. 33-34**

1 TEXTE DESAYUNO EN LA CAMA

CD2 piste 45

A. Les objectifs

Connaissances et compétences langagières
- le lexique du petit déjeuner
- *al* + infinitif
- *estar* + adjectif
- repérer des informations ciblées dans un texte simple
- comprendre un texte simple sur un sujet courant

Connaissances et compétences culturelles

– une auteure de littérature de jeunesse espagnole, Ana Punset, et un extrait de *El Club de las Zapatillas Rojas*

B. Pistes d'exploitation et description des attendus

Cette activité de compréhension de l'écrit a pour objectif de faire travailler le lexique en lien avec le petit déjeuner, tout en entraînant l'élève à repérer des informations ciblées dans un texte court et simple. Cette activité peut être réalisée sur une séance de cours.

Tout d'abord, on pourra envisager d'introduire le lexique nouveau de la boîte *Palabras* avant de lire le texte en l'agrandissant grâce à la fonction zoom du **manuel numérique**. L'enseignant demandera aux élèves de procéder à une lecture individuelle et silencieuse du texte. Les élèves auront pour consigne de repérer le nom des personnages. Une fois le nom des deux personnages identifiés, l'enseignant demandera : *¿Quién es quién?*, qui correspond à la question 1a. **Réponses attendues** : *Aitana es la hermana menor de Lucía. Lucía es la hermana mayor de Aitana.*

Pour la restitution, l'enseignant pourra projeter le texte, zoomer sur la partie du texte lue et souligner les noms des personnages grâce au surligneur du **manuel numérique**.

Ensuite, l'enseignant demandera aux élèves de situer les personnages et de parler de leur état de santé : *¿Dónde está...? / ¿Cómo está...?* Les élèves seront amenés à relever *en la cama, está enferma*. Les élèves pourront ainsi répondre à la question 1b.

Pour continuer, l'enseignant demandera aux élèves de repérer ce qui compose le petit déjeuner de Lucía et de répondre aux questions 1c et 1d.

Enfin, l'enseignant pourra terminer l'étude de ce texte en posant la question suivante : *¿Tiene hambre Lucía?* Les élèves ne connaissant pas ce terme, l'enseignant pourra le traduire. Les élèves répondront par l'affirmative en repérant la phrase « *al contemplar el desayuno, le entra un poco de hambre* ». Afin d'expliciter cette phrase, l'enseignant pourra attirer l'attention des élèves sur ce point de langue (*al* + infinitif) traité dans les *Apuntes de gramática* en isolant ce point grâce à la fonction zoom du **manuel numérique**. Afin de s'assurer de la compréhension de ce point de langue nouveau, il sera possible de réaliser à l'oral l'exercice 2 de *Practica*.

En fin de séance il sera utile de faire faire une lecture expressive du texte après une dernière écoute de l'enregistrement du texte.

C. Prolongements et activités supplémentaires

Afin de manipuler le champ lexical du petit déjeuner, l'enseignant pourra demander à l'élève de décrire le contenu de son propre petit déjeuner et d'imiter, en la mettant à la première personne, l'amorce 1d : *Para desayunar, como... y bebo...* Si l'élève utilise le cahier d'activités, les exercices 1 et 2 de la page 33 pourront être réalisés à la maison afin de fixer le lexique nouveau.

2 DOCUMENT VIDÉO

CONSEJOS DEL MÉDICO

DVD classe, CD2 piste 47, MP3 piste 67

Script

Sara: Buenos días, doctor.
Médico (niño): Hola, Sara. ¿Cómo estás?
Sara: Estoy un poco pachucha, cada día a las diez de la mañana estoy muy cansada.
Médico (niño): ¿Qué desayunas por la mañana?
Sara: No desayuno nada, no tengo hambre.
Médico (niño): Sara, pienso que estás cansada porque comes mal. Para estar en buena forma, tienes que seguir una dieta sana y equilibrada. Haz cinco comidas al día: desayuno, almuerzo, comida, merienda y cena. Come cinco frutas o verduras y bebe por lo menos un litro de agua al día. ¿Me estás escuchando?
Sara: Sí, sí, claro...
Médico (niño): Si tienes hambre entre comidas, come una fruta. Y evita la sal y el exceso de azúcar. Sigue estos consejos para estar mejor. Adiós, Sara.
Sara: Muchas gracias, doctor. ¡Adiós!

A. Les objectifs

Connaissances et compétences langagières

– l'impératif régulier à la 2e pers. du sing.
– l'impératif irrégulier du verbe *hacer* à la 2e pers. du sing.
– le verbe à affaiblissement *seguir* [i]
– exprimer son état avec *estar* + adjectif (*pachucho, cansado...*)
– comprendre des expressions familières de la vie quotidienne

Connaissances et compétences culturelles

– les repas et les horaires espagnols

B. Pistes d'exploitation et description des attendus

Cette activité vise à entraîner les élèves à la compréhension audiovisuelle qui aboutira à une expression orale en interaction d'imitation.

Il sera prudent, avant de montrer le document, d'informer les élèves que le rôle du médecin est joué par un jeune acteur. Il s'agit d'une vidéo mettant en scène un médecin et une adolescente. La jeune consulte son médecin car elle ne se sent pas en forme. Ce dernier va ainsi lui donner une série de conseils pour être en forme et en bonne santé. Cette vidéo permettra d'introduire l'expression du conseil grâce à l'impératif. On peut envisager d'introduire le lexique avant de visionner la vidéo avec la fonction zoom du **manuel numérique**.

Cette activité pourra être réalisée sur une séance de cours. L'enseignant démarrera l'exploitation de la vidéo en expliquant aux élèves qu'ils vont visionner une consultation entre un médecin et une patiente, Sara. Pour commencer, l'enseignant demandera aux élèves d'identifier le sujet de la conversation. **Énoncés attendus** : *Sara está pachucha, se siente cansada, el médico le da consejos a Sara para estar en forma.*

L'enseignant pourra ensuite demander aux élèves de travailler par groupes de trois ou quatre pour répondre à la question : *¿Qué consejos da el médico?* La mise en commun permettra de lister la série de six conseils. L'enseignant pourra écrire ces conseils à la forme impérative au tableau, ce qui pourra servir de trace écrite. À ce moment du cours, l'enseignant attirera l'attention des élèves sur la formation de l'impératif à la deuxième personne du singulier avec la rubrique des *Apuntes de gramática*. Il précisera que *haz* fait partie des huit impératifs irréguliers à la deuxième personne du singulier. L'exercice 1 de *Practica* pourra également être réalisé à l'oral afin de vérifier la compréhension des élèves. L'enseignant attirera également l'attention sur le conseil du médecin, « *sigue estos consejos* », en précisant qu'il s'agit d'un verbe à affaiblissement (comme *vestir* étudié dans l'unité 5), il se reportera au premier point de langue traité dans *Apuntes de gramática*.

C. Prolongements et activités supplémentaires

Si l'on dispose de temps, on pourra compléter cette activité par une production orale qui sera une imitation de la vidéo avec la consigne 2. On demandera aux élèves d'imiter l'échange entre Sara et le médecin en utilisant les outils langagiers revus et découverts durant cette activité : *tener que* + infinitif, l'impératif à la deuxième personne du singulier.

Enfin, la séance sera prolongée par un exercice lexical relatif aux repas espagnols (exercice 1 page 90) à réaliser en autonomie à la maison.

Si l'élève utilise le cahier d'activités, les exercices B3, B4, B5 et C6 pourront être réalisés à la maison pour consolider les acquis lexicaux et grammaticaux.

3 DOCUMENT VISUEL

¡Come pescado!

A. Les objectifs

Connaissances et compétences langagières

- l'impératif régulier à la 2e pers. du sing.
- le lexique des aliments de la mer
- trouver un renseignement spécifique et prévisible dans une annonce publicitaire

Connaissances et compétences culturelles

- une campagne de sensibilisation du ministère de l'Agriculture, de l'Alimentation et de l'Environnement espagnol

B. Pistes d'exploitation et description des attendus

Ce document est issu d'une campagne de sensibilisation réalisée en juin 2015 par le *Ministerio de Agricultura, Alimentación y Medio ambiente* pour promouvoir et encourager la consommation des produits de la mer.

Ce document permettra l'entraînement à l'expression orale en continu. Cette activité pourra être réalisée sur une séance de cours si l'on y intègre le projet intermédiaire *Actúa*.

L'utilisation du **manuel numérique** sera un grand atout (il est offert aux prescripteurs) pour permettre une meilleure visualisation de l'ensemble et des détails. Pour l'exploitation de ce document, il est conseillé de placer les élèves par groupe de trois ou quatre afin de les faire travailler ensemble les questions 1 et 2. Le professeur demandera de nommer éventuellement un rapporteur pour les différentes phases de restitution en plénière. On attendra que les élèves réinvestissent l'adjectif *saludable* vu en page d'ouverture.

Cette affiche *Come rico, come sano, come pescado* va permettre de revoir la formation de l'impératif abordée dans le document précédent et d'apprendre le vocabulaire en lien avec les produits de la mer : *pescado, marisco* (on peut ajouter *gambas* qu'ils connaîtront certainement). Ce document permettra également de voir les différents éléments constitutifs d'une affiche de prévention et sensibilisation (notamment le slogan, sur lequel ils reviendront dans la question 2), le logo du ministère, le message... Ces éléments seront repris dans la *Misión A*.

C. Prolongements et activités supplémentaires

Lors de l'exploitation du document, l'enseignant pourra amener les élèves à identifier l'origine des poissons : l'élevage, *acuicultura* ; les surgelés, *congelados* ; les conserves, *conservas* ; le frais, *marisco, pescado fresco*.

On pourra compléter cette activité par une production d'affiches de sensibilisation. Les élèves auront déjà inventé des slogans pour des produits de leur choix (question 2). L'enseignant pourra demander aux élèves de réaliser chez eux une affiche correspondant à leur slogan.

ACTÚA

Ce premier projet intermédiaire est une activité de production écrite. Il est centré sur l'élève qui doit écrire trois conseils à un ami qui se nourrit uniquement de hamburgers. Il s'agit donc de réinvestir le point de langue travaillé dans cette double page, à savoir l'impératif mais également le lexique en lien avec l'alimentation saine. Ce projet

représente une étape importante pour la réalisation du projet de fin de séquence *Misión A*, page 92.
Pour mettre en œuvre cette activité, on peut envisager de créer un grand poster de conseils de la classe. Ainsi, chaque élève viendrait écrire un des trois conseils rédigés pour son ami.

Apuntes de gramática

MEMORIZA

- Un verbe à affaiblissement : *seguir* au présent
- L'impératif (2e pers. du sing.)
- *Al* + infinitif

PRACTICA

Corrigé
1. a. Lleva **b.** Come **c.** Sigue
2. a. Al seguir los consejos del médico, se siente mejor. **b.** Al llegar al mercado, primero compro la fruta. **c.** Al beber gaseosa, te duele el vientre.

Pistes de travail à la maison

Les consignes de travail possibles pourront être les suivantes :
Écouter et apprendre par cœur les deux boîtes *Palabras*.
Relire à haute voix le texte 1 de la page 80, *Desayuno en la cama*.
Lire les *Apuntes de gramática* page 81 et apprendre par cœur le présent de l'indicatif de *seguir*, la formation de l'impératif et *al* + infinitif.
L'exercice 1 de *Practica* dans *Apuntes de gramática* page 90.
Exercices du cahier d'activités pages 33 et 34, pour les élèves qui l'utilisent.

Cahier d'activités → (p. 33-34)

Corrigé
Exercice 1
a.

M	A	Z	E	F	J	O	P	M	C	F
O	A	W	D	A	G	U	A	S	A	N
T	A	N	G	A	U	I	W	X	Z	P
E	L	L	T	F	H	A	Q	L	U	M
M	E	R	M	E	L	A	D	A	C	T
V	C	J	U	D	Q	J	Z	X	A	O
A	H	D	G	H	Z	U	M	O	R	S
N	E	B	F	A	I	Y	I	U	R	T
Z	P	E	S	C	A	D	O	L	O	A
V	O	M	S	B	Y	J	A	M	L	D
I	H	O	B	O	L	A	O	E	P	A

b. L'intrus est *pescado*.

Exercice 2
a. *Para desayunar, me gusta comer tostadas con mermelada y mantequilla.*
b. *Para desayunar, me gusta beber leche o zumo de naranja.*
Exercice 3
seguimos, sigo, sigue, seguís, siguen,sigues
Seguir: sigo, sigues, sigue, seguimos, seguís, siguen
Exercice 4
a. *¡Duerme!* **b.** *¡Come sano!* **c.** *¡Evita el exceso de azúcar!* **d.** *¡Sigue una dieta equilibrada!*
Exercice 5
a. *Marco está enfermo.* **b.** *Inés y Sara están pachuchas.* **c.** *La chica está sola.* **d.** *Paco está cansado.*
Exercice 6
a. *la merienda* **b.** *el desayuno* **c.** *la cena* **d.** *la comida*
Exercice 7
la sal - el pescado - el zumo de naranja - el azúcar

PASO 2 De compras

→ (p. 82-83)

▶ Je parle avec des commerçants.

→ Activités d'accompagnement, Cahier d'activités p. 35-36

1 DOCUMENT AUDIO

EN EL MERCADO

CD2 piste 51 (sans pause), pistes 52 à 55 (version fragmentée), MP3 piste 71

Script

Vendedora: ¡Hola Coral!, ¿qué tal el día?
Coral: ¡Hola Antonia! Muy bien.
Vendedora:¿Qué te pongo?
Coral: Pues ponme 800 gramos de tomates y un kilo de patatas. Ponme también espárragos. //
Vendedora: Ten cuidado que pesa mucho. ¿Quieres algo más?
Coral: Sí, quiero preparar una macedonia de frutas. Necesito fresas, plátanos, una piña y naranjas.
Vendedora: ¿Cuánto?
Coral: Dame dos kilos de naranjas y medio kilo de fresas. Ah, y un kilo de plátanos bien maduros. //
Vendedora: Vale. ¿Qué más?
Coral: ¿Sabes dónde puedo comprar huevos?
Vendedora: Sí, se venden huevos al lado, donde se venden también pollos. //
Coral: Ah, muy bien. ¿Cuánto te debo?
Vendedora: Son once euros con noventa.

Coral: Toma.
Vendedora: ¡Gracias! ¡Hasta luego!
Coral: ¡Hasta luego, Antonia!

A. Les objectifs

Connaissances et compétences langagières

- le lexique des fruits et légumes
- le verbe *poner* au présent de l'indicatif
- l'impératif irrégulier à la 2e pers. du sing. des verbes *poner* et *tener*
- les équivalents de « on »
- comprendre des expressions familières de la vie quotidienne pour répondre à des besoins

Connaissances et compétences culturelles

- les formules de politesse au moment de faire des achats

B. Pistes d'exploitation et description des attendus

Cette activité pourra être réalisée pendant une séance de cours.
Pour commencer, l'enseignant consacrera un temps à l'exploitation de la photo. Pour que les élèves s'approprient le nouveau lexique, il pourra leur demander de citer des légumes puis des fruits. La photo pourra être projetée entièrement ou partiellement afin de permettre une meilleure lecture et exploitation. Un travail sur les prix est également envisageable, ce qui permettra de revoir l'expression des nombres. L'enseignant pourra écrire au tableau un prix en guise d'exemple : *un euro con cuarenta y nueve*. Cet exemple pourra apparaître dans la trace écrite. Une activité ludique pourra être proposée par groupe de trois ou quatre, par îlots. Un élève énonce un prix et les autres élèves doivent deviner de quel fruit ou légume il s'agit.
L'enseignant introduira le vocabulaire de la boîte *Palabras* avant de faire écouter le passage de la piste audio. Grâce au **manuel numérique**, il suffira de cliquer sur le logo CD.
Lors d'une première écoute non fragmentée, l'enseignant pourra demander aux élèves de repérer le thème de la conversation, le lieu et les personnes, bref de dire ce qu'ils ont compris.
Ensuite, il pourra demander aux élèves (après plusieurs écoutes fragmentées en cliquant sur le logo du **manuel numérique**) de dresser la liste de courses de la cliente.
Une fois la liste de courses dressée dans une mise en commun, l'enseignant pourra demander aux élèves de repérer deux informations permettant d'aboutir à une compréhension plus détaillée : *¿Qué quiere preparar la clienta?* et *¿Dónde se compran los huevos?* Lors de la restitution, l'enseignant expliquera le point de langue relatif aux équivalents de « on » en projetant le **manuel numérique** et en mettant en avant la rubrique *Apuntes de gramática* grâce à la fonction zoom. Pour vérifier la compréhension de ce point de grammaire, l'exercice 3 de *Practica* pourra être rapidement réalisé à l'oral.
Pour terminer, l'enseignant pourra séparer la classe en deux groupes et posera la consigne suivante : un groupe relèvera les expressions relatives aux achats et un autre groupe sera chargé de relever les impératifs entendus dans le dialogue. Lors de la restitution, l'enseignant pourra noter au tableau les expressions repérées par le premier groupe dans deux colonnes, client / vendeur : *¿Qué te pongo? / Ponme / ¿Quieres algo más?/ Necesito / ¿Cuánto? / Dame /¿Qué más? / ¿Cuánto te debo? / Son once euros con noventa.*
Ce sera l'occasion d'attirer l'attention des élèves sur la rubrique Le présent de *poner* dans *Apuntes de gramática*. L'exercice 1 de *Practica* pourra être fait à l'oral en classe puis à l'écrit à la maison.
Le second groupe aura relevé les impératifs suivants : *ponme, dame,ten, toma*. L'enseignant fera remarquer aux élèves les formes irrégulières à l'impératif de certains verbes comme *poner* et *tener*. Il précisera que d'autres verbes irréguliers seront vus lors de l'activité suivante *¡A comprar!* Il pourra également évoquer l'enclise qui sera reprise et développée dans le *Paso 3*. Ce qui aura été noté au tableau pourra servir de trace écrite dans le cahier des élèves.
Afin de faire réutiliser les expressions des achats et l'impératif, un exercice d'imitation pour travailler l'expression orale en interaction est proposé dans la question 3. Il s'agit d'imaginer la conversation entre la cliente et la vendeuse de poulets. Les élèves pourront alors réinvestir non seulement les expressions notées au tableau mais également les verbes à l'impératif régulier et irrégulier.

C. Prolongements et activités supplémentaires

La séance sera prolongée par une activité lexicale avec l'exercice 2 de la page 90 à réaliser en autonomie à la maison. Si les élèves utilisent le cahier d'activités, l'exercice 1 page 35 permettra de rebrasser le lexique des fruits et légumes, l'exercice 2 page 35 permettra aux élèves de s'entraîner à la compréhension de l'oral à la maison et l'exercice 6 permettra de retravailler en autonomie les équivalents de « on » en espagnol.
Au cours suivant, afin de réactiver et consolider les nouveaux acquis langagiers, lexicaux et grammaticaux on peut envisager une activité d'interaction orale avec un jeu de rôles: faire jouer une scène d'achat par binôme entre: client + poissonnier / client + vendeur de fruits et légumes / client + vendeur de poulet. Les élèves tirent au sort un rôle à jouer et présentent la scène à la classe après quelques minutes de préparation. Éventuellement, cette activité sera évaluée selon les critères suivants: réinvestissement du vocabulaire relatif aux achats, l'emploi d'impératif, la prononciation, intonation, accentuation.

2 TEXTE A COMPRAR

A. Les objectifs

Connaissances et compétences langagières

- le lexique des fruits et légumes
- le lexique des aliments courants
- l'impératif irrégulier à la 2e pers. du sing. des verbes *ir*, *hacer* et *decir*
- suivre des indications brèves et simples
- comprendre un message simple et bref
- dialoguer sur des sujets familiers

Connaissances et compétences culturelles

- connaître le nom de certains aliments vendus dans les supermarchés espagnols

B. Pistes d'exploitation et description des attendus

Il s'agit ici de travailler la compréhension écrite d'un message simple et bref de la vie quotidienne (un post-il laissé par une mère à son fils) et d'enrichir le lexique des aliments courants.

Activité à réaliser sur une séance de cours si l'on y intègre le projet intermédiaire *Actúa*.

Dans un premier temps, l'enseignant demandera aux élèves de fixer leur attention sur la liste de courses. Il isolera cette dernière grâce à la fonction zoom du **manuel numérique**. Il lira aux élèves les différents aliments et zoomera sur les dessins pour expliciter le sens de certains mots. Plusieurs mots ne sont pas illustrés mais il s'agit de mots transparents. L'enseignant pourra rappeler aux élèves la fiche « Apprendre à apprendre - mémoriser le lexique » de la page 126. Certains mots auront été vus dans le *Paso 1*, d'autres avec la photo de la page de gauche.

L'enseignant demandera ensuite aux élèves de lire silencieusement le message laissé par la mère de Ramón et de répondre aux questions 1a, 1b, 1c. Lors de la correction en plénière, l'enseignant pourra mettre en surbrillance les informations utiles à la correction en projetant le message laissé par la mère. Ce sera l'occasion de demander aux élèves de repérer les verbes à l'impératif et de lire avec eux la rubrique « l'impératif » des *Apuntes de gramática* relative aux formes irrégulières à la deuxième personne du singulier de l'impératif. L'exercice 2 de *Practica* pourra être fait à l'oral en classe puis à l'écrit à la maison.

L'activité se poursuivra par un entraînement à l'expression en continu. Les élèves pourront à ce moment du cours être placés en binômes pour réaliser la question 2. À tour de rôle, un élève jouera le rôle de la mère et demandera à l'autre élève d'acheter trois aliments supplémentaires. L'enseignant aura précisé que la mère doit utiliser l'expression de l'ordre, donc des verbes à l'impératif. Afin de ne pas être passif, l'élève jouant le rôle de Ramón notera les courses demandées par la mère.

Enfin, l'activité pourra se terminer par un entraînement à l'expression orale en continu avec la réalisation d'un dialogue entre un vendeur ou une vendeuse de supermarché et Ramón comme proposé dans la question 3. Les élèves auront déjà travaillé cette compétence dans la page précédente, il s'agira donc ici d'asseoir les acquis langagiers, lexicaux et grammaticaux.

C. Prolongements et activités supplémentaires

Si l'élève utilise le cahier d'activités, les exercices C3, D4 et D5 des pages 35 et 36 permettront de travailler en autonomie le lexique des aliments et l'impératif régulier et irrégulier.

ACTÚA

Ce deuxième projet intermédiaire est une activité de production écrite. Il est centré sur l'élève qui doit écrire un message à son frère/sa sœur pour lui demander de faire des courses. Il s'agira donc ici de réinvestir les points de langue travaillés dans cette double page, à savoir l'impératif régulier et irrégulier à la deuxième personne du singulier, les équivalents de « on » mais également le lexique des aliments. L'élève pourra s'inspirer largement du message laissé par la mère de Ramón.

Énoncés attendus : *Clara, quiero preparar una comida especial para Papá y Mamá. No puedo ir de compras. Por favor, ve al supermercado y haz la compra para la cena. Compra un pollo, una docena de huevos, pan. También, compra lechuga y cinco manzanas : se venden en el mercado. Y di a tu amiga Laura que puede cenar en casa. Muchas gracias.*

Pour mettre en œuvre cette activité, on peut envisager de demander aux élèves de rédiger leur message en utilisant un traitement de texte chez eux et de le déposer sur l'ENT de la classe. L'enseignant pourra ainsi faire un travail d'intercorrection en projetant quelques messages à l'ensemble de la classe, l'élève qui aura rédigé le message le lira et le reste de la classe repèrera et corrigera les erreurs.

Apuntes de gramática

MEMORIZA

- Le présent de *poner*
- L'impératif (quelques formes irrégulières)
- Les équivalents de « on »

PRACTICA

Corrigé

1. a. *Vengo para merendar.* **b.** *Hago compras para mañana.* **c.** *Salgo a cenar con amigos.* **d.** *Pongo zanahorias en la sopa.*

2. a. *Haz cinco comidas al día.* **b.** *Di lo que te gusta comer.* **c.** *Ve al mercado para comprar fruta.* **d.** *Pon los espárragos en la mesa.*
3. a. *Por la mañana, se bebe un zumo de naranja.* **b.** *En la tienda, se habla español.* **c.** *En el puesto, se ven magníficos pescados.* **d.** *Se venden zapatillas de todos los colores.*

Pistes de travail à la maison

Les consignes de travail possibles pourront être les suivantes :
- Réécouter l'audio *En el mercado*, MP3 piste 71.
- Réécouter l'audio MP3 piste 72 et apprendre par cœur la boîte *Palabras*.
- Lire *Apuntes de gramática* page 83 et apprendre par cœur le présent de *poner*, les formes irrégulières de l'impératif, les équivalents de « on ».
- Apprendre les phrases de la trace écrite.
- S'entraîner aux activités d'expression orale en continu des pages 82 et 83.
- Exercices du cahier d'activités pages 35-36, pour les élèves qui l'utilisent.
- En s'aidant de la fiche « Mémoriser le lexique », page 124, faire une fiche de vocabulaire reprenant l'ensemble des aliments vus dans la double page.

Cahier d'activités → (p. 35-36)

CD3 piste 33, MP3 piste 12 Spécial cahier

Script Spécial cahier

Pour l'exercice B2, page 35
Miguel: ¡Buenos días Eva!
Vendedora: Hola Miguel, ¿qué te pongo?
Miguel: Ponme 2 kilos de manzanas.
Vendedora: ¿Algo más?
Miguel: Necesito también dos limones.
Vendedora: ¿Qué más?
Miguel: Nada más. Gracias.

Corrigé

Exercice 1
Verduras: *los espárragos, la patata, la cebolla, el pimiento*
Frutas: *la piña, la pera, los plátanos, la naranja*

Exercice 2
a. 6 **b.** 4 **c.** 2 **d.** 5 **e.** 1 **f.** 3 **g.** 7

Exercice 3
1 kilo de manzanas, pan, 2 huevos / una docena de huevos, mantequilla, 4 plátanos, un pollo, 2 kilos de patatas, un kilo de tomates

Exercice 4
a. *pongo* **b.** *salgo* **c.** *corro* **d.** *estoy* **e.** *bebo* **f.** *vengo* **g.** *soy*

Exercice 5
a. *compra* **b.** *come* **c.** *ven* **d.** *pon* **e.** *haz*

						H
	C	O	M	P	R	A
	O			O		Z
	M			N		
V	E	N				

Exercice 6
a. *se habla* **b.** *se duerme* **c.** *se compran* **d.** *se beben*

PASO 3 ¡Mantente en forma!

→ (p. 84-85)

▶ Je donne des conseils pour rester en forme.

→ Activités d'accompagnement, Cahier d'activités p. 37-38

1 TEXTE ¡Te oxidas!

CD2 piste 57

A. Les objectifs

Connaissances et compétences langagières

- l'obligation impersonnelle
- le lexique de l'activité sportive : *correr, estirarse, calentar, agujetas*

Connaissances et compétences culturelles

- un extrait d'un roman jeunesse de Blue Jeans, pseudonyme de Francisco de Paula Fernández González

B. Pistes d'exploitation et description des attendus

Cette activité vise à l'entraînement de la compréhension écrite. Le texte proposé est un extrait de *Algo tan sencillo como tuitear te quiero* de Blues Jeans, auteur de plusieurs séries de romans qui figurent parmi les plus vendus dans la catégorie littérature romantique jeunesse en Espagne.
Cette activité peut être faite sur une séance de cours.
L'enseignant commencera par expliciter le titre du texte, *Te oxidas*, pour faciliter la compréhension du texte en demandant aux élèves : *¿Qué significa si una persona se oxida?* **Réponse attendue** : *La persona no está bien, está cansada, no practica deporte.*
On procédera alors à une première lecture globale du texte. Cette première lecture, individuelle et silencieuse, pourra être suivie par une écoute du texte directement via le **manuel numérique** en cliquant sur l'icône corres-

pondante, ou en passant la piste 57 du CD2 de la classe. Cela favorisera la compréhension rapide de la situation et permettra à la classe d'identifier plus facilement les personnages et la situation. Les élèves pourront ensuite répondre aux questions 1a, 1b, 1c et 1d. On peut aussi proposer une lecture silencieuse fragmentée pour ne pas décourager les plus faibles. L'enseignant pourra alors isoler les fragments de texte s'il utilise le **manuel numérique**. Ces coupures pourront être guidées par le questionnement de la rubrique. Lors de la mise en commun, l'enseignant pourra projeter le texte et en isoler les parties dont il est question. Les outils de la trousse permettront de souligner, entourer, identifier les éléments clés. C'est lors de la restitution en plénière que l'enseignant aura soin d'introduire l'utilisation de l'obligation impersonnelle et insistera pour que les élèves l'emploient dans leur réponse à la question 1d. C'est à ce moment que l'enseignant mettra en surbrillance et lira avec les élèves le point de langue *hay que* + infinitif dans *Apuntes de gramática*. L'exercice 3 de *Practica* pourra être fait à l'oral en classe puis à l'écrit à la maison.

Les élèves pourront alors réinvestir ce point de langue dans un entraînement de prise de parole en continu grâce à la mise en situation proposée dans la question 2. Les élèves se mettront à la place de Nicole qui devra donner des conseils à son ami, qui ne veut pas dîner. On attend que les élèves utilisent l'impératif, l'obligation impersonnelle et le lexique du texte.

Au moment de la restitution, l'enseignant pourra noter au tableau quelques phrases produites par les élèves qui serviront de trace écrite à noter dans le cahier.

C. Prolongements et activités supplémentaires

On pourra envisager de demander aux élèves d'interagir à la suite de l'entraînement à la prise de parole en continu de la question 2. Les élèves seront ainsi placés en binômes, l'un jouant le rôle de Nicole, l'autre celui du garçon qui réagira aux conseils donnés par Nicole.

2 DOCUMENT VIDÉO ¡Actívate!

DVD classe, CD2 piste 58, MP3 piste 73

Script

¡Actívate!

Actívate, un estilo de vida, un movimiento.
Si te lo propones y lo haces con talento.
Pues eso ya estás dentro.
¿Cómo lo ves? ¡Actívate!
Hazlo a tu manera, corre, salta, baila, come bien.
Hazlo como quieras, lo importante es que te muevas.
Márcate una meta, come variado con más frutas y verduras, ya verás cómo lo petas, sí.
Después de este estribillo, me tomo un respiro.
Bebo mucha agua y sigo.
De sentarme ni hablamos que es muy aburrido.
Únete al movimiento que es más divertido.
¡Actívate!
Hazlo a tu manera, corre, salta, baila, come bien.
Hazlo como quieras, lo importante es que te muevas.
Te planteo un reto, participa en nuestro movimiento.
Mándanos tu vídeo, con estilo, tu estilo de vida.
Elige tu categoría, ¿qué quieres que te diga?
Ya sabes, actívate y gana vida.
Participa en www.movimientoactivate.es
¡Verás que fácil es!

A. Les objectifs

Connaissances et compétences langagières

- l'impératif
- l'enclise
- le lexique du sport
- le lexique des aliments
- comprendre des expressions familières de la vie quotidienne

Connaissances et compétences culturelles

- une campagne de prévention de l'obésité destinée aux adolescents espagnols

B. Pistes d'exploitation et description des attendus

Cette activité vise à l'entraînement à la compréhension audiovisuelle. Il s'agit d'une chanson rap qui présente le mouvement *Actívate* et invite les jeunes à participer au concours proposé par ce mouvement.

Le « *Movimiento Actívate* » est une campagne de prévention de l'obésité chez les adolescents. Le but est de sensibiliser et d'informer les jeunes sur l'importance d'adopter des habitudes de vie saines, de suivre un régime alimentaire varié et équilibré et de pratiquer une activité physique et sportive régulièrement.

Cette activité peut être réalisée sur une séance de cours. Avant de visionner la vidéo, on peut envisager d'introduire le vocabulaire de la boîte *Palabras* avec la fonction zoom du **manuel numérique**, si on l'utilise. Les élèves seront ainsi plus à l'aise pour répondre aux questions de la rubrique. Dans un premier temps, l'enseignant pourra diviser la classe en deux et donnera une consigne à chaque moitié. La première partie de la classe sera chargée de dresser la liste des aliments qui apparaissent dans la vidéo et de dire leur point commun (*son alimentos sanos, saludables*). L'autre partie de la classe sera chargée de dresser la liste des différents sports. Lors de la restitution en interaction, l'enseignant pourra noter quelques mots de vocabulaire au tableau qui pourront également être copiés dans le cahier de l'élève.

Ensuite, l'enseignant demandera aux élèves de repérer les différents conseils donnés par la chanteuse. Lors de la mise en commun, l'enseignant écrira au tableau les verbes à l'impératif énoncés par les élèves. **Énoncés attendus** : *actívate, hazlo, corre, salta, baila come bien, márcate una meta, come variado con más frutas y verduras, únete, elige, mándanos, participa.*

C'est à ce moment du cours que l'enseignant amènera les élèves à s'interroger sur l'impératif et l'enclise. Il lira avec les élèves le point de langue qui lui est consacré dans la rubrique *Apuntes de gramática*. Les exercices 2 et 3 de *Practica* pourront être faits à l'oral en classe pour vérifier la compréhension de ce point de langue, puis à l'écrit à la maison.

L'activité se poursuivra par un travail en binômes. Après avoir réécouté plusieurs fois le refrain, les élèves seront amenés à le mémoriser et à le chanter avec un ou une camarade. Il est envisageable d'écrire le refrain au tableau en guise de trace écrite et de demander aux élèves de le mémoriser pour le cours suivant.

Pour conclure, l'enseignant demandera aux élèves de compléter l'amorce de la question 1e. qui ne présente pas de difficulté au vu des différentes activités menées au préalable. **Énoncés attendus** : El movimiento *Actívate incita a los adolescentes a comer sano / variado, a moverse, a activarse…*

C. Prolongements et activités supplémentaires

Si l'on dispose de temps, on pourra réaliser une vidéo en filmant chaque binôme chantant le refrain devant la classe et la déposer sur l'ENT de la classe. La séance sera prolongée par une activité lexicale avec l'exercice 5 de la page 90.

L'enseignant pourra également demander aux élèves de lire le point de grammaire relatif à l'enclise page 91 et de faire les exercices 1 et 2.

Si les élèves utilisent le cahier d'activités, les exercices A1 et A2 de la page 37 permettront de retravailler en autonomie le lexique des activités sportives.

3 TEXTE HAY QUE CUIDARSE

A. Les objectifs

Connaissances et compétences langagières

- l'obligation impersonnelle
- le lexique relatif à l'hygiène de vie
- comprendre le contenu d'un texte informatif simple lorsqu'il est accompagné d'un document visuel
- trouver un renseignement spécifique et prévisible dans une annonce

Connaissances et compétences culturelles

- un décalogue d'erreurs d'hygiène de vie adressé aux jeunes espagnols

B. Pistes d'exploitation et description des attendus

Cette activité vise à l'entraînement à la compréhension de l'écrit et à l'expression orale, elle peut se faire sur une séance. Ce document se révèle facile d'accès grâce aux différents dessins qui illustrent le lexique méconnu. L'enseignant lira avec les élèves chaque conseil et pourra grâce à la fonction zoom du **manuel numérique** mettre en avant chaque dessin lors de la lecture. Il sera important d'élucider le sens de l'adjectif *garrafal* (ici, *errores garrafales* : erreurs monumentales). Il est conseillé de lire également avec les élèves la boîte *Palabras* et de leur rappeler que ces boîtes sont essentielles pour s'exprimer et répondre aux questions.

Après une deuxième lecture silencieuse du document, l'élève pourra rapidement répondre à la question 1a.

Enfin, l'enseignant pourra placer les élèves en îlots (trois ou quatre élèves) et leur demander de répondre à la question 1b. Les élèves pourront ainsi réinvestir le point de langue étudié dans le document *¡Te oxidas!*, l'obligation impersonnelle avec *hay que* + infinitif. Lors de la restitution en plénière, l'enseignant pourra noter au tableau quelques phrases modélisantes qui serviront de trace écrite. Il fera en sorte de faire apparaître du vocabulaire jusqu'alors inconnu des élèves. Exemples : *No hay que beber solo refrescos. No hay que descuidar la higiene personal. No hay que aislarse de la familia y los amigos.*

L'activité se terminera par l'activité 2 d'expression écrite, un exercice d'imitation d'écriture. L'enseignant demandera alors aux élèves (éventuellement placés en binômes) d'écrire un décalogue d'idées géniales pour être en forme. Il s'agira alors d'un travail essentiellement lexical étant donné que les élèves auront à trouver le contraire des idées proposées dans le document. Cet exercice permettra ainsi de rebrasser le lexique vu dans le *Paso 3*. L'enseignant pourra aussi leur suggérer d'utiliser *hay que* + infinitif et l'impératif à la 2e personne du singulier pour établir leur décalogue. **Énoncés attendus** : *1. Come bien. / Hay que comer bien. 2. Bebe mucha agua. / Hay que beber mucha agua. 3. Come variado. / Hay que comer variado, etc.*

C. Prolongements et activités supplémentaires

Il sera possible de demander aux élèves de réaliser individuellement le décalogue d'idées géniales à la maison et de l'illustrer. L'enseignant pourra également demander aux élèves qui réalisent un décalogue à l'aide d'un traitement de texte de le déposer sur la page ENT de la classe. La séance pourra se prolonger avec les exercices grammaticaux de la page 91.

Si les élèves utilisent le cahier d'activités, l'exercice B3 de la page 37 permettra de retravailler en autonomie les conseils pour rester en forme ainsi que l'obligation impersonnelle.

ACTÚA

Ce troisième projet intermédiaire est une activité de production orale. Il est une étape importante pour la réalisation du projet de fin de séquence *Misión B* page 92. L'élève est en vacances, il passe son temps sur son portable et ne pratique aucune activité physique. Il doit alors imaginer ce que lui disent ses parents. Ce projet peut être réalisé en classe ou à la maison.
L'élève aura déjà donné des conseils à un ami en employant l'obligation impersonnelle lors de l'activité d'expression orale en continu page 84. Il aura travaillé l'impératif avec enclise et aura appris le lexique de l'hygiène de vie lors de l'activité d'écriture du décalogue d'idées géniales (activité d'expression écrite p. 85). Il devra donc réinvestir ces points de langue et les compétences langagières travaillés dans la double page.
Pour mettre en œuvre cette activité, on peut envisager de demander aux élèves de s'enregistrer chez eux grâce à l'application Vocaroo et de déposer l'enregistrement sur l'ENT de la classe. L'enseignant pourra consacrer un moment lors de la reprise du cours suivant à faire écouter à la classe les différents messages laissés par les pseudo-parents. L'enseignant pourra également enregistrer ses élèves en classe s'il possède des dictaphones.

Apuntes de gramática

MEMORIZA

- L'enclise → (Lengua p. 91)
- *Hay que* + infinitif (l'obligation impersonnelle) → (*Lengua* p. 91)

PRACTICA

Corrigé
1. a. *Dile lo que te gusta.* **b.** *Hazme una tarta de chocolate.* **c.** *Danos pasteles.* **d.** *Dime lo que necesitas.*
2. a. *Muévete para estar bien.* **b.** *Cómpranos un pollo para cenar.* **c.** *Prepárales una macedonia de frutas.* **d.** *Háblame del deporte que practicas.*
3. a. *Hay que beber mucha agua.* **b.** *Hay que hacer deporte.* **c.** *Hay que seguir los consejos del médico.* **d.** *Hay que comer cinco frutas al día.* **e.** *Hay que moverse.*

Pistes de travail à la maison

Les consignes de travail possibles pourront être les suivantes :
– Réécouter le texte avec la piste 97 et s'entraîner à le lire à haute voix et de manière expressive.
– Réécouter les MP3 pistes 74 et 75 et apprendre par cœur les deux boîtes *Palabras*.
– Lire *Apuntes de gramática* page 85 et apprendre par cœur les deux points de langue du *Memoriza*.
– Apprendre les phrases de la trace écrite.
– S'entraîner aux activités d'expression orale en continu pages 84 et 85.
– Lire les deux points de grammaire de la page 91 (l'enclise et l'expression de l'obligation) et faire les exercices 1, 2, 3 et 4 par écrit.
– Exercices du cahier d'activités des pages 37 et 38 pour les élèves qui l'utilisent.

Cahier d'activités → (p. 37-38)

CD3 piste 34, MP3 piste 13 Spécial cahier

Script Spécial cahier

Pour l'exercice B4, page 38
Duermo poco. Me acuesto a las doce de la noche y me levanto a las seis de la mañana.
Me gusta comer frutas y verduras. No me gustan nada las hamburguesas.
Voy al insti en bici. Hay tres kilómetros entre mi casa y el instituto.
No bebo agua, solo bebo refrescos. Me encantan los caramelos.

Corrigé

Exercice 1
NATACIÓN, BALONCESTO, TENIS, ESQUÍ, VELA, BALONMANO, FÚTBOL, BAILE
Mot caché : *Actívate*

Exercice 2
a. *la natación* **b.** *el baile* **c.** *el tenis* **d.** *el esquí*

Exercice 3
a. 1re colonne : *correr, practicar deportes, beber agua, comer variado.* 2e colonne : *ver la tele demasiado tiempo, no moverse de casa, dormir poco, beber solo refrescos*
b. *hay que comer variado… no hay que comer solo frutas…*

Exercice 4

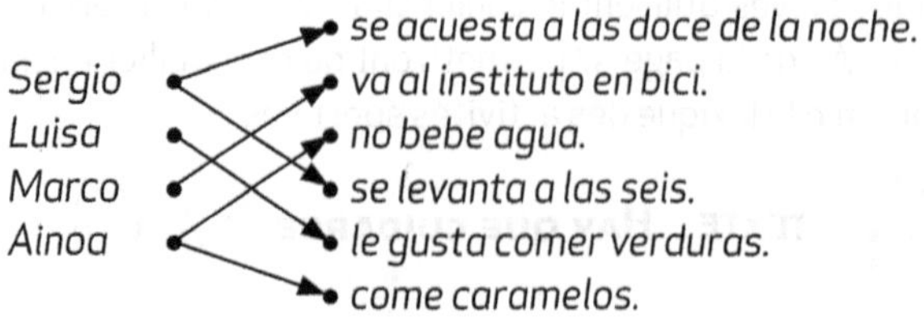

Exercice 5
Te levantas, levántate - duermes, duerme - calientas, calienta - bebes, bebe - sigues, sigue - haces, haz

Exercice 6
a. *come* **b.** *dame* **c.** *muévete* **d.** *bebe*

Exercice 7
a. *hay que calentar* **b.** *hay que estirarse* **c.** *hay que lavarse* **d.** *no hay que dormir*

DESCUBRE
Productos de aquí y de allí

→ (p. 86-87)

A. Les objectifs

Domaine du socle commun

D5. Les représentations du monde et de l'activité humaine.

Connaissances et compétences culturelles

Cette double page a pour objectif de faire découvrir aux élèves des fruits et des légumes typiques d'Espagne et d'Amérique latine.

B. Pistes d'exploitation et description des attendus

Cette double page *Descubre* permettra de revoir le vocabulaire de l'unité et de rebrasser et consolider les acquis de l'unité tout en apportant un aspect culturel nouveau. Les compétences travaillées sont triples : lire, écrire et interagir.

Le professeur laissera d'abord les élèves découvrir l'ensemble des deux pages en autonomie.

Afin de contrôler les acquis de l'unité 1, l'enseignant utilisateur du **manuel numérique** pourra projeter la carte interactive de l'Amérique latine et demander aux élèves de localiser les pays où vivent Waku, Daniela et José Pablo et de citer la capitale de leurs pays, c'est-à-dire du Pérou, du Mexique et du Nicaragua. Il pourra en faire de même avec la carte interactive de l'Espagne du **manuel numérique**, en demandant aux élèves de localiser la ville d'origine de la jeune fille espagnole.

L'enseignant pourra, à l'aide du zoom du **manuel numérique** et du vidéoprojecteur, projeter les photos individuellement et en grand ainsi que les bulles correspondant à la présentation de chacun des jeunes afin de capter davantage l'attention des élèves.

Afin de s'assurer de la compréhension globale des différentes bulles, l'enseignant pourra poser quelques questions, telles que *¿Dónde se cultiva la papa? ¿Cuántas variedades de papas existen en el Perú? ¿Qué preparan los mexicanos a base de maíz?...*

Le travail sera poursuivi en binômes avec l'activité *En parejas*. Le professeur invitera les élèves à former des équipes de deux élèves et à suivre les consignes 1 et 2 après s'être assuré de leur compréhension par tous. Les élèves découvriront ainsi plus en détail les quatre aliments de base présentés dans cette double page.

Le travail se poursuivra par une activité ludique d'expression orale en interaction (question 3). Un binôme se placera avec un autre binôme. Les deux équipes vont se poser les deux questions préparées grâce à la consigne 2. L'équipe qui marque deux points est l'équipe gagnante. En cas d'égalité, on peut demander aux équipes de préparer une série de deux nouvelles questions.

Si l'équipement de la classe le permet (connexion Internet disponible) les élèves pourront travailler à partir des activités proposées dans *Juega con la web*, sinon cette activité peut être réalisée à la maison. Les élèves retrouveront le lien du site en se connectant à collegien.nathan.fr/estupendo5, et pourront faire l'activité intitulée *El origen de los alimentos* (http://servicios.educarm.es/cnice/epssd1/sd1_01_00.html).

Dans un premier temps, les élèves s'entraîneront à la compréhension de l'oral à travers la présentation de l'origine des aliments par le garçon. Ils devront repérer l'origine du sel et de l'eau. **Réponse attendue** : *El agua y la sal son de origen mineral.* Ensuite les élèves pourront jouer en sélectionnant l'origine de plusieurs aliments *(alimentos de origen vegetal, alimentos de origen animal, alimentos de origen mineral).*

Pour finir, on demandera aux élèves de se mettre en binômes et de réaliser trois parties en mémorisant le maximum d'aliments selon leur origine. Au bout des trois parties, chaque binôme écrira les mots retenus accompagnés de leur origine. L'enseignant demandera à chaque binôme le nombre de mots écrits. Le binôme qui aura retenu le plus grand nombre de mots sera l'équipe gagnante.

Aula multimedia

→ (p. 88)

1 Cantad con Youtube

DVD classe, CD2 piste 61

Script

***Ocho vasos de agua*, de Casi Creativo**
Bueno, vaso de agua, este mismo va a ser el ritmo
¡Ah! ¿Te montas o qué?

Dos vasos por la mañana justo después de despertar
Activa órganos internos
Ya los pone a trabajar

Trente minutos antes de comer
Un vaso de agua hay que beber
La digestión facilitamos
De lo que tú comiste ayer

Y dice, ocho vasos al día
Bien, pero dame armonía ahora
Ocho vasos al día
Excelente, como en general

Y uno antes del baño mantiene la línea
Y ayuda a bajar la presión sanguínea
Dos por la tarde para refrescar ../...

Y uno que hidrate después de entrenar

Un gran vaso antes de ir a la cama
Bébelo cuando ya estés en piyama
Va reduciéndote la tensión
Evita infartos y ataque al corazón

Ocho vasos al día
Es lo que tienes que beber y dice
Ocho vasos al día
Tu cuerpo lo va a agradecer y todo bien.

2 Crea con la web

El caleidoscopio de las frutas y verduras

3 Juega con la web

Las parejas sabrosas

A. Les objectifs

Connaissances et compétences langagières

- l'obligation impersonnelle
- le lexique des fruits et légumes
- comprendre les points essentiels d'une chanson et reproduire un modèle oral
- se familiariser avec le vocabulaire informatique : *pincha, haz clic*... (voir aussi la page III du livre de l'élève)

Connaissances et compétences culturelles

- une vidéo d'animation de Casi Creativo, réalisée par Fred Lammie, un *youtuber* d'animations.
- des jeux espagnols en ligne

B. Pistes d'exploitation et description des attendus

Cette page intitulée *Aula multimedia* a pour but de rebrasser les contenus de l'unité en faisant découvrir par de nouveaux vecteurs multimédia des aspects culturels en lien avec la thématique, et en faisant utiliser les TICE dans une perspective actionnelle et ludique.

Les trois activités proposées peuvent être menées en salle informatique, en classe avec les tablettes, ou à la maison.

La première activité, *Cantad con Youtube*, propose une vidéo d'animation réalisée par Fred Lammie, un *youtuber* d'animations originaire du Panama vivant en Espagne. Il a réalisé une série de vidéos intitulées Casi Creativo dans lesquelles il aborde des thématiques variées telles que la protection de l'environnement, l'amitié, les relations entre frères et sœurs, l'importance de consommer des fruits et légumes...

La vidéo d'animation est un karaoké, ce qui permettra aux élèves de suivre la chanson et de la chanter par la suite. Cette activité pourra être proposée à la fin du *Paso 3* pour compléter de façon ludique la liste des conseils pour rester en forme. L'enseignant passera la vidéo en cliquant sur le lien du **manuel numérique**. Le premier visionnage pourra intervenir après la lecture de la consigne 1. Lors de la deuxième projection, le professeur demandera aux élèves de repérer le nombre de verres d'eau que l'on doit boire par jour (question 2). Il fera en sorte que les élèves réinvestissent l'obligation impersonnelle dans leur réponse. **Réponse attendue** : *Hay que beber ocho vasos de agua al día.* Enfin, lors d'un troisième visionnage, on demandera aux élèves de repérer les moments de la journée où l'on doit boire. L'enseignant pourra aussi répartir les tâches en fonction du profil de la classe, par élève, par binôme ou par îlot.

Pour l'activité de chant, on proposera aux élèves de former des équipes de quatre pour chanter en karaoké. Suivant le profil de la classe, l'enseignant organisera le concours du meilleur groupe et ainsi toute la classe sera mise à contribution, ce qui rendra l'activité plus dynamique.

La deuxième activité, *Crea con la web*, renvoie sur le site web www.alimentacion.es (http://www.alimentacion.es/es/campanas/consumo_fruta_verdura_escuelas/Caleidoscopio.aspx) du *Ministerio de Agricultura, Alimentación y Medio Ambiente*. Ce site est la vitrine du patrimoine agricole, alimentaire et gastronomique espagnol et présente l'ensemble des aliments de tous les secteurs et de toutes les communautés autonomes. Un espace est consacré aux enfants et aux élèves (*zona infantil y educativa*). Nous y trouvons des recettes, des campagnes de promotion et d'information, un club et également des jeux didactiques et éducatifs.

L'activité proposée ici consiste à créer un caléidoscope avec un catalogue illustré et légendé de douze fruits et douze légumes. L'un des objectifs de cette activité étant d'enrichir le lexique des élèves, l'enseignant les invitera à faire figurer sur leur caléidoscope des fruits et légumes qu'ils ne connaissent pas. Il pourra également poser une contrainte de nombres, par exemple quatre fruits et quatre légumes. Après avoir choisi le caléidoscope le plus esthétique à son goût, grâce à la fonction *Girar caleisdoscopio*, l'élève imprimera sa création et la légendera.

L'étape finale est un entraînement à la prise de parole en continu où l'élève devra présenter sa composition à la classe. Pour rendre l'activité plus ludique et dynamique, cette dernière étape peut être réalisée par binôme ou par îlots. À la fin de la présentation, l'élève cache son caléidoscope et les autres élèves doivent, de mémoire, citer les fruits et légumes présents dans la composition de leur camarade.

Cette activité peut être menée en salle informatique ou sur les tablettes si le collège en est doté ou encore à faire à la maison, à la fin du *Paso 2* ou bien en fin d'unité.

La troisième et dernière rubrique, *Juega con la web*, propose une activité ludique du type Memory. Elle va permettre aux élèves de réviser et d'apprendre le vocabulaire des fruits et légumes tout en s'amusant. Cette activité peut être menée individuellement en salle informatique,

sur les tablettes en classe ou bien donné en travail maison à la fin du *Paso 2* ou en fin d'unité, avant la réalisation de la *Misión A*. Ce jeu est issu du site www.5aldia.org, un site créé par une association qui se consacre à la promotion de la consommation de cinq fruits et légumes par jour.
Une fois qu'il s'est connecté au site http://www.5aldia.org/juegos/memory/memory.html par l'intermédiaire du site compagnon, l'élève doit rechercher les dix paires de fruits et légumes. Le lexique de sept des paires est connu (*naranja, plátano, tomate, manzana, zanahoria, judía verde, espárrago verde*), celui de trois ne l'est pas (*kiwi, calabaza, cereza*). Pour le mémoriser, l'élève devra écrire et illustrer ces trois fruits et légumes dans son cahier.

C. Prolongements et activités supplémentaires

Pour la rubrique 2, *Crea con la web*, on pourra afficher l'ensemble des caléidoscopes dans la salle de cours et organiser un vote pour élire le plus beau caléidoscope de la classe.
Un autre jeu du site www.alimentacion.es pourra éventuellement être proposé aux élèves : Batidora de frutas y verduras (http://www.alimentacion.es/es/campanas/consumo_fruta_verdura_escuelas/batidora_peliprincipal.aspx).

PLANETA RESPONSABLE

→(p. 89)

A. Les objectifs

Domaine du socle commun

D1. Les langages pour penser et communiquer
D3. La formation de la personne et du citoyen.

Connaissances et compétences culturelles

- Éducation aux médias : découvrir une campagne de sensibilisation organisée par le ministère de l'Agriculture, de l'Alimentation et de l'Environnement espagnol (*Ministerio de Agricultura, Alimentación y Medioambiente*).
- Construire son parcours citoyen : avoir une attitude éco-citoyenne, connaître et consommer les fruits et légumes de saison afin de respecter l'environnement et sa santé.

B. Pistes d'exploitation et description des attendus

La page *Planeta responsable*, avec le document *Frutas y verduras de temporada*, est en lien étroit avec le thème de l'unité, l'alimentation saine et l'hygiène de vie. Il s'agira ici de sensibiliser les élèves à avoir une attitude éco-citoyenne en respectant le rythme des saisons dans leur consommation de fruits et légumes. Cette activité s'inscrit dans la construction du parcours citoyen stipulé dans les programmes.
Les élèves vont découvrir ici l'affiche de sensibilisation qui accompagne le calendrier publié par le *Ministerio de Agricultura, Alimentación y Medioambiente* en 2008 pour encourager les Espagnols à consommer les fruits et légumes en fonction des récoltes saisonnières. Ce calendrier est téléchargeable sur :
http://www.alimentacion.es/fr/campanas/frutas/frutas_verduras_temporada/
Cette activité ne présente pas de difficulté. Elle pourra être réalisée en îlots. Les élèves sont invités à s'exprimer de s'exprimer de façon simple, ils sont guidés par les amorces ou les questions 1a, 2b, 2c et 3d. Le lexique nécessaire à l'expression est donné dans la boîte *Palabras*. S'il ne l'a déjà fait, l'enseignant invitera les élèves à consulter le dictionnaire visuel à la fin du manuel (pages 148-149) ou à le manipuler dans sa version interactive en se connectant sur le site compagnon, collegien.nathan.fr/estupendo5.

C. Prolongements et activités supplémentaires

En prolongement d'activité, on pourra demander aux élèves, en groupes, de choisir une saison et de réaliser une affiche pour encourager les jeunes à consommer les produits récoltés à telle ou telle saison. Ils présenteront oralement leur affiche aux autres élèves de la classe.

Lengua Juega y repasa

→(p. 90-91)

CD2 piste 61 (Trabalenguas)

→ Autres exercices : Cahier d'activités p. 89 (corrigé en fin de rubrique)

Dans la première page de *Lengua: Juega y repasa*, les élèves pourront consolider les acquis lexicaux de l'unité grâce à plusieurs exercices ludiques et illustrés. Cette page se compose de quatre séries d'activités classées par champ lexical (*Las comidas, Las frutas y verduras, Los alimentos, La salud).*
L'exercice 6, *Trabalenguas*, propose un entraînement à la prononciation et au respect de la prosodie à travers la mémorisation d'un virelangue qui reprend le champ lexical de l'alimentation. L'enseignant fera écouter la piste 61 du CD2 de la classe, en cliquant sur le picto du CD s'il utilise le **manuel numérique**, et invitera les élèves à répéter plusieurs fois *Antón, comilón* et à le mémoriser pour le cours suivant. On insistera sur la bonne prononciation du *ch* qu'ils auront vu dans *Fonética* du *Paso 1* et également les sons [an] et [on] qu'ils auront travaillés dans l'unité 5.
Cette page peut être traitée en cours ou donnée en préparation à la maison.

Corrigé

Las comidas

1. a. *Son las dos y cuarto. Es la hora de la comida.* **b.** *Son las nueve. Es la hora de la cena.* **c.** *Son las cinco y media. Es la hora de la merienda.* **d.** *Son las siete y media. Es la hora del desayuno.*

Las frutas y verduras

2. *Fruta : a, d, e, h. Verdura : b, c, f, g.*

3. a. *la naranja - el otoño, el invierno* **b.** *la fresa - la primavera, el verano* **c.** *la zanahoria / la primavera* **d.** *el tomate - el verano* **e.** *la manzana - el otoño*

Los alimentos

4. a. *una gamba* **b.** *el arroz* **c.** *un huevo* **d.** *el pescado*

La salud

5. a. *estar enfermo / pachucho* **b.** *moverse / activarse / correr* **c.** *beber agua*

La seconde page de *Lengua: Juega y repasa* est consacrée à deux faits de grammaire vus dans l'unité.

L'enclise → (Mémento p. 136)

Il s'agit ici de donner la définition de l'enclise et de présenter les trois cas où elle est obligatoire : à l'infinitif, à l'impératif et au gérondif, en précisant l'ordre dans lequel apparaissent les pronoms compléments et en attirant l'attention des élèves sur la nécessité d'ajouter un accent écrit sur certaines formes.

Corrigé

1. a. *Hazla para el domingo.* **b.** *Cómelos en verano.* **c.** *Añádela al final.* **d.** *Por favor, pónmelas en la cesta.*

2. a. *Sabes prepararla.* **b.** *Voy al mercado para comprarlas.* **c.** *Le gusta beberlos.* **d.** *Quieren llevártelo.*

L'expression de l'obligation → (Mémento p. 139)

Sont présentées dans cette rubrique en parallèle l'obligation personnelle (*tener que* + infinitif) et l'obligation impersonnelle (*hay que* + infinitif).

Corrigé

3. a. *Hay que hacer deporte una vez a la semana.* **b.** *Hay que moverse y comer sano.* **c.** *Hay que evitar el exceso de azúcar.* **d.** *Hay que consumir pescado.*

4. a. *En invierno, no hay que comer fresas.* **b.** *Mi hermana tiene que ir a hacer la compra.* **c.** *Me gusta la carne y tengo que comprar un pollo.* **d.** *Para no estar enfermo, hay que seguir una dieta equilibrada.*

Mapa mental → (p. 91)

La carte mentale de l'unité 6, intitulée *Para tener una vida sana* part de *Para estar en forma…* dans une bulle centrale pour aboutir à donner des conseils et des recommandations (à un *tú*) pour être en forme et avoir une vie saine

Elle servira à développer la production écrite ou orale et apportera une aide importante pour la réalisation des deux projets de fin d'unité, la *Misión A* et la *Misión B*.

Les trois manières de formuler conseils et recommandations sont traitées avec des couleurs différentes : l'impératif dans un cartouche vert, l'obligation impersonnelle *hay que* + infinitif dans un cartouche rose, l'obligation personnelle *tienes que* + infinitif dans un cartouche bleu.

Les compléments sont « interchangeables », par exemple *¡Come sano!* peut être utilisé comme modèle tel quel ou avec l'obligation impersonnelle : *Hay que comer sano* ; ou l'obligation personnelle : *Tienes que comer sano.* L'élève est ainsi prêt à formuler des conseils et des recommandations pour mener une vie saine et, s'il utilise le cahier d'activités, il pourra s'entraîner à remplir sa propre carte mentale avant de passer avec l'activité 2 de la page 39 à l'expression écrite. L'enseignant pourra la donner à préparer à la maison, par exemple.

La carte mentale de la page 39 du cahier d'activités permettra de mettre en pratique et de fixer les acquis de l'unité, puisque les élèves devront se les approprier pour remplir cette carte mentale centrée sur eux-mêmes. Les premières ramifications s'orientent vers le champ lexical de la vie saine, les secondes, vers celui des fruits et légumes et enfin celui des repas.

On pourrait proposer aux élèves de préparer leur carte mentale personnelle et de la présenter : chacun reprendra à son compte le lexique et les faits de langue fraîchement acquis.

Pour l'activité 2, le professeur invitera les élèves à reproduire les modèles en reprenant à leur compte la carte mentale qu'ils viennent de remplir et qui servira de point de départ de l'expression écrite : tous sont ainsi capables de rédiger un message dans lequel ils expliqueront comment rester en forme. L'enseignant veillera à la mise en forme et au réemploi lexical et grammatical.

Cahier d'activités → (p. 39)

Corrigé

1. *Me preparo*

La bebida. *Hay que beber ocho vasos de agua al día. No hay que beber solo refrescos. ¡Bebe mucha agua!*

La actividad física. *Hay que correr. No hay que no moverse. ¡Actívate!*

La comida. *Hay que comer variado. No hay que no comer fruta y verdura. ¡Come sano!*

2. *Doy consejos y recomendaciones para tener una vida sana.* Les élèves reprendront les éléments de leur propre carte mentale.

TU MISIÓN → (p. 92)

L'objectif de ce projet de fin d'unité est de remobiliser la langue travaillée tout au long de l'unité, cette page est égalementl'aboutissement des projets intermédiaires

Actúa de l'unité. Elle va permettre à l'élève de réinvestir les acquis lexicaux, grammaticaux et culturels dans la réalisation d'un projet concret de fin de séquence. L'enseignant pourra faire le choix de traiter un des deux projets ou laissera le choix aux élèves.

Les deux projets sont des réalisations personnelles. Le premier peut être fait en classe ou à la maison, le deuxième sera envisagé plutôt comme travail à la maison, les élèves auront davantage de temps pour réaliser le montage sonore.

Misión A

Participas en un concurso de carteles para promover la comida sana. Crea un cartel con frutas y verduras.

A. Les objectifs

Connaissances langagières

- l'impératif à la 2e pers. du sing. (verbes réguliers et irréguliers)
- l'enclise
- l'obligation impersonnelle
- le lexique de l'alimentation, des repas et de la santé

Compétences langagières

- écrire un message simple et un slogan sur l'alimentation saine
- faire une présentation (niveau A2).

B. Pistes d'exploitation et description des attendus

Il s'agit pour l'élève de créer une affiche de sensibilisation et de promotion de l'alimentation saine et ensuite de la présenter oralement à la classe.

L'élève va mobiliser ses connaissances langagières acquises au cours de l'unité et va produire d'abord à l'écrit puis à l'oral. Deux affiches auront été étudiées dans l'unité, dans le *Paso 1*, *¡Come pescado!* page 81 et le *Frutas y verduras de temporada* page 89, l'élève n'aura donc pas de difficultés à faire apparaître les différents éléments constitutifs et propres aux affiches de prévention. Si l'enseignant fait réaliser la mission en classe, il aura demandé au préalable aux élèves d'amener des dépliants publicitaires de supermarché, des images, des photos de fruits et légumes.

Le projet se décline en 3 étapes.

- Étape 1 : on attend que l'élève crée une affiche originale avec des images, des photos de fruits et légumes.
- Étape 2 : dans un deuxième temps, l'élève écrira sur son affiche un message et inventera un slogan pour faire la promotion de la consommation de fruits et légumes. Il sera amené ici à utiliser l'impératif, l'enclise éventuellement, l'obligation impersonnelle. Il pourra même créer son propre logo.
- Étape 3 : il présentera son affiche à la classe de façon simple en reprenant des éléments vus dans les différentes activités de l'unité (notamment le document 3 du *Paso 1*).

Misión B

Es el Día Mundial de la Actividad Física. Graba un anuncio radiofónico para incitar a los adolescentes a hacer deporte.

A. Les objectifs

Connaissances langagières

- l'impératif à la 2e pers. du sing. (verbes réguliers + irréguliers)
- l'enclise
- l'obligation impersonnelle
- le lexique des activités physiques et sportives

Compétences langagières

- présenter, avec de courtes phrases, des recommandations sur les activités quotidiennes

B. Pistes d'exploitation et description des attendus

L'objectif de ce projet de fin d'unité est de remobiliser la langue travaillée tout au long de l'unité 6 afin de faire créer aux élèves une annonce radiophonique dont le message est d'inciter les adolescents à pratiquer une activité physique et sportive régulière. Il s'agit d'une production orale en continu. Il est préférable que les élèves réalisent ce projet chez eux pour que les conditions d'enregistrement soient optimales.

Ce travail se décline en trois étapes.

- Étape 1 : les élèves doivent choisir une musique qui servira de fond sonore à leur annonce.
- Étape 2 : on attend que l'élève prépare cinq recommandations et un slogan pour inciter les adolescents à pratiquer une activité physique et sportive. Il sera amené ici à utiliser l'impératif, l'enclise éventuellement, l'obligation impersonnelle et les champs lexicaux de la santé et des activités physiques. L'enseignant rappellera aux élèves que, dans les campagnes de prévention et de sensibilisation en Espagne, la personne le plus fréquemment utilisée est la deuxième personne du singulier, *tú*.
- Étape 3 : l'élève s'enregistrera soit avec son téléphone portable, soit avec un dictaphone, soit avec l'application Vocaroo, très simple d'utilisation. L'élève doit disposer d'un micro et d'une connexion Internet. Si l'ordinateur n'est pas doté d'un microphone, un casque de téléphone portable pourra le remplacer. L'élève se connecte à l'adresse http://vocaroo.com, s'enregistre en cliquant sur *Click to record*. Il peut écouter sa production en cliquant sur *Listen* et s'enregistrer autant de fois qu'il le souhaite si son premier enregistrement ne lui convient pas. Quand

il sera satisfait de sa production, il cliquera sur *Click here to save* et la téléchargera en format MP3 en cliquant sur *Download as MP3*. Il pourra ainsi l'envoyer à son enseignant plus facilement sur la messagerie de l'ENT. Il pourra aussi enregistrer son travail sur clé USB qu'il remettra à son enseignant.

C. Prolongements et activités supplémentaires

On pourrait envisager de compiler les annonces radiophoniques des élèves et de les publier dans l'ENT, le blog de la classe ou le site du collège. Un vote peut être organisé pour élire la meilleure annonce. Il serait même envisageable de diffuser ces annonces lors de la Journée Santé du Collège (voir EPI 1 *Dieta mediterránea*).

UNIDAD 7

¿Hacemos planes?

OUVERTURE

→ (p. 93)

A. Objectifs et cohérence de l'unité

Activités langagières A1+/A2

Écouter et comprendre
- Comprendre les préparatifs d'une fête.
- Comprendre un projet de sortie, de vacances.
- Comprendre le temps qu'il fait.

Lire
- Comprendre une invitation pour participer à une fête, une sortie.
- Comprendre un programme d'activités.

Réagir et dialoguer
- Échanger des informations sur ce que je vais faire pendant les vacances, pendant le week-end.
- Proposer une sortie, un projet.

Parler en continu
- Présenter ou décrire un projet : programmer une sortie.

Écrire et réagir à l'écrit
- Rédiger une liste en vue d'organiser une fête.
- Écrire une invitation, un SMS pour proposer une sortie.

Des fiches duplicables d'évaluation viennent clore chaque unité. Elles comprennent une fiche "Évaluation des compétences", avec des exercices d'évaluation de toutes les activités langagières travaillées dans l'unité, et une fiche "Test de connaissances" pour évaluer les connaissances acquises en phonologie, lexique, grammaire et culture. Le CD3 classe comprend, pour chaque unité, une piste pour "Écouter et comprendre" et une piste pour la phonologie.

B. Pistes d'exploitation et description des attendus

L'unité 7 *¿Hacemos planes?* constitue l'aboutissement du travail mené dans *¡Estupendo!* Dans cette unité, les élèves vont pouvoir programmer des projets de sorties et de vacances, faire des propositions et programmer des sorties. Ils utiliseront notamment le présent du subjonctif, le futur proche et l'impératif (2e pers. pl.), tout en se familiarisant avec le lexique des loisirs, des vacances et de la météo.

Cette unité s'inscrit encore une fois dans une démarche active et communicative et s'appuie sur des documents authentiques mobilisant les activités langagières de communication, des supports numériques. Elle s'articule autour de la dimension culturelle et de la réalité du monde hispanophone contemporain.

L'enseignant pourra consacrer quelques minutes pour lire la page d'ouverture avec la classe en insistant sur les compétences à travailler, aux niveaux A1+/A2, et sur les points de langue et de culture. Toujours dans le but de construire la dynamique de projets, il lira les deux projets de la rubrique *Tu misión* proposés en fin d'unité qui sont la réalisation concrète de celle-ci. Grâce au **manuel numérique** et au zoom, l'enseignant pourra accueillir les élèves en projetant la photo d'ouverture qui sera isolée et projetée en grand. On pourra consacrer quelques minutes à son exploitation. On élucidera le terme *excursión*, qui peut recouvrir le terme de voyage, de sortie ou de tour. On attendra des élèves qu'ils fassent part de leurs remarques, ils pourront décrire les cinq adolescents (tant leur aspect physique que l'impression qui se dégage du groupe) ainsi que le contexte : *parecen contentos, felices, están en la playa*, par exemple. Le professeur aura à cœur de valoriser des prises de parole structurées.

PASO 1 A preparar la fiesta

→ (p. 94-95)

▶ Je comprends les préparatifs d'un anniversaire, d'une fête.

→ **Activités d'accompagnement, Cahier d'activités p. 40-41**

1 TEXTE VEN A MI FIESTA

CD2 piste 64

A. Les objectifs

Connaissances et compétences langagières

- le futur proche : *ir a*
- le subjonctif présent de *invitar* et de *querer*
- le lexique de la fête d'anniversaire

Connaissances et compétences culturelles

- les habitudes des Espagnols pour les préparatifs d'anniversaires

B. Pistes d'exploitation et description des attendus

Cette première activité de compréhension de l'écrit, qui pourrait être réalisée en une demi-heure, doit permettre aux élèves de s'approprier les outils langagiers et le lexique des préparatifs d'une fête.

Dans un premier temps, le professeur utilisateur du **manuel numérique** projettera, à l'aide du zoom, le titre du document afin de contextualiser la compréhension. Les élèves comprendront rapidement le thème évoqué et reconnaîtront la deuxième personne de l'impératif du verbe *ir*, qu'ils ont abordée dans l'unité 6. Il zoomera également sur la rubrique *¡Ojo!* pour élucider le terme *cumpleaños*. Puis, il projettera le document au tableau et demandera aux élèves de définir la nature du document. **Énoncés attendus** : *Es un texto, un diálogo más exactamente*. Pour aider à la compréhension du texte, on pourra éventuellement indiquer devant chaque tiret le personnage qui intervient : *la madre / el chico*. Puis, on laissera un temps de lecture pour que la classe s'approprie le sens du texte. En fonction du degré d'autonomie du groupe, l'enseignant demandera aux élèves de répondre à l'oral aux questions de la consigne 1. **Énoncés attendus** : a. *La madre va a hacer una tarta y a comprar zumos porque es el cumpleaños de su hijo.* b. *Le propone que llame a sus amigos y los invite.* c. *El chico dice en su invitación que sus amigos vengan con quien quieran* d. *Les dice también que traigan algo sin precisar qué.* Un élève pourra prendre en charge la synthèse à l'oral et la classe sera sollicitée pour compléter éventuellement. Le professeur signalera l'usage spécifique du subjonctif après un verbe exprimant la volonté le souhait, le but.

Dans un deuxième temps, on invitera les élèves à construire la réponse 2 à l'écrit dans leu cahier, par exemple. Le professeur lira avec eux la consigne pour lister les attendus. Il pourra projeter la consigne et souligner les trois étapes de la réponse (*le da las gracias / le dice con quién va a ir / lo que va a llevar*). Il aidera les élèves en difficulté en donnant les amorces à compléter. Le professeur signalera la construction du futur proche grâce à la rubrique *Apuntes de gramática*. Enfin, l'enseignant pourra collecter les productions en vue de les afficher. On pourra prévoir un temps de correction collaboratif.

C. Prolongements et activités supplémentaires

Pour s'assurer de la bonne compréhension du texte, on fera lire trois élèves à haute voix. On pourra aussi demander aux élèves de ne mémoriser que les parties dialoguées pour les interpréter devant la clase, lors de la séance suivante.

2 DOCUMENT VISUEL Es mi cumpleaños

A. Les objectifs

Connaissances et compétences langagières

- *para que* + subjonctif
- le subjonctif présent de *traer, tener, venir*
- le lexique de la fête d'anniversaire

Connaissances et compétences culturelles

- un tableau de Carmen Lomas Garza (peintre *chicana*), *La barbacoa*

B. Pistes d'exploitation et description des attendus

Le professeur utilisateur du **manuel numérique** pourra projeter le tableau *La barbacoa* et laisser le groupe décrire ce qu'il voit. Les élèves seront invités à utiliser *hay* (Unité 4) mais aussi la forme progressive (Unité 5) s'ils souhaitent décrire les actions des personnages. Puis, le professeur lira avec la classe les consignes pour accompagner la description, et donc la prise de parole en continu. On pourra, en amont, zoomer sur la rubrique *Apuntes de gramática* pour mettre l'accent sur la construction *para que* + subjonctif présent. On pourra au besoin rappeler les étapes de la description grâce à la fiche méthodologique **Apprendre à apprendre** « Décrire une image », page 128 et rappeler l'usage de la boîte *Palabras* pour aider à l'expression. Les élèves pourront alors décrire plus précisément le tableau en répondant aux questions ou en complétant les amorces. **Énoncés attendus** : a. *El cuadro se llama* La barbacoa. b. *Hay una piñata para que los niños inviten a sus amigos, celebren el cumpleaños, jueguen, lo pasen bien, se diviertan.* c. *Una tarta está preparada para que se celebre el cumpleaños, etc.* d. *Se organizan actividades para que los invitados se diviertan, lo pasen bien, jueguen juntos, estén en el jardín, se diviertan.* Toutes les autres formulations pertinentes liées à la description seront valorisées et encouragées. Dans le cas où les élèves se trompent, le professeur les invitera à justifier les réponses et privilégiera l'intercorrection et/ou l'autocorrection. On demandera à un élève de prendre en charge la synthèse à l'oral.

C. Prolongements et activités supplémentaires

Dans le cadre du parcours artistique et culturel, on pourrait envisager que les élèves enregistrent les descriptions avec un lecteur MP3 pour réaliser un audioguide, par exemple. Afin de réemployer les formes du subjonctif, on pourrait demander aux élèves qui utilisent le cahier d'activités de faire les exercices de la partie A, page 40.

3 DOCUMENT AUDIO

Celebramos el fin de curso

DVD classe, CD2 piste 66, MP3 piste 78

Script

Paco: Vamos a ver... los vasos de plástico... las servilletas... las bebidas... dos bolsas de palomitas... tres de patatas... y los caramelos...
Sara: Pero Paco ¿qué haces?
Paco: Mira, vamos a celebrar el fin de curso y tengo que traer un montón de cosas.
Sara: Y ¿dónde vais a celebrarlo con el tiempo que hace?
Paco: Bueno, pues... a lo mejor en el parque si hace buen tiempo. Y si llueve, nos quedamos en el instituto.
Sara: ¡Qué bien!, y ¿qué vais a hacer?, ¿qué planes tenéis?
Paco: No sé, vamos a estar un momento allí, a lo mejor jugamos un partido, no sé. O a lo mejor vamos a comer helados.
Sara: Bueno.
Paco: ¿Sí? ¿Quién es?
María: Hola, soy María.
Paco: Pasa.
María: Hola, Sara.
Sara: Hola.
María: ¿Qué tal, Paco? ¿Lo tienes todo? ¿Tienes el balón para que juguemos?
Paco: Sí, lo tengo todo.
María: Pues, ¡vámonos! Adiós.

A. Les objectifs

Connaissances et compétences langagières

- *para que* + subjonctif présent
- le subjonctif présent de *traer, tener, venir*
- *ir a* + infinitif
- l'expression de l'hypothèse avec : *a lo mejor* + indicatif présent
- le lexique de la fête d'anniversaire
- le lexique de la météo

Connaissances et compétences culturelles

- la préparation d'une sortie pour fêter la fin de l'année scolaire en Espagne

B. Pistes d'exploitation et description des attendus

Attention, une erreur n'a pas été corrigée dans le livre de l'élève : le jeune adolescent de la vidéo s'appelle Paco et, dans les questions du manuel, on y fait référence sous le nom de Pedro. On devra le faire remarquer aux élèves pour qu'ils corrigent quand ils répondront aux questions ou qu'ils compléteront les amorces des consignes. Dans les corrigés, le nom est rectifié.

Cette activité vise à l'entraînement à la compréhension d'un document audiovisuel. On anticipera cette compréhension en faisant observer le post-it pour élucider le lexique de la liste. On pourra aussi zoomer sur la boîte *Palabras* afin de comprendre le sens de *palomitas*. Puis, le professeur lira avec les élèves les amorces et les questions à compléter. Il passera une première fois la vidéo, dans le but de faire identifier les personnages et le contexte, et les élèves répondront aux questions 1a et 1b. **Énoncés attendus** : a. *Paco y Sara son hermanos, están en casa.* b. *Paco y sus compañeros van a celebrar el fin de curso.*

On pourra faire écouter le document une deuxième fois pour que les élèves traitent les questions 1c et 1d. **Énoncés attendus** : c. *Sí, si hace buen tiempo van a ir al parque, Paco tiene el balón para jugar un partido, a lo mejor van a comer un helado.* d. *Si llueve se van a quedar en el instituto.* On demandera à un élève de rendre compte du document visionné. Un élève moins à l'aise pourra lire la liste des choses qu'apporte Paco. Un deuxième visionnage fractionné (avec ou sans le son ponctuellement) aidera à la compréhension.

Dans un deuxième temps, l'enseignant abordera la phase d'expression orale en continu en demandant aux élèves de réaliser l'activité 2 et en leur laissant un temps de préparation. Le professeur pourra zoomer sur la rubrique *Apuntes de gramática* pour rappeler la construction de *ir a* + infinitif. Dans le but de mettre en pratique cette structure, il pourra aussi demander aux élèves de réaliser l'exercice 1 de la rubrique *Practica*. Les élèves pourront bien évidemment s'inspirer de la vidéo en utilisant : *Vamos a ir al parque, vamos a jugar un partido, etc.* Mais ils pourront tout autant s'appuyer sur le lexique des deux boîtes *Palabras* du *Paso 1* pour produire : *Vamos a pasarlo bien, vamos a divertirnos, etc.*

Il est conseillé de clore la séance par un visionnage global.

C. Prolongements et activités supplémentaires

Pour des élèves qui auraient des difficultés à s'exprimer devant le groupe, on les autorisera à rédiger un court message pour convaincre.

ACTÚA

Ce premier projet intermédiaire de l'unité 7 constitue un entraînement à l'expression écrite pour la *Misión A*. Il mobilise le lexique travaillé, le subjonctif présent et la construction de *ir a* + infinitif. Il est centré sur l'élève et mobilise sa capacité à rédiger un projet : écrire une invitation.

Pour mettre en œuvre cette activité, l'enseignant laissera un temps de préparation en classe ou donnera ce travail à

faire à la maison. On pourra inviter les élèves à se référer à la page 129 – Organiser ses idées pour écrire. Pour des élèves en difficulté, il sera recommandé de donner des amorces à compléter ou bien de suivre les exemples des exercices A2 et A3 de la page 40 du cahier d'activités.
Les élèves devront réutiliser dans leur production les structures suivantes : *os propongo que, para que, vamos a* + infinitif ainsi que le lexique des préparatifs liés à la fête.
Les élèves pourront mettre en page ces invitations pour les rendre attrayantes, on pourrait imaginer qu'elles soient postées sur l'ENT de la classe. On pourrait envisager également un vote pour la plus belle invitation, la plus drôle, la plus convaincante.

Apuntes de gramática

MEMORIZA

- *Ir a* + infinitif
- Le présent du subjonctif (verbes du 1er groupe)
- Verbes irréguliers au présent du subjonctif : *venir, tener, traer*
- *Decir que, proponer que* + subjonctif
- *Para que* + subjonctif

PRACTICA

Corrigé

1. a. *Van a preparar la fiesta.* **b.** *Voy a ir al cumple de mi mejor amigo.* **c.** *Vais a beber zumos.*
2. a. *Te propongo que cantes para mi cumpleaños.* **b.** *Me dice que la acompañe a la fiesta.* **c.** *Sara propone que los chicos la esperen abajo.*
3. a. *Mi amiga me dice que venga con ella.* **b.** *Nos propone que traigamos las bebidas.* **c.** *Los acompaño con el coche para que no tengan que correr.*

Pistes de travail à la maison

Les consignes de travail possibles pour le *Paso 1* pourront être les suivantes :
– Relire le texte de la page 94 *Ven a mi fiesta* à haute voix en faisant une lecture expressive à trois.
– S'entraîner pour être capable de décrire le tableau *La barbacoa* de la page 94.
– Mémoriser les deux boîtes *Palabras*.
– Mémoriser la conjugaison du verbe *invitar* au présent du subjonctif (et se le remémorer au présent de l'indicatif).
– Faire une liste de courses pour organiser une fête.
– Faire les exercices *Practica* de la rubrique *Apuntes de gramática*.
– Exercices du cahier d'activités pages 40-41 pour les élèves qui l'utilisent.

Cahier d'activités → (p. 40-41)

Corrigé

Exercice 1
a. *venir, traer, invitar, celebrar, decir, preparar* **b.** Subjonctif : *vengan, traiga, celebremos, digas, invites, preparéis* - Indicatif : *invitan, celebra, decís, preparas, vengo,traigo*

Exercice 2
vengas, prepares, quieras

Exercice 3
a. *Te propongo que invites a un amigo.* **b.** *Mi mamá propone que traigáis palomitas.* **c.** *Te digo que prepares una tarta.* **d.** *Compro las bebidas para que no tengas que ir al supermercado.*

Exercice 4
¡Cumpleaños feliz! ¡Cumpleaños feliz! Te deseamos todos ¡Cumpleaños feliz!

Exercice 5
Bulles de gauche : *supermercado, palomitas* - Bulles de droite : *palomitas, caramelos, vasos, bebidas, tarta*

Exercice 6
a. *las matemáticas* **b.** *el instituto* **c.** *el invierno* **d.** *acostarse*

Exercice 7
Si llueve no vamos a preparar una barbacoa. / vais a quedaros en casa. / van a ir al cine. / voy a escuchar música.
Si hace buen tiempo vas al parque a jugar un partido. / voy a escuchar música.

PASO 2 Salimos

→ (p. 96-97)

▶ Je programme une sortie.

→ Activités d'accompagnement, Cahier d'activités p. 42-43

1 DOCUMENT VISUEL

VENID A LA FERIA

A. Les objectifs

Connaissances et compétences langagières

– l'impératif à la 2e personne du pluriel
– *para que* + subjonctif présent
– le subjonctif présent de *subir, ir*

Connaissances et compétences culturelles

– la découverte de la *Feria* en Espagne

B. Pistes d'exploitation et description des attendus

Cette activité, qui peut être faite en 15 minutes, vise à l'entraînement de la compréhension de l'écrit au travers d'un document authentique : une affiche pour la Feria de Puerto Real. Pour préparer la compréhension, le professeur qui utilise le **manuel numérique** pourra zoomer sur l'affiche. On élucidera le terme *Feria* (fête foraine, fête, foire). La rubrique *Apuntes de gramática* permettra l'élucidation de *venid*. On pourra laisser un temps pour que la classe décrive et s'exprime librement en faisant travailler la mémoire immédiate, après avoir fait fermer le manuel ou éteindre l'ordinateur. On demandera aux élèves de lire la boîte *Palabras* pour qu'ils puissent aisément répondre aux questions de compréhension. Ces questions pourront mener les élèves de la compréhension de l'écrit vers l'expression orale en continu. Quelques élèves pourraient prendre en charge la synthèse du document. **Énoncés attendus :** a. *No, los personajes no están en un salón. Los personajes están en un autobús.* b. *Van a la Feria en autobús.* c. *Y para que vayamos a la feria el cartel nos dice: "Venid a la Feria en autobús".*

On prendra le temps de faire un rappel sur la construction du subjonctif à l'aide de la rubrique *Apuntes de gramática*. L'enseignant utilisateur du **manuel numérique** pourra mettre en surbrillance les points de langue sur lesquels il jugera utile d'insister. Puis, le professeur proposera l'activité d'expression écrite : écrire un SMS à un ami. On pourra accompagner les élèves en difficulté par une amorce : *Hola, quiero que...* On encouragera les élèves plus à l'aise à étoffer leur production.

C. Prolongements et activités supplémentaires

Certains élèves pourraient être sollicités pour écrire au tableau leur production. Cette mise en commun pourrait être corrigée par la classe.

2 **DOCUMENT AUDIO**

¡A PASARLO BIEN! 

CD2 piste 68 (sans pause), pistes 69 à 72, MP3 piste 80

Script

Daniel: Oye ¿quieres que vayamos al parque este sábado?
Iker: ¿Cómo no?, claro. A ver, enséñame la página web, porfa...
Daniel: A veeer... //
Iker: ¡Qué bien! Hay una atracción que se llama el rotor. ¡Estupendo!
Daniel: Ay mira, a esta sí quiero que subamos: las sillas voladoras.
Iker: De acuerdo, espero que no me maree. Sobre todo si comemos algodón de azúcar. //
Daniel: ¡Ah no! No quiero que comamos chucherías. No me gustan. Lo que quiero es que vayamos a los rápidos.
Iker: Vale. Si nos da tiempo, sí. //
Daniel: Bueno, lo hablo con mis padres, a ver qué dicen.
Iker: Vale, yo igual, voy a preguntar a mi madre; espero que diga que sí.

A. Les objectifs

Connaissances et compétences langagières

- l'expression du souhait, de la volonté: *desear que, querer que, proponer que* + subjonctif présent
- subjonctif présent de *decir, subir, ir*
- le futur proche avec *ir a* + infinitif : *vamos a subir, vamos a hacer...*
- lexique des attractions et des parcs de loisirs

Connaissances et compétences culturelles

- un parc d'attractions à Madrid
- les activités et les loisirs des jeunes madrilènes

B. Pistes d'exploitation et description des attendus

Cette activité pourra être réalisée en une vingtaine de minutes. Le professeur pourra demander si les élèves connaissent un synonyme de l'expression : *pasarlo bien* (boîte *Palabras* p. 94). Il pourra demander de formuler des hypothèses grâce à *a lo mejor* sur la thématique abordée. **Énoncé attendu** : *A lo mejor vamos a hablar de una feria, de una fiesta, etc.* Puis, le professeur dévoilera le plan du parc et zoomera sur la boîte *Palabras* pour anticiper les difficultés de compréhension. On lira les questions de compréhension et les amorces pour les guider. On procédera à une première écoute pour que les élèves saisissent le sens global, puis on pourra leur faire écouter la première piste de la version fragmentée pour qu'ils puissent compléter l'amorce 1a. **Énoncé attendu** : *Para informarse, Iker y David consultan la página web del parque de atracciones.* Une deuxième écoute globale ou l'écoute fragmentée des trois pistes suivantes permettra aux élèves de compléter les amorces 1b et 1c et de répondre à la question 1d. **Énoncé attendu** : b. *Daniel quiere que suban a las sillas voladoras, quiere que vayan a los rápidos pero no quiere que coman chucherías.* c. *Antes de ir, Iker y Daniel van a preguntar (pedir permiso) a sus padres.* d. *Iker quiere / espera que su madre diga que sí.* Dans le cas où les élèves se trompent, on les invitera à justifier les réponses et on privilégiera l'intercorrection et/ou l'autocorrection.

Dans un deuxième temps, on mettra les élèves en binômes pour réaliser ce travail. On rappellera la construction du subjonctif grâce à la rubrique *Apuntes de gramática*, l'usage de *querer que / esperar que* + subjonctif. On veillera à constituer des binômes équilibrés. On apportera des aides spécifiques selon les besoins (amorces, expressions figées). Avant la restitution, on pourra conseiller la lecture en autonomie de la fiche **Apprendre à apprendre**, « Se préparer à prendre la parole », page 127. Une écoute fragmentée facilitera, en cas de besoin, la compréhension et on veillera à clore la séance par une dernière écoute globale.

C. Prolongements et activités supplémentaires

On pourra inviter certains binômes à interpréter le dialogue produit. On pourrait aussi donner l'occasion aux élèves de s'enregistrer avec des MP3 et de poster les productions sur l'ENT de la classe.

3 TEXTE ¿DÓNDE QUEDAMOS?

A. Les objectifs

Connaissances et compétences langagières

- *querer, esperar, proponer que* + subjonctif présent
- le subjonctif présent de *decir, ir, venir*
- les expressions pour donner rendez-vous : *quedar en, a, con*
- savoir parler du temps qu'il fait

Connaissances et compétences culturelles

- les codes de communication pour décider d'un rendez-vous par le biais de messages SMS

B. Pistes d'exploitation et description des attendus

Il s'agit ici d'entraîner les élèves (durée : 20 minutes) à la compréhension d'un échange de messages écrits. Si on utilise le **manuel numérique**, on agrandira le titre du document à l'aide du zoom et on élucidera le terme *quedar* associé aux prépositions citées avant. L'enseignant mettra en surbrillance la boîte *Palabras* et rappellera l'importance de son utilisation pour pouvoir s'exprimer et répondre aux questions liées aux documents. On pourra laisser un temps de lecture individuelle pour que chaque élève s'approprie le document, puis un temps pour que les élèves préparent les réponses en binômes. Cette étape permettra au professeur d'aider certains élèves et de guider éventuellement la lecture. Après cette phase, on invitera les élèves à rendre compte de ce qu'ils ont compris en répondant . **Énoncés attendus** : a. *Marcos está en casa.* b. *Marcos se aburre.* c. *Lucía quiere que queden en la plaza.* d. *Marcos propone que vayan a la bolera si llueve.* e. *Gabriel y Carla van a ir también. Lucía pregunta a Marcos: ¿Quieres que les diga que vengan con nosotros? y Marcos contesta: Vale.*

Dans un deuxième temps et après relecture silencieuse du document, on proposera aux élèves de rédiger le message de Lucía en faisant l'activité 2 d'expression écrite. On guidera les élèves, au besoin, par des amorces : *Si llueve, te propongo que... / Si hace buen tiempo, te propongo que...* Les élèves qui utilisent le cahier d'activités pourront réaliser les exercices A2 et A3 de la page 42 pour se préparer.

En fin de séance on proposera aux élèves une lecture expressive du texte.

C. Prolongements et activités supplémentaires

On pourra proposer aux élèves de s'échanger les messages pour qu'ils se corrigent mutuellement. On pourrait aussi faire rédiger la réponse de Gabriel ou de Carla.

ACTÚA

Ce deuxième projet intermédiaire de l'unité 7 constitue un entraînement à l'expression orale en interaction et prépare à la *Misión B*. Il mobilise le lexique travaillé, le subjonctif présent des formes irrégulières *ir* et *decir*, l'expression du souhait et de la volonté. Il entraîne à la capacité de proposer un projet alternatif. Il s'agit donc de réinvestir les points de langue et de remobiliser les compétences langagières travaillées précédemment. Ce travail pourra se faire en classe ou à la maison.

En appui, on pourra demander aux élèves de relire l'échange SMS *¿Dónde quedamos?* On les invitera à relire la rubrique *Apuntes de gramática* pour anticiper d'éventuelles difficultés dans la construction du subjonctif présent. Après préparation, on invitera quelques groupes à interpréter les dialogues. Le professeur et la classe pourront donner des conseils pour améliorer la prestation.

Apuntes de gramática

MEMORIZA

- Le présent du subjonctif (verbes du 2e et du 3e groupes)
- Verbes irréguliers au présent du subjonctif : *ir, decir*
- *Querer que, esperar que* + subjonctif
- L'impératif (2e pers. du pl.)

PRACTICA

Corrigé

1. a. *No quieren que Lucía y Pedro coman dulces.* **b.** *Lucía no quiere que Marcos se aburra.* **c.** *Espero que no subáis al rotor.* **d.** *Quiere que sus amigos vayan a la bolera.*

2. **a.** *Escribid una carta.* **b.** *Acompañadme.* **c.** *Coged el autobús n° 6.* **d.** *Quedad con nosotros.* **e.** *Decidnos cómo te llamas.*

Pistes de travail à la maison

Les consignes de travail possibles pour le *Paso 2* pourront être les suivantes :
- S'entraîner à décrire l'affiche page 96, *Venid a la Feria en autobús*.
- Apprendre par cœur les deux boîtes *Palabras*.
- Mémoriser les conjugaisons des verbes *comer* et *subir* au subjonctif.
- Mémoriser les conjugaisons des verbes irréguliers *ir* et *decir* au subjonctif.
- S'entraîner à la conjugaison de la 2e pers. du pluriel à l'impératif.
- S'entraîner à bien prononcer grâce à la rubrique *Fonética*.
- Réaliser les exercices *Practica* de la rubrique *Apuntes de gramática*.
- Exercices du cahier d'activités pages 42-43 pour les élèves qui l'utilisent.

Cahier d'activités → (p. 42-43)

CD3 piste 15, MP3 piste 14 Spécial cahier

Script Spécial cahier

Pour l'exercice C7, page 43
Hay tormenta en Navarra.
Llueve en Cataluña.
Hace buen tiempo en Castilla.
Hace calor en Andalucía.

Corrigé

Exercice 1
vaya, vayas, vaya, vayamos, vayáis, vayan
diga, digas, diga, digamos, digáis, digan

Exercice 2
–Hola. ¿Quieres que vayamos a la feria este fin de semana?
–¡Buena idea! Espero que mi padre acepte.
–Espero también. ¿Quieres que cojamos el autobús?
–Sí.

Exercice 3
vayamos, subamos, comamos

Exercice 4
Venid - Disfrutad - pasad - Invitad - vivid

Exercice 5
1. *paraguas* 2. *parque* 3. *amigos* 4. *bolera* 5. *feria* 6. *autobús* 7. *atracciones*

Exercice 6
El tiempo libre es fantástico. Las vacaciones siempre son geniales.

Exercice 7

Hay  en Navarra.
 en Cataluña.
Hace  en Castilla.
Hace  en Andalucía.

PASO 3 ¡Viva el verano!

→ (p. 98-99)

▶ Je dis ce que je vais faire pendant les grandes vacances.

→ Activités d'accompagnement, Cahier d'activités p. 44-45

1 TEXTE

VAMOS A BUCEAR MAÑANA

A. Les objectifs

Connaissances et compétences langagières

- *querer, esperar, proponer que* + subjonctif présent
- le subjonctif présent de *hacer, ir, venir*
- l'interdiction *no* + présent du subjonctif
- les expressions pour donner rendez-vous : *quedar en, a, con*
- le lexique des activités et de la plongée sous-marine : *montar en bicicleta, bucear, gafas, aletas*

Connaissances et compétences culturelles

- les codes de communication entre jeunes espagnols autour d'une invitation à faire de la plongée
- un court extrait d'un roman jeunesse de Carlos Ruiz Zafón, auteur espagnol de renom

B. Pistes d'exploitation et description des attendus

Les activités proposées pour ce document, qui pourront être réalisées en une demi-heure, visent à l'entraînement à la compréhension de l'écrit. Ce texte permet de réinvestir certaines connaissances sur les activités des adolescents, ici la plongée sous-marine et l'organisation d'une sortie. L'enseignant pourra mettre en confiance les élèves en leur rappelant qu'il n'est pas indispensable de comprendre tous les mots d'un texte pour accéder au sens et il attirera leur attention sur le renvoi aux notes de vocabulaire. S'il utilise le **manuel numérique** il mettra le terme *bucear* en surbrillance grâce au surligneur. Ce

terme se trouve dans la boîte *Palabras* correspondant aux deux documents de la page ; le professeur insistera sur l'importance du lexique donné dans ces boîtes qui permet à l'élève de s'exprimer et de répondre aux questions. Le mot *verano* du titre a déjà été évoqué dans l'unité *¡Bienvenidos!* avec les saisons, ce sera l'occasion de faire récapituler les saisons à la classe.
On projettera l'extrait de *El príncipe de la niebla*, grâce au **manuel numérique**, et on demandera aux élèves de définir la nature du document. **Énoncés attendus** : *Es un texto. Es un diálogo entre dos chicos.* Pour aider à la compréhension du texte, on pourra écrire devant chaque tiret le nom du personnage qui intervient : *Roland* ou *Max.* Puis après lecture des questions on laissera un temps pour que la classe réponde afin de rendre compte du texte. On pourra laisser travailler les élèves en autonomie ou bien les mettre au travail en binômes. Il est souhaitable de faire relire les passages ciblés par les consignes. La phase de synthèse à l'oral permettra de vérifier la bonne compréhension du document, elle sera l'occasion de faire répéter, voire de faire reformuler les éléments de l'activité 1. **Énoncés attendus** : a. *Roland y Max son amigos desde hace tiempo porque Roland sabe dónde vive Max, Max sabe cómo Roland monta en bici.* b. *En verano, Roland va a bucear casi todas las mañanas.* c. *Roland quiere (propone) que Max bucee con él / vaya a bucear con él / le acompañe.* d. *Le dice a Max que no se duerma.*
Dans une deuxième étape, le professeur invitera de nouveau les élèves à travailler en binômes pour réaliser le dialogue entre Max et sa sœur. On pourra au besoin imposer des formes à utiliser : *me propone que…, quiere que…, me dice que…* ou bien laisser les élèves plus libres. Les groupes volontaires pourront l'interpréter devant la classe. Les élèves pourraient aussi enregistrer sur MP3 leurs productions. On pourra faire un rappel de la conjugaison de *hacer* au subjonctif présent en s'appuyant sur la rubrique *Apuntes de gramática.*

C. Prolongements et activités supplémentaires

On pourra faire lire le texte de façon expressive pour s'assurer d'une bonne compréhension de la classe. On pourrait également faire rédiger le SMS de Max à Roland dans lequel il explique que ses parents ne l'autorisent pas à faire de la plongée (*querer que, bucear, hacer*).

2 DOCUMENT AUDIO

UN CAMPAMENTO IDEAL

CD2 piste 78, MP3 piste 85

Script

Miriam: Hola, me llamo Miriam. Este verano voy al campamento "Los Pinos". Estoy muy ilusionada. Voy a pasarlo muy bien. Voy a practicar muchos deportes. También hay una piscina grande, talleres de cerámica, vamos a hacer excursiones. ¿Te lo imaginas? //
Quiero que mi amiga Elisa venga también. Voy a animarla para que hagamos juntas un montón de cosas. Y a lo mejor conocemos a otras personas. //
Gaspar: ¡Hola! ¿qué hay? Mi nombre es Gaspar. Este verano mis padres quieren que vaya a un campamento de verano. Está muy lejos de casa. No me gusta nada el campamento. //
Quieren que participe en talleres de manualidades y que haga deporte. ¡Qué aburrido!
Amigos, ¡venid conmigo! Y a lo mejor me animo.

A. Les objectifs

Connaissances et compétences langagières

- le présent du subjonctif des verbes réguliers : *montar a caballo, participar, nadar, practicar...*
- l'expression du souhait, de la volonté: *desear que, querer que, proponer que* + subjonctif présent
- le présent du subjonctif des verbes irréguliers: *ir, hacer*
- le futur proche : *ir a* + infinitif: *voy a, vamos a...*
- l'utilisation de *nada* devant un verbe
- le lexique des activités et des loisirs

Connaissances et compétences culturelles

- une colonie de vacances pour de jeunes espagnols de 10 à 16 ans
- situer Séville et l'Andalousie

B. Pistes d'exploitation et description des attendus

Cette activité, qui pourra être traitée en une demi-heure, vise à l'entraînement à la compréhension de l'oral.
Pour préparer l'écoute, l'enseignant focalisera l'attention des élèves sur l'affiche de la colonie de vacances « Los Pinos ». S'il utilise le **manuel numérique**, il projettera le document en l'agrandissant grâce au zoom. Il laissera un temps pour que le groupe décrive le document. Cette phase d'expression orale en continu aura pour objectif la description de ce que font les jeunes dans ce camp. Avant de poser la question 1, *¿Qué hacen los chicos en "Los Pinos"?*, le professeur aura eu soin d'insister sur la boîte *Palabras* essentielle pour l'expression. **Énoncés attendus** : *En "Los Pinos" los chicos se van de excursión, nadan en la piscina, practican deportes, montan a caballo, participan en talleres de manualidades.* Dans le cas où les élèves se trompent, on les invitera à justifier les réponses et on privilégiera l'inter correction et/ou l'autocorrection.

Dans un deuxième temps, après lecture des amorces et des questions 2, on fera écouter le document audio dans son intégralité afin de faire réagir les élèves. On pourra leur demander *¿Quiénes son?* **Énoncé attendu** : *Son dos chicos que van al campamento de verano.* On pourra ensuite passer à une écoute de la version fragmentée et on leur demandera de répondre pas à pas. L'enseignant qui utilise le **manuel numérique** cliquera sur l'icône adéquate pour lancer l'audio.

Énoncés attendus : a. *La chica (Miriam) está contenta / ilusionada porque este verano va al campamento Los Pinos, va a pasarlo muy bien.* b. *Quiere que su amiga Elisa venga también para que hagan juntas un montón de cosas.* c. *Este verano el chico (Gaspar) va a un campamento de verano muy lejos de casa* d. *A Gaspar no le apetece nada, le parece aburrido. Sus padres quieren que haga deporte y participe en talleres.*

L'écoute fragmentée sera toujours suivie d'une dernière écoute globale.

Cette activité de compréhension de l'oral donnera lieu à une synthèse orale.

Enfin, le professeur lira la consigne d'expression écrite. Il pourra inviter les élèves à réaliser ce travail seuls ou en binômes. À partir de la rubrique *Apuntes de gramática*, il expliquera la construction de *conmigo* et l'usage de *nada* devant le verbe. Il pourra imposer l'utilisation de ces formules dans le dialogue et demander la réalisation de l'exercice 1 de la rubrique *Practica* pour préparer cet écrit. Ce travail d'expression écrite pourrait être mis en page sur traitement de texte, imprimé et affiché dans la classe. Il constitue un entraînement pour le *Actúa*.

C. Prolongements et activités supplémentaires

On pourra demander aux élèves de réaliser une affiche pour promouvoir *un campamento ideal* en insérant des images d'activités.

3 DOCUMENT VISUEL

Vive el verano en Pontevedra

A. Les objectifs

Connaissances et compétences langagières

- le présent du subjonctif des verbes réguliers *practicar, acampar, descansar, tocar*
- l'expression du souhait, de la volonté : *querer que* + subjonctif
- le présent du subjonctif des verbes irréguliers *ir, hacer*
- le futur proche avec *ir a* + infinitif
- l'utilisation de *nada* devant un verbe
- le lexique des activités et des loisirs

Connaissances et compétences culturelles

- le programme des loisirs d'une ville espagnole
- la ville de Pontevedra, en Galice

B. Pistes d'exploitation et description des attendus

Cette activité pourrait être faite sur une vingtaine de minutes au cours d'une séance. L'enseignant utilisateur du **manuel numérique** projettera la carte d'Espagne et demandera à un élève de situer Pontevedra (réponse à la question 1a). **Énoncés attendus** : *Está en Galicia. Pontevedra es una ciudad del oeste (noroeste) de España.* Puis le professeur projettera l'affiche *Ponte Verano* au tableau. On laissera un temps à la classe pour observer le document et on sollicitera les élèves pour répondre aux questions 1b et 1c, en s'aidant de la boîte *Palabras*. **Énoncés attendus** : b. *Este programa presenta las actividades de ocios en Pontevedra en verano.* c. *Si te gusta practicar deporte, vas a practicar piragüismo, vas a practicar baloncesto, o hacer monopatín… Si no te apetece nada la actividad física, vas a descubrir la astronomía y saber más de las estrellas, tocar música, descansar, acampar, etc.*

Dans une seconde étape, les élèves réaliseront le dialogue de l'activité 2 pour inciter un camarade à participer à des activités. En attirant leur attention sur la rubrique *Apuntes de gramática*, on rappellera la conjugaison de *hacer* au subjonctif présent. On laissera aux élèves un temps de préparation avant une restitution par certains groupes.

C. Prolongements et activités supplémentaires

On pourra aussi donner un peu plus de temps lors de la réalisation et demander aux élèves par binômes d'inventer une conversation téléphonique : *Llama a tu mejor amigo para proponerle que te acompañe a Pontevedra este verano.*

ACTÚA

Ce dernier projet intermédiaire de l'unité 7 constitue un entraînement à l'expression écrite pour la *Misión A*. Il mobilise le lexique des loisirs et des activités, le subjonctif de *hacer, practicar, ir, venir*, la construction de *ir a* + infinitif. Il est centré sur l'élève et mobilise sa capacité à proposer un projet : rédiger un message pour proposer un programme d'activités. Il s'agit donc de remobiliser les points de langue et les compétences langagières travaillés dans la double page.

Pour mettre en œuvre cette activité, l'enseignant laissera un temps de préparation en classe ou donnera ce travail à faire à la maison. On pourra inviter les élèves à se référer à la fiche **Apprendre à apprendre** de la page 129, « Organiser ses idées pour écrire ». Pour des élèves en difficulté, il sera recommandé de donner des amorces à compléter ou bien de s'appuyer sur l'exemple de l'exercice B4 de la page 44 du cahier d'activités.

Les élèves devront réutiliser dans leur production les structures suivantes : *te propongo que, quiero que, vamos a* + infinitif ainsi que le lexique des activités, *conmigo*, l'interdiction *no + subjonctif*. Les messages pourraient être rédigés en salle informatique et postés sur l'ENT de la classe. Les élèves pourraient décider de répondre aux messages qui les intéressent et qui correspondent à leurs goûts.

Apuntes de gramática

MEMORIZA

- Le présent du subjonctif de *hacer*
- L'interdiction *no* + présent du subjonctif
- *Nada* + verbe / *No* + verbe + *nada*
- *Conmigo, contigo*

PRACTICA

Corrigé

1. a. *digan* **b.** *vayamos* **c.** *hagamos* **d.** *jueguen*

2. a. *A mi hermano no le gustan nada las manzanas.* **b.** *No te gusta nada cantar.* **c.** *No nos gustan nada las manualidades.*

3. a. *No llaméis a vuestros compañeros.* **b.** *No abras la puerta.* **c.** *No cuentes conmigo.* **d.** *No comas chocolate.*

Pistes de travail à la maison

- S'entraîner pour être capable de décrire l'affiche *Ponte Verano.*
- Mémoriser les deux boîtes *Palabras.*
- Apprendre la conjugaison du subjonctif présent *de hacer.*
- Faire ou refaire les exercices Practica de la rubrique *Apuntes de gramática.*
- Exercices du cahier d'activités pages 44-45 pour les élèves qui l'utilisent.

Cahier d'activités → (p. 44-45)

CD3 piste 36, MP3 piste 15 Spécial cahier

Script Spécial cahier

Pour l'exercice B5, page 45

Este verano me voy de vacaciones con mi mejor amigo. Lo vamos a pasar muy bien.

Mis padres quieren que aprenda inglés en julio. No me gusta nada.

Me voy de vacaciones en familia. ¡Qué aburrido!

Me voy a Colombia a pasar la Navidad. Vamos a bucear. Estoy muy ilusionada.

Corrigé

Exercice 1

a. *no corras* **b.** *no hables* **c.** *no mires* **d.** *no comas*

Exercice 2

a. *no hagáis* **b.** *no os calléis* **c.** *no durmáis* **d.** *no perdáis* **e.** *no descanséis*

Exercice 3

E	P	S	E	F	C	A	R	G	P
X	I	E	S	I	T	Z	E	B	F
C	R	N	Q	R	E	O	P	O	V
U	A	D	U	V	V	Y	G	L	A
R	G	E	I	W	N	C	I	E	E
S	Ü	R	A	L	E	E	R	R	K
I	I	I	R	J	Y	X	L	A	T
O	S	S	J	X	H	V	P	R	F
N	M	M	R	A	E	C	U	B	V
L	O	O	B	A	I	L	A	R	Q

Exercice 4

a. *Te propongo que practiquemos piragüismo.* **b.** *Queremos que traigáis vuestros monopatines.* **c.** *Proponemos que miren las estrellas.*

Exercice 5

a. *Se va de vacaciones con su mejor amigo. (Lo va a pasar muy bien.)* **b.** *Sus padres quieren que aprenda inglés en julio. (No le gusta nada.)* **c.** *Se va de vacaciones con su familia. (¡Qué aburrido!)* **d.** *Se va a Colombia para la Navidad. Va a bucear. (Está muy ilusionada.)*

Exercice 6

a. *gusta* **b.** *no montes* **c.** *hagamos* **d.** *vayamos* **e.** *son* **f.** *juguemos*

Exercice 7

Toute proposition cohérente sera encouragée et valorisée.

DESCUBRE
Vacaciones al revés

→ (p. 100-101)

A. Les objectifs

Domaine du socle commun

D5. Les représentations du monde et de l'activité humaine.

Pour mieux connaître le monde qui l'entoure comme pour se préparer à l'exercice futur de sa citoyenneté démocratique, l'élève pose des questions et cherche des réponses en mobilisant des connaissances sur […] les expressions artistiques, les œuvres, les sensibilités esthétiques et les pratiques culturelles de différentes sociétés.

Extrait du *Bulletin officiel* n° 17 du 23 avril 2015.

Connaissances et compétences culturelles

Cette double page s'inscrit dans la découverte culturelle liée à l'apprentissage de l'espagnol. Elle permet de sensibiliser les élèves à des réalités géographiques et culturelles du monde hispanique. Les élèves vont découvrir les pays de l'hémisphère sud, les saisons inversées par rapport à l'Espagne et les activités de loisir liées à la géographie.

On y retrouve les points de langue et le lexique abordés et travaillés au cours de l'unité. L'ensemble est présenté sous une forme attractive de manière à éveiller la curiosité de l'élève et à le stimuler dans le réemploi des nouveautés étudiées. Quatre grands visuels montrent des lieux dans différents pays : la plage de Santa Marta en Colombie, la station de ski de Bariloche en Argentine, la plage de Iquique au Chili, et Lunahuaná au Pérou. Une photo plus petite est accolée à chaque visuel et met en avant une activité sportive que l'on peut réaliser dans ces sites : le surf à Santa Marta, le ski à Bariloche, le bubble football à Iquique et le rafting à Lunahuaná. On remarquera que les photos ont de brèves légendes explicatives présentées dans des rubans (A, B, C, D), ainsi que des bulles rectangulaires qui simulent des dialogues en situation. Chaque ruban insiste sur la contradiction entre le mois ou la période de l'année et l'activité proposée.

B. Pistes d'exploitation et description des attendus

Après un moment d'observation, on pourra demander de citer les moments de l'année (mois, saisons, fêtes), les lieux, les pays. On les situera sur la carte interactive du manuel qu'on projettera grâce au **manuel numérique** depuis les ressources. Cette activité peut être réalisée également *En equipo* comme cela est proposé page de droite avec la consigne 1. Les élèves liront les bulles individuellement, ou bien le professeur les lira en les zoomant à l'écran. Après cette lecture on fera une mise en commun rapide. On pourra mettre les réponses en surbrillance directement à l'écran grâce au surligneur du **manuel numérique** ou bien les noter sous forme de tableau.

Énoncés attendus :

Actividades de los jóvenes	Estación – Mes – Fiesta	País
surfear, esquiar, bailar la zumba, jugar al bubble fútbol, acampar, practicar piragüismo, caminar	Verano: Navidad, diciembre, enero Invierno: agosto	Colombia Argentina Chile Perú

Puis on demandera aux élèves de former des groupes pour préparer le projet. Chaque élève prend des notes. Cette activité favorise la compréhension de l'écrit et la prise de notes en vue d'une production orale.

L'élève choisit les vacances qu'il préfère parmi les quatre proposées. Pour cela, il relira les quatre bulles, les rubans et les légendes. Il notera le pays, le mois, le sport et ce qu'il va découvrir. Afin d'aider l'élève, le professeur pourra lui conseiller d'avoir recours à la fiche **Apprendre à Apprendre** « Se préparer à prendre la parole », page 127.

On accordera aux élèves une certaine liberté pour leur prise de notes : ils pourront noter des mots isolés, des verbes à utiliser ou des phrases complètes. On rappellera qu'il s'agit de présenter un projet et donc il leur faudra réinvestir le futur proche *ir a* + infinitif : *Voy a ir a..., voy a viajar en ...., voy a practicar..., voy a esquiar, voy a surfear, voy a descubrir.*

Après cette phase de prise de notes, on passera à la production orale qui est une activité de prise de parole en continu. Cette étape correspond à la consigne 3 de *En equipo*. Chaque membre du groupe présente son projet à partir de ses notes mais il ne dit pas de quelle activité il s'agit. Il sélectionne les informations qui permettront à ses camarades de deviner quelle destination il a choisi. C'est l'occasion de réemployer le lexique appris dans cette unité, l'expression du futur proche, le contenu de la double page. Cette activité permet aussi d'associer le reste du groupe par une question posée en dernier, et de rendre la présentation orale du projet plus dynamique.

Énoncés attendus : *Voy a viajar en Navidad. Voy a estar en una playa que se llama Santa Marta. Voy a descubrir una playa bonita. Voy a surfear con una tabla el día de Navidad. ¿A qué país voy a ir?*

Si on a le temps, on travaillera ensuite l'activité proposée dans *Juega con las estaciones*. Si ce n'est pas le cas, on la donnera à faire à la maison. Ces activités au choix permettent de rebrasser le lexique des activités, des vêtements de l'unité 5 ainsi que les saisons, le climat et le temps qu'il fait. Pour sa réalisation, les élèves peuvent s'appuyer sur la carte de droite qui présente les deux hémisphères.

C. Prolongements et activités supplémentaires

On peut envisager d'organiser un test oral en classe lors de la reprise au cours suivant de façon à rebrasser les acquis culturels et linguistiques de cette double page *Descubre*. On peut également demander aux élèves de présenter leur projet de la consigne 3 *En equipo* à toute la classe qui devinera quelle est la destination choisie par l'élève.

Aula multimedia

→ (p. 102)

1 Cantad con Youtube

DVD classe, CD2 piste 85

Script

"La vuelta al mundo", de Calle 13
No me regalen más libros
Por qué no los leo
Lo que he aprendido
Es porque lo veo
Mientras más pasan los años
Me contradigo cuando pienso
El tiempo no me mueve
Yo me muevo con el tiempo
Soy las ganas de vivir
Las ganas de cruzar
Las ganas de conocer
Lo que hay después del mar
Yo espero que mi boca nunca se calle
También espero que las turbinas de este avión
Nunca me fallen
No tengo todo calculado
Ni mi vida resuelta
Solo tengo una sonrisa
Y espero una de vuelta
Yo confío en el destino
Y en la marejada
Yo no creo en la iglesia
Pero creo en tu mirada
Tú eres el sol en mi cara
Cuando me levanta
Yo soy la vida que ya tengo
Tú eres la vida que me falta
Así que agarra tu maleta
El bulto, los motetes
El equipaje, tu valija,
La mochila con todos tus juguetes.

Estribillo
¡Y! Dame la mano y vamos a darle la vuelta al mundo,
darle la vuelta al mundo,
darle la vuelta al mundo. (bis)

2 Juega con la web

El Parque de atracciones de Zaragoza

3 Crea con las TIC

Mi mapa del tiempo

A. Les objectifs

Connaissances et compétences langagières

- l'impératif à la 2e pers du sing avec l'enclise : *dame la mano*
- le présent du subjonctif des verbes *ir, hacer, montar*
- l'expression du souhait avec *proponer que, apetecer que* + subjonctif présent : *os propongo que montemos en un barco...*
- le futur proche *ir a* + infinitif : *vamos a subir al tren loco, mañana va a hacer sol*
- le lexique de la météo : *hacer sol, las nubes, la lluvia, llover*
- le lexique des attractions dans un parc : *montar a las sillas voladoras, coger el tren*
- le lexique du voyage : *dar la vuelta al mundo, viajar, el avión*

Connaissances et compétences culturelles

- Calle 13, un duo de chanteurs connu de Puerto Rico, de style rap urbain, reggaeton, hip hop
- un parc d'attractions de Zaragoza
- se familiariser avec le bulletin météo et situer des régions d'Espagne

B. Pistes d'exploitation et description des attendus

Cette page intitulée *Aula multimedia* a pour objectif de rebrasser les contenus de l'unité en faisant découvrir par de nouveaux vecteurs multimédia des aspects culturels en lien avec la thématique, et en faisant utiliser les TICE dans une perspective actionnelle et ludique.
Les trois activités proposées peuvent être menées en salle informatique, en classe avec les tablettes, ou à la maison.
L'activité 1 Cantad con Youtube propose une chanson du duo Calle 13 sortie en 2010, « La vuelta al mundo ». La chanson est accompagnée du clip officiel. Il suffit pour l'enseignant utilisateur du **manuel numérique** de démarrer la vidéo en cliquant sur le lien. Le clip est illustré par des dessins paraphrasant les paroles de la chanson. Ces images permettront aux élèves d'identifier le thème de la chanson. Ici, il ne s'agit pas de viser à l'exhaustivité mais de privilégier une approche globale. Cette activité peut être proposée pendant quelques minutes en fin d'heure, ou bien après *Descubre* page 100, car la chanson traite du thème du voyage. Avant de lancer la vidéo, le professeur pourra mettre la classe en contexte. Les élèves imaginent qu'ils regardent une chaîne musicale et ils voient ce clip. Ils doivent trouver le thème de cette chanson, ce qui correspond à la consigne 1 guidée. On lancera alors le clip. À la fin de la chanson, on fera un sondage dans la classe.
Énoncé attendu : *La canción trata de un viaje*. Il n'est pas demandé de justifier mais peut-être les élèves auront-ils envie de parler de l'avion et des bagages. On donnera alors le vocabulaire nécessaire à leur expression.
On passera alors à la deuxième écoute de la chanson et

on se focalisera sur le refrain qui traite spécifiquement du thème du voyage. Celui-ci est répété plusieurs fois, les élèves ne devraient pas avoir de difficultés à compléter le paragraphe de la consigne 2. On invitera la classe à prendre des notes. **Énoncés attendus** : *¡Y! Dame la mano y vamos a darle la vuelta al mundo, darle la vuelta al mundo, darle la vuelta al mundo.*

On terminera la séance ou l'activité par la dernière consigne. On écoutera une dernière fois la chanson et on invitera les élèves à chanter le refrain, qu'ils pourraient apprendre par cœur car il est très bref et répétitif.

La deuxième activité, *Juega con la web*, renvoie sur un site web pour faire un jeu manipulatoire d'un champ lexical ou d'un point culturel vu dans l'unité. Ici il s'agit du site du parc d'attractions de Zaragoza en Espagne http://www.atraczara.com/

Les élèves sont amenés à naviguer sur le plan interactif en passant la souris sur les attractions marquées d'un cœur ♥. Cette activité peut être menée en salle informatique ou sur les tablettes si le collège en est doté. Les élèves travailleront en deux temps : ils feront une lecture rapide de quelques-unes de ces attractions en suivant la consigne 3 pour repérer les informations dont ils auront besoin, puis ils passeront à une prise de parole en continu lors de laquelle ils présenteront à leurs camarades l'attraction qui leur plaît le plus afin de convaincre le groupe de les accompagner. Pour résumer, l'élève suit les premières instructions qui vont le conduire sur la bonne page du site. Ensuite il clique sur les attractions signalées par ♥ et prend des notes : le nom de l'attraction, le nombre de personnes, la particularité de l'attraction. Enfin, il fait un choix et prépare sa présentation. Au préalable, il serait pertinent que le professeur liste les outils linguistiques à mettre en œuvre de façon à guider les élèves. Ces outils pourront être notés au tableau tout le long de l'activité. On invitera la classe à utiliser l'expression du souhait et de la volonté suivie du présent du subjonctif dont on rappellera la conjugaison : *proponer que, querer que, apetecer que*. On rappellera aussi les verbes à utiliser : *montar, subir, hacer, ir, coger*.

Si le temps ne suffit pas, la présentation orale qui correspond à la consigne pourra se faire à la reprise du cours suivant. On peut envisager que chaque groupe présente l'attraction choisie en venant au tableau la montrer directement sur le site.

La rubrique 3, *Crea con las TIC*, propose une activité de production, ici créer une carte météorologique de l'Espagne. Pour la réaliser, les élèves vont manipuler les TICE pour s'informer en naviguant sur http://www.educaplus.org/climatic/09_mapat_mapalibre.html

Il s'agit d'une application de educaplus.org pour créer des cartes météorologiques. Cette activité peut être réalisée en salle informatique, avec les tablettes si le collège en est doté ou à la maison. Elle va permettre aux élèves d'utiliser le vocabulaire informatique, le lexique de la météo et d'évoquer la géographie de l'Espagne. Ils seront amenés à créer en utilisant l'outil informatique dans un deuxième temps. Dans un premier temps les élèves cliquent sur « Seguir » qu'ils verront sur la carte de l'Espagne sur la page du site. Ils sélectionnent la carte d'Espagne, puis ils cliquent plusieurs fois sur « Seguir » et enfin sur « Iniciar » pour démarrer la création de la carte. On clique sur un symbole à droite qui vient se placer dans la barre sous la carte puis il suffit de le déplacer sur la région ou la zone géographique souhaitée. Les élèves suivront le bulletin météo (Informe) page 102 de façon à s'assurer de la compréhension du lexique et de la connaissance géographique de l'Espagne. Ils peuvent utiliser la carte du manuel bien entendu ou la carte interactive.

C. Prolongements et activités supplémentaires

On pourra prolonger l'activité 1 Cantad con Youtube par un karaoké plus long.

Pour prolonger l'activité 3 Crea con las TIC, on peut envisager une fois la carte terminée de demander aux élèves de faire une capture d'écran puis de copier leur image sur une page de traitement de texte de façon à conserver leur carte et à l'enregistrer sur le réseau ou sur une clé. Ainsi les cartes seront projetées au cours suivant ou à la fin de la séance et le reste de la classe vérifie qu'elles correspondent au bulletin météo écrit. Cette présentation sera alors interactive et dynamique.

Bellas Artes

→(p. 103)

A. Les objectifs

Domaine du socle commun

D1. Les langages pour penser et communiquer

D3. La formation de la personne et du citoyen

Connaissances et compétences culturelles

- Construire son parcours d'éducation artistique et culturelle (PEAC) : sensibiliser l'élève aux Beaux-Arts, découvrir une autre réalité culturelle à travers l'expression artistique.
- Développer, par la lecture d'un document artistique, l'esprit d'observation, favoriser l'expression orale.
- Se familiariser avec une affiche touristique.
- Connaître la ville d'Alicante, la situer, découvrir ses atouts.

B. Pistes d'exploitation et description des attendus

Cette page *Bellas Artes* est en lien étroit avec la thématique de l'unité, les loisirs, les vacances, l'été et les activités liées à un lieu. Il s'agit d'une affiche pour la campagne publicitaire de Turespaña, qui est l'organisme national de promotion touristique de l'Espagne. Elle a été réalisée par une équipe de créateurs et de designers graphiques de la communauté d'entrepreneurs El Hueco. Son style très artistique en fait une affiche singulière car il s'agit d'une publicité artistique, un genre à part entière dans l'art. Cette affiche se lit dans les deux sens. Si l'on retourne le livre, on pourra se rendre compte que le reflet présente un autre paysage, différent de ce qu'on perçoit au départ. Il y a donc une illusion très intéressante, et cela rend l'affiche encore plus riche.

L'enseignant qui utilise le **manuel numérique** projettera la publicité en grand en cliquant sur le document. Il laissera quelques instants pour que la classe observe l'affiche. Il guidera la classe en rappelant l'utilité de la boîte *Palabras* pour pouvoir s'exprimer et répondre aux questions. Il serait souhaitable de laisser les élèves s'exprimer librement sur l'affiche, réagir, décrire et parler. On veillera à la qualité de l'expression. Les idées pourront être notées au tableau. Puis l'enseignant reprendra ces premières impressions exprimées par la classe en guidant la réflexion. On pourra suivre les consignes en commençant par identifier le document. **Énoncé attendu** : *Este cartel es una publicidad artística*. Puis on se posera la question de l'objectif de la publicité et de son origine. Turespaña veut que les touristes voyagent à Alicante et sur la Costa Blanca. On signalera le logo en haut. On attendra que les élèves répondre à la consigne b : *Turespaña quiere que los turistas se vayan de vacaciones a Alicante*. Il faut bien entendu que les élèves situent les deux indications géographiques, la ville d'Alicante et la Costa Blanca. On lancera la carte interactive en cliquant sur les ressources du **manuel numérique** et on pourra lire la consigne c. **Énoncé attendu** : *Alicante y la Costa Blanca se sitúan en el sureste de España, en la Comunidad Valenciana*. Le soleil est prédominant sur l'affiche – ce que les élèves auront sûrement remarqué – et inonde de « blanc » la Costa Blanca. On pourra montrer des photos d'Alicante et de la Costa Blanca. Ainsi les élèves pourront reconnaître certains éléments de l'affiche comme le mont Benacanti, la plage de El Postiguet, les tours.

On terminera la séance en indiquant les activités qu'offre la ville d'Alicante aux touristes. Sont présentées essentiellement les activités de loisir liées à la mer. On utilisera la boîte *Palabras* pour répondre à la consigne d. On complétera par des apports de vocabulaire que le professeur jugera utiles. **Énoncés attendus** : *Para el verano, proponen que los turistas paseen en un barco, vayan a la playa, tomen el sol, se bañen, monten en un globo.*

C. Prolongements et activités supplémentaires

Pour prolonger cette activité, on pourra demander aux élèves d'imaginer qu'ils partent à Alicante pour les vacances, ils doivent penser leur projet en indiquant quel moyen de transport ils vont utiliser, où ils vont aller, et ce qu'ils vont faire à Alicante, en fonction de la météo.

On pourra conclure cette séance *Bellas Artes* en montrant aux élèves les autres affiches des mêmes créateurs : http://www.elhueco.org/un-equipo-de-emprendedores-de-el-hueco-trabaja-en-el-diseno-de-una-campana-de-promocion-de-turismo-de-espana/

Lengua Juega y repasa

→ (p. 104-105)

CD2 piste 87 (Adivinanzas)

→ Autres exercices : Cahier d'activités p. 45 (corrigé en fin de rubrique)

Dans cette double page *Lengua: Juega y repasa*, l'élève va consolider ses acquis lexicaux et langagiers de l'unité ainsi que les acquis de civilisation abordés dans l'unité. La première page est consacrée au vocabulaire de l'unité, qui est classé par champ lexical (*La fiesta*, *De vacaciones*, *El tiempo*) et propose plusieurs exercices ludiques, complétés par ceux du cahier d'activités. L'objectif de la première page est de rebrasser le lexique par le biais de devinettes, de jeux d'association, d'exercices de logique, de mémoire. Le dernier exercice, le n° 6, *Adivinanzas*, s'appuie sur un aspect culturel, une devinette espagnole, que le professeur pourra faire écouter aux élèves en cliquant sur l'icône du CD classe. Cette page peut être faite en cours ou donnée en préparation à la maison.

Corrigé

La fiesta

1. a. *tarta* **b.** *invitación* **c.** *¡Feliz cumpleaños!* **d.** *palomitas*

2. intrus : *cuadernos, mapas, mascotas*

De vacaciones

3. a. 3 **b.** 4 **c.** 2 **d.** 1

El tiempo

4. *llueve - hace sol - hace buen tiempo - tormenta*

5. a. *Verano* 1 **b.** *Otoño* 3 **c.** *Invierno* 2 **d.** *Primavera* 4

Adivinanzas

6. *Se trata del verano.*

Les deux tiers de la page de droite de *Lengua: Juega y repasa* sont consacrés à deux faits de grammaire qui ont été abordés dans les *Apuntes de gramática* des *Pasos* de l'unité. Ici, il s'agit du présent du subjonctif et de l'impératif aux 2es personnes du singulier et du pluriel. Ces aspects sont de nouveau complétés dans le précis grammatical (p. 138).

Le présent du subjonctif → (Mémento p. 138)

Il a été abordé dans le *Paso 1* de l'unité (p. 95) pour les verbes réguliers du premier groupe ; pour les verbes irréguliers *venir*, *tener* et *traer*, dans l'expression du souhait *proponer que* et l'expression du but après *para que*. Dans le *Paso* 2 (p. 97), les conjugaisons au présent du subjonctif ont été complétées par les verbes du deuxième et du troisième groupes, les irréguliers *ir* et *decir*. Dans cette double page, c'est l'expression de la volonté qui avait été travaillée. Enfin c'est le *Paso* 3 (p. 99) qui a introduit la conjugaison irrégulière de *hacer* et l'interdiction. Dans cette page de *Lengua: Juega y repasa*, les exercices proposés sont axés sur l'expression de la volonté, du souhait et du but. Les verbes sont donnés dans le désordre. Les élèves devront donc se référer au tableau de gauche et aux *Apuntes de gramática* des *Pasos*. Ces exercices peuvent être donnés au fur et à mesure de l'unité ou avant une évaluation.

Corrigé
1. a. *ponga* **b.** *te aburras* **c.** *pueda* **d.** *aprendáis*
2. a. *Esperamos que tengas un buen viaje.* **b.** *Lucía quiere que vayáis a la piscina con ella.*
c. *Mis padres quieren que mi hermana y yo llevemos un vestido de lunares.* **d.** *Te doy unas aletas para que bucees conmigo.*

L'impératif → (Mémento p. 138)
Donner un ordre a été vu par les élèves dans les unités précédentes pour la 2e personne du singulier et dans le *Paso* 2 pour la 2e personne du pluriel. Dans le pavé explicatif, on s'attardera sur les formes irrégulières. On fera remarquer leur forme courte et on pourra isoler les quatre formes pour une mémorisation rapide. Il est rappelé aussi que l'enclise est obligatoire. Les exercices de la page sont progressifs dans leur difficulté.

Corrigé
3. a. *Canta con Youtube.* **b.** *Dime dónde está.*
4. a. *Jugad con nosotros.* **b.** *Escribid una carta a vuestros amigos.*
5. a. *Haced un dibujo.* **b.** *Apúntate al taller de manualidades.* **c.** *Presentad vuestro trabajo.*
d. *Acompáñame.*

Mapa mental → (p. 105)

Le dernier tiers de la page 105 est occupé par la carte mentale de l'unité 7 qui s'intitule *¿Qué voy a hacer este verano?* Cette question permet déjà de comprendre le thème de l'expression orale, à quelle personne l'élève va s'exprimer et quel temps il va utiliser. La carte mentale est une aide à l'expression. Les branches de couleurs vont lui permettre de s'orienter dans sa préparation et d'organiser sa prise de parole. Elle va permettre à l'élève de rebrasser le lexique (des loisirs, de la météo, des activités) et les faits de langue abordés dans l'unité (le présent du subjonctif, la volonté, le souhait, le futur proche). Cette carte mentale est partagée en deux parties en fonction du temps qu'il fait. Au gauche et en rose, il fait beau et donc on prévoit des activités en lien avec le beau temps. À droite et en vert, il pleut, il faut donc envisager d'autres activités. Les bulles donnent les verbes à utiliser comme des amorces et les pavés roses et verts des exemples de phrases. Grâce à ces exemples modélisants, les élèves seront guidés dans leur propre production et ils pourront ainsi formuler à leur tour des phrases complexes et riches.

Cahier d'activités → (p. 46)

Dans le cahier d'activités, les élèves pourront compléter la carte mentale de la page 46 qui reprend de façon simplifiée celle du manuel élève. Elle est centrée sur l'élève pour lui permettre de réinvestir les contenus lexicaux et grammaticaux de l'unité 7. Ce travail sur la carte mentale débouche sur une production écrite, rédiger un SMS envoyé par un ami en réponse aux propositions élaborées dans la carte mentale. Ces deux activités pourront être préparées à la maison en vue d'une évaluation prochaine, ou bien en classe à la fin de l'unité. Avant de compléter la carte mentale, l'enseignant lira la consigne de l'activité d'écriture.

Corrigé
1. *Me preparo*
Si hace buen tiempo. *Quiero que vayamos al parque de atracciones. Os propongo que quedemos a las dos en la plaza. Te digo que llames a Juan y Diego para que vengan con nosotros. Vamos a pasarlo bien.*
Si llueve. *Invito a amigos para que juguemos con los videojuegos. Espero que Juan traiga su mejor videojuego. Quiero que quedemos en casa a las cinco. Voy a comprar bebidas.*
2. *Hola, mañana creo que va a hacer buen tiempo.*
¡Estupendo! Mañana hace buen tiempo así que te propongo que quedemos más temprano, a la una. Vamos al parque todos juntos y comemos allí. ¿Quieres que traiga las bebidas? ¿Quieres que llame a otras personas?
Hasta mañana.

TU MISIÓN → (p. 106)

Cette page est l'aboutissement des projets intermédiaires *Actúa* de l'unité 7. Son objectif est de permettre à l'élève de réutiliser les acquis lexicaux, grammaticaux et culturels dans la réalisation d'un projet concret de fin de séquence. L'enseignant pourra faire le choix de traiter un des deux projets ou laissera le choix aux élèves.
Les deux projets sont des productions individuelles. La *Misión A* est une production écrite et une création : la rédaction d'une invitation à une fête. La *Misión B* est une production orale en continu, il s'agit pour l'élève de présenter un programme d'activités d'une colonie de vacances à un ami pour le convaincre de l'accompagner.

Misión A

Redacta una invitación para una fiesta.

A. Les objectifs

Connaissances langagières

- *para que* + subjonctif
- l'expression du souhait, de la volonté : *desear que, querer que, proponer que* + subjonctif
- le présent du subjonctif des verbes réguliers *celebrar, pasarlo bien, invitar*
- le subjonctif présent irrégulier de *traer, tener, venir, querer, ir, hacer, salir*
- l'expression de l'hypothèse avec *a lo mejor*
- le futur proche avec *ir a* + infinitif : *vamos a pasar, vamos a hacer...*.
- l'impératif à la 2e personne du pluriel
- les expressions pour donner rendez-vous : *quedar en, quedar a, quedar con*
- le lexique de la fête d'anniversaire
- le lexique de la météo

Compétences langagières

- écrire une liste pour les préparatifs d'une fête
- rédiger une invitation pour un événement (A1+/A2 écrire)

B. Pistes d'exploitation et description des attendus

L'objectif de ce projet de fin d'unité est de réutiliser la langue travaillée tout au long de celle-ci. Ce projet, qui consiste à rédiger une invitation pour une fête, se fera en deux temps. Premièrement, les élèves devront établir la liste des choses nécessaires pour cette fête. On pourrait distribuer des post-it pour que les élèves les remplissent. Deuxièmement, les élèves devront réaliser la carte d'invitation en suivant les points de la consigne 2 :

- *El lugar, el día, la hora de la fiesta:* on attendra des élèves qu'ils réemploient *quedar* pour décider d'une date, ainsi que l'impératif à la deuxième personne du pluriel pour formuler le texte de l'invitation : *venid...*
- *Lo que quieres que traigan y a quién pueden invitar:* les élèves devront utiliser *querer que, proponer que* + subjonctif présent.
- *Lo que quieres que hagan para ayudar:* on attendra l'utilisation du subjonctif de *preparar* et de *traer*, l'emploi de *para que* + subjonctif présent.
- *Las actividades que quieres hacer si hace buen tiempo o si llueve:* les élèves devront mobiliser l'expression de l'hypothèse *a lo mejor, ir a* + infinitif, le lexique de la météo, le lexique des activités.

Toutes les formes d'enrichissement seront bien évidemment valorisées. Ce travail pourra être réalisé en classe, en salle informatique ou à la maison.

C. Prolongements et activités supplémentaires

On pourra envisager que les invitations soient affichées dans la classe. Les élèves pourraient voter pour la plus réussie selon des critères définis en classe (originalité, créativité, etc.).

Misión B

Presenta el programa de actividades de un campamento de verano a un(a) amigo(a) para convencerlo(la) de que te acompañe.

A. Les objectifs

Connaissances langagières

- le présent du subjonctif des verbes réguliers : *montar en bici(cleta), montar a caballo, acampar, subir al pico, hacer excursiones, nadar, surfear, practicar piragüismo...*
- le présent du subjonctif des verbes irréguliers *ir, hacer, subir, salir*
- l'expression du souhait, de la volonté : *desear que, querer que, proponer que* + subjonctif
- le futur proche avec *ir a* + infinitif : *vamos a pasar, vamos a hacer...*.
- le lexique des activités et des loisirs
- les mois, les saisons, la situation géographique

Compétences langagières

- présenter et décrire un projet sur ce que je vais faire pendant les vacances (A1+/ A2 parler en continu).

B. Pistes d'exploitation et description des attendus

L'objectif de ce projet de fin d'unité est de réutiliser la langue travaillée tout au long de celle-ci. Il s'agit ici de présenter un projet de vacances dans une colonie ou un centre de loisirs pour l'été et de décrire le programme à un ami pour le convaincre de venir aussi. Les élèves vont donc mobiliser les contenus linguistiques et culturels des *Pasos* 1, 2 et 3 ainsi que de la double page *Descubre*, pages 100 et 101.

Ce travail se décompose en quatre étapes.

- Étape 1 : les élèves inventent le nom de la colonie de vacances ou du centre de loisirs. Ils le situent en Espagne ou en Amérique latine en faisant attention aux saisons et ils déterminent la période à laquelle ils vont s'y rendre.
- Étape 2 : les élèves vont lister les activités possibles qui leur plaisent. Celles-ci doivent être cohérentes avec le lieu et le climat. Pour ce faire, on conseillera aux élèves de relire le *Paso 3* pages 98 et 99, et *Descubre* pages 100 et 101. On leur rappellera l'intérêt d'avoir recours aux cartes géographiques.
- Étape 3 : lors de cette étape, l'élève devra préparer ses arguments par écrit. En lisant la consigne, on surlignera

les structures verbales à réemployer. On verra alors qu'il est indispensable d'utiliser le futur proche et l'expression de la volonté suivie du présent du subjonctif. Si les élèves rencontrent des difficultés, ils pourront revenir sur les *Apuntes de gramática* des *Pasos* et sur la page *Lengua: Juega y repasa* page 105. On limitera le nombre d'arguments à présenter en fonction du groupe.

- Étape 4 : il s'agit maintenant de présenter oralement le projet ou le programme mis en place. L'élève prendra la parole et exposera ses arguments à un camarade de la classe, son voisin ou quelqu'un au hasard. On veillera à la qualité de l'expression et de la prononciation. On insistera pour que les élèves ne lisent pas leur brouillon, de façon à se rapprocher le plus possible d'une situation plausible et spontanée.

C. Prolongements et activités supplémentaires

Si les élèves le souhaitent lors de la présentation des projets ou des programmes, le binôme peut répondre en expliquant s'il va aller lui aussi dans ce centre de loisirs ou cette colonie de vacances. Certains élèves auront peut-être envie de rendre cet échange plus dynamique en projetant des visuels, des cartes qu'ils auront téléchargées et qu'ils pourront présenter avec le vidéoprojecteur de la salle.

EPI

Corps, santé, bien-être et sécurité

La dieta mediterránea

Les indications et pistes d'exploitation que nous donnons dans ces pages sur l'EPI Corps, santé, bien-être et sécurité le sont à titre indicatif car la mise en œuvre de cet EPI dépendra des objectifs que se fixera l'équipe interdisciplinaire (Espagnol, SVT et EPS).

OUVERTURE

→ (p. 107)

A. Objectifs et cohérence de l'unité

Activités langagières A1+

Écouter et comprendre
- Comprendre une chanson (clip) sur le régime méditerranéen.
- Comprendre comment fonctionne la pyramide alimentaire.

Lire
- Comprendre un texte sur la consommation d'huile d'olive en Espagne.
- Comprendre une infographie sur le régime méditerranéen.
- Comprendre un texte court en lien avec les calories et l'activité sportive.

Réagir et dialoguer
- Échanger sur les produits du régime méditerranéen espagnol.

Parler en continu
- Décrire une affiche sur les produits du régime méditerranéen espagnol.
- Commenter une chanson de prévention de l'obésité.
- Parler du goûter espagnol.
- Parler des aliments et de leur apport en calories.
- Commenter des informations en lien avec l'activité physique et la dépense énergétique.

Écrire et réagir à l'écrit
- Produire un slogan pour une affiche.
- Créer une recette de sandwich équilibré.
- Illustrer la pyramide alimentaire.

B. Pistes d'exploitation et description des attendus

Les EPI (enseignements pratiques interdisciplinaires) figurant parmi les nouvelles modalités d'enseignement, il sera important de consacrer un temps à la lecture et à l'explication du projet interdisciplinaire présenté en haut de la page d'ouverture, à savoir la création d'un programme d'activités et d'une campagne d'affichage pour la Journée de la santé du collège. L'enseignant utilisateur du **manuel numérique** pourra accueillir les élèves en projetant les trois photos grâce à la fonction zoom. Puis il projettera l'encadré qui détaille les objectifs du projet interdisciplinaire et demandera aux élèves de déduire quelles sont les différentes matières concernées par ce projet. Il poursuivra en lisant avec les élèves ce qu'ils pourront étudier en SVT et EPS pour la préparation du projet interdisciplinaire. Enfin, il expliquera aux élèves ce qu'ils vont découvrir en espagnol et ce qu'ils vont produire à la fin de la séquence, une affiche qui viendra servir le projet interdisciplinaire final.
Cette séquence EPI pourra être étudiée en prolongement de l'unité 6. En effet, elle traite également de l'alimentation et des activités physiques, avec cependant une problématique plus ciblée, plus culturelle et scientifique et parce qu'elle reprend des points de langue et les champs lexicaux de l'unité 6.

¿ Qué es la dieta mediterránea?

→ (p. 108-109)

▶ Je découvre le régime alimentaire méditerranéen, ses produits et ses bienfaits.

1 DOCUMENT VISUEL

UNA DIETA MULTICOLOR

A. Les objectifs

Connaissances et compétences langagières
- la formation du pluriel
- le genre

- les couleurs
- le lexique des aliments

Connaissances et compétences culturelles

- une campagne de promotion du régime méditerranéen émise par le ministère de l'Agriculture, de l'Alimentation et de l'Environnement espagnol
- les produits emblématiques du régime alimentaire méditerranéen

B. Pistes d'exploitation et description des attendus

Cette affiche fait partie d'une campagne de promotion du régime méditerranéen réalisée en septembre 2015 par le ministère de l'Agriculture, de l'Alimentation et de l'Environnement espagnol à l'occasion de la *Semana de la dieta mediterránea*. Elle a pour objectif de promouvoir les produits emblématiques de ce régime. Pour en savoir plus sur la campagne : http://www.alimentacion.es/es/campanas/semanas-monograficas/semana-de-la-dieta-mediterranea-2015/

Précisons que ce qu'on appelle le régime méditerranéen, encore appelé régime crétois ou diète méditerranéenne est une pratique alimentaire traditionnelle des pays du pourtour méditerranéen. Il ne s'agit pas d'un programme alimentaire à proprement parler mais d'un ensemble d'habitudes alimentaires, différentes selon les pays, qui se fonde sur une consommation importante de fruits et légumes, de légumineuses, de céréales, de fruits secs ; une consommation modérée de poisson et de produits laitiers et faible de viande. De plus, elle préconise l'utilisation de produits frais, de saison et cultivés localement ainsi que l'utilisation de l'huile d'olive pour la cuisson et l'assaisonnement.

Cette première activité, qui pourra être réalisée au cours d'une séance, vise à l'entraînement à l'expression orale. Elle a pour objectif de faire découvrir aux élèves les produits emblématiques du régime méditerranéen. Elle permettra de rebrasser et d'enrichir le vocabulaire des aliments, de réviser les couleurs. Les élèves seront ainsi amenés à retravailler le genre, la formation du masculin et du féminin.

Dans un premier temps, livres fermés, l'enseignant utilisateur du **manuel numérique** pourra projeter l'affiche et demandera une présentation succincte. Puis, livres ouverts, les élèves travailleront, en binômes ou en îlots, sur les questions 1a, 1b, 1c, 1d. Auparavant le professeur aura procédé à une lecture collective des consignes afin de s'assurer de leur compréhension par l'ensemble des élèves. L'enseignant attirera également l'attention des élèves sur la boîte *Palabras* et leur rappelera son importance pour l'expression. Il pourra la projeter grâce à la fonction zoom. Enfin, afin de mémoriser le lexique nouveau, il sera possible de terminer par une activité d'expression orale en interaction (Consigne 2, *En parejas*). L'enseignant demandera aux élèves d'observer l'affiche pendant une minute puis de refermer leur manuel. Les élèves seront amenés à jouer avec les couleurs et les aliments du régime méditerranéen. Un élève dira une couleur, son camarade devra énoncer un produit de cette couleur en portant une attention particulière au genre et au nombre. **Énoncés attendus** : *–(el color) rojo, –Los tomates son rojos, el vino es rojo* (ici, il s'agit de la couleur, mais on dira *vino tinto* pour parler de vin rouge).

2 DOCUMENT VIDÉO

¡Mediterraneamos!

DVD classe, CD3 piste 1, MP3 piste 89

Script

Mediterraneamos con estilo
Estilo de vida, de eso pa' los versos
Qué quieres que te diga,
La gente como tú, que desde aquí te llama
Deja la comida basura y apúntate a la sana
Te digo como hacerlo, yo propongo algo
Préstame atención, ¿me estás escuchando?
Aprende a cocinar, con productos naturales
Dieta mediterránea, fruta, ¿y por qué no unos tomates?
Desde el mar hasta la mesa
Con aceite de oliva, en el plato boquerones una buena alternativa,
Mándanos tu vídeo, tu receta rapeada
Solo usa ingredientes de… la pirámide alimentaria, y recuerda,
Mediterránea, mediterraneamos con estilo
Estilo de vida, de eso pa' mi rap
Que quieres que te diga,
Aprende a cocinar, marcándote un rap
Comida mediterránea, un estilo actual
Participa en el concurso
Mediterraneamos.es (*mediterraneamos punto es*)
Mediterraneamos, ya ves…

A. Les objectifs

Connaissances et compétences langagières

- l'obligation impersonnelle
- le lexique des aliments
- faire une descriptions.
- isoler des informations très simples dans un message oral
- comprendre des expressions familières de la vie quotidienne

Connaissances et compétences culturelles

- une vidéo faisant la promotion d'un concours de chansons ayant pour thème le régime méditerranéen
- les aliments emblématiques du régime méditerranéen

B. Pistes d'exploitation et description des attendus

Cette vidéo est un clip promotionnel pour le concours de raps « *Mediterraneamos* ». Il s'agit d'enregistrer en vidéo, par groupes de cinq au maximum, une chanson rap qui évoque une recette élaborée à partir de produits du régime alimentaire méditerranéen *(Mándanos tu vídeo, tu receta rapeada)*.
Cette activité vise à l'entraînement à la compréhension audio (audiovisuelle) et à l'expression orale, elle aboutira à l'élaboration d'une définition simple du régime alimentaire méditerranéen par les élèves.
Cette activité pourra être réalisée sur une séance.
Pour entrer dans le document, l'enseignant qui utilise le **manuel numérique** projettera le photogramme et demandera aux élèves de décrire les trois visuels et d'imaginer le thème de la chanson.
Puis, il suffira de cliquer sur le logo vidéo pour lancer le clip. L'enseignant aura, au préalable, demandé aux élèves de relever tous les aliments qui apparaissent dans le clip. Après une mise en commun en plénière des réponses, l'enseignant demandera aux élèves de réfléchir par binômes sur les points communs entre ces aliments. **Énoncés attendus** : *Son alimentos sanos. Son alimentos naturales que provienen de la agricultura, de la pesca... Son alimentos saludables porque son naturales...*
On demandera ensuite aux élèves d'élaborer des règles pour suivre le régime alimentaire méditerranéen. On les invitera à utiliser l'obligation impersonnelle, qu'ils ont étudiée dans l'unité 6. Les élèves seront alors amenés à s'exprimer. **Énoncés attendus** : *Para seguir la dieta mediterránea, hay que cocinar, hay que comer aceite de oliva, hay que comprar productos naturales...*
Pour terminer, on attirera l'attention des élèves sur le titre de la chanson et on expliquera qu'il s'agit d'un néologisme. On demandera alors aux élèves de formuler une définition de ce verbe créé et on pourra aboutir à des propositions, qui pourront servir de trace écrite. **Énoncés attendus** : *La palabra "mediterranear" significa comer productos naturales / mediterráneos / cultivados en un país mediterráneo, comer productos que provienen de la agricultura, de la pesca española, cocinar productos sanos con aceite de oliva... Los productos de la dieta mediterránea son...*

3 TEXTE

El corazón de la dieta mediterránea

Les activités proposées par les documents 3 et 4 pourront être réalisées sur une séance de cours.

A. Les objectifs

Connaissances et compétences langagières

- les équivalents de « on »
- l'impératif à la 2ᵉ personne du singulier
- le lexique de la cuisine : *freír, aliñar...*
- savoir repérer des informations ciblées dans un document informatif

Connaissances et compétences culturelles

- un produit phare de l'agriculture espagnole : l'huile d'olive
- un dicton espagnol en lien avec l'huile d'olive

B. Pistes d'exploitation et description des attendus

Cette activité entraîne à la compréhension de l'écrit. Il s'agit d'un texte simple qui présente l'huile d'olive sous différents aspects : sa production, ses différentes utilisations et ses bienfaits.
Dans un premier temps, l'enseignant demandera aux élèves de procéder à une lecture silencieuse et individuelle du document. Puis, en binômes, les élèves pourront répondre aux questions 1a, 1b, 1c qui ne présentent pas de difficulté majeure vu qu'il s'agit de repérage d'informations. Lors de la correction en plénière, l'enseignant pourra, grâce au **manuel numérique**, projeter le texte et mettre en surbrillance les éléments qui étaient à repérer. De même, pour localiser l'Andalousie, l'enseignant pourra projeter la carte interactive du **manuel numérique** et pourra demander aux élèves de localiser cette communauté autonome afin de revoir le verbe *estar*.
L'enseignant attirera l'attention sur le dicton espagnol et demandera aux élèves de l'expliquer simplement avec des éléments du texte.
On pourra également demander aux élèves d'observer l'affiche et d'expliquer ce que les petites filles prennent comme goûter. Ainsi, les élèves découvriront une particularité du goûter espagnol : *tostadas con aceite de oliva*. On demandera alors aux élèves de repérer le slogan et d'en créer un nouveau avec la contrainte d'utiliser un verbe à l'impératif.

4 DOCUMENT VISUEL

Lo bueno de la dieta mediterránea

A. Les objectifs

Connaissances et compétences langagières

- le gérondif
- l'obligation impersonnelle
- le lexique des aliments
- savoir repérer des informations ciblées sur un document informatif

Connaissances et compétences culturelles

- les produits du régime alimentaire méditerranéen et ses bienfaits

B. Pistes d'exploitation et description des attendus

Cette activité vise à l'entraînement à la compréhension de l'écrit, elle a pour objectif de faire découvrir aux élèves les bienfaits du régime alimentaire méditerranéen.

Dans un premier temps, en plénière, on pourra demander aux élèves de repérer les différents produits du régime alimentaire méditerranéen. L'enseignant pourra projeter le document grâce au **manuel numérique** et mettre en surbrillance les éléments énoncés par les élèves. Il pourra en parallèle écrire ces aliments au tableau dans une première colonne. Ensuite, on demandera aux élèves de repérer les bienfaits apportés par ces aliments. Lors de la phase de restitution, l'enseignant les écrira dans une seconde colonne. À ce moment du cours, on placera les élèves en binômes afin de jouer à *Adivina quién es (¿Quién es quién?)*. Le premier élève énonce un bienfait et l'autre élève devra deviner de quel aliment il s'agit. **Énoncés attendus** : *–Son la fuente principal de vitaminas y agua. ¿Quiénes son? –Son las verduras y las frutas.*

Enfin, on demandera aux élèves de répondre individuellement aux questions a, b, c, qui ne poseront pas de difficulté au regard de l'activité qui viendra d'être menée. Les questions b et c permettront de réactiver l'utilisation du gérondif et de l'obligation impersonnelle.

ACTÚA

Ce premier projet intermédiaire est une activité de production écrite. Il représente une étape importante pour la réalisation du projet de fin de séquence, à savoir la création d'affiches pour promouvoir le régime alimentaire méditerranéen et les habitudes de vie saine.

Il s'agit ici de créer une affiche avec cinq aliments caractéristiques du régime méditerranéen et d'écrire une phrase de présentation pour chaque produit. On attend des élèves qu'ils évoquent la qualité des produits mais également leurs bienfaits. Ils pourront également réinvestir les connaissances acquises autour de l'huile d'olive. On les encouragera à utiliser les points de langue retravaillés dans cette double page : l'obligation impersonnelle, le gérondif, les équivalents de « on ».

Cette activité pourra être réalisée à la maison sur traitement de texte, envoyée par l'ENT à l'enseignant et déposée sur la page ENT de la classe.

¿Qué necesita mi cuerpo?

→ (p. 110-111)

▶ Je comprends les besoins de mon corps et ses dépenses énergétiques.

Les documents 1 et 2 sont à traiter conjointement, sur une séance de cours.

1 **DOCUMENT VISUEL**

Los grupos de alimentos

A. Les objectifs

Connaissances et compétences langagières

- l'expression du besoin avec le verbe *necesitar*
- le lexique des aliments
- décrire les groupes d'aliments qui constituent le régime méditerranéen

Connaissances et compétences culturelles

- les cinq grands groupes d'aliments (renvoi à ce qui sera fait en SVT)

B. Pistes d'exploitation et description des attendus

Cette activité vise à entraîner les élèves à l'expression orale en continu. Le document visuel proposé ne présente pas de difficulté majeure de compréhension. Avant de démarrer l'activité, l'enseignant attirera l'attention des élèves sur la boîte *Palabras* afin d'élucider le lexique nouveau. Les élèves pourront être placés en binômes et répondront aux questions 1a, 1b, 1c, 1d. Lors de la mise en commun, l'enseignant pourra projeter, grâce à la fonction zoom du **manuel numérique**, chaque groupe d'aliments séparément et demandera alors de les décrire. Il pourra également poser la question qui sert de titre au document : *¿Qué necesita mi cuerpo?* en l'adressant à l'élève : *¿Qué necesita tu cuerpo?* On insistera sur l'absence de la préposition « de », à la différence du français qui utilise naturellement « avoir besoin de » pour traduire le verbe *necesitar*. Ainsi, l'enseignant pourra écrire une phrase modélisante au tableau qui servira de trace écrite : *Para funcionar, mi cuerpo necesita frutas y verduras…*

Si l'on dispose de temps, l'activité pourra être suivie d'une production écrite (consigne 2). Chaque élève devra proposer une recette d'un sandwich qu'il créera avec un aliment de chacun des cinq groupes et écrire la liste des ingrédients. En prolongement, une restitution en classe entière est envisageable : l'élève présente sa création à la classe. Pour que l'activité soit dynamique pour tous, chaque élève aura pour tâche de noter les ingrédients du sandwich créé par son camarade et devra être capable de le présenter à son tour.

2 DOCUMENT VIDÉO

La pirámide alimentaria

DVD classe, CD3 piste 4, MP3 piste 92

Script

–¿Quién quiere jugar a construir la pirámide de la dieta mediterránea?
–Yooooooooooooooo
–¿Y por qué una pirámide?
–Porque es la forma más equilibrada. En la base, pondremos los alimentos que más debemos consumir. Y en la punta, los de consumo puntual.
–¡Pues en la base, frutas y verduras!
–¿Sabéis cuántas piezas de frutas y verduras hay que comer cada día?
–Sí, ¡¡¡cinco!!!
–También son importantes los cereales. El pan, la pasta y el arroz son alimentos que vienen de los cereales, y por eso los debemos incluir en nuestra dieta diaria.
–Y no nos olvidemos del aceite de oliva, da un sabor especial a nuestros platos.
–Ideal para cocinar y aliñar.
–¡Primer nivel completado! El segundo nivel lo forman los lácteos. ¿Qué productos vienen de la leche?
–De la leche se puede hacer el queso…
–… y yogures.
–Hay que tomar leche y productos lácteos cada día…
–…que nos dan el calcio necesario para reforzar los huesos.
–Bien. ¡Dentro de la pirámide!
–¿Y carne? A mí me gusta mucho.
–Si queréis carne, puede ser magra o carnes blancas, como el pollo.
–También es muy bueno el pescado, se debe comer al menos dos veces por semana, y los huevos entre dos y cuatro veces por semana.
–Y no olvidemos las legumbres, proteínas y fuerza para nuestras defensas. ¡Ah! Y no olvidemos los frutos secos que tienen grasas muy saludables.
–¡Chicos! Lo estáis haciendo muy bien.
–También hay otros tipos de carne, las carnes rojas y los embutidos. Pero como llevan más grasa saturada, lo ideal es comerlos un par de veces por semana.
–¡Correcto!
–Yo quiero comer bollos, pasteles, chucherías…
–Pues, ¡a la punta de la pirámide!

A. Les objectifs

Connaissances et compétences langagières

- le gérondif
- les équivalents de « on »
- l'obligation impersonnelle
- le lexique des aliments
- comprendre des expressions familières de la vie quotidienne pour répondre à des besoins

Connaissances et compétences culturelles

- la pyramide du régime alimentaire méditerranéen
- les produits de consommation courante en Espagne

B. Pistes d'exploitation et description des attendus

Cette activité vise à l'entraînement à la compréhension de l'oral. L'objectif est que les élèves apprennent dans quelles proportions les aliments des cinq groupes étudiés précédemment doivent être consommés. Il est important que les élèves gardent le livre fermé pour ne pas regarder l'illustration de la pyramide alimentaire présentée dans le manuel, ce qui leur donnerait trop d'informations.

Lors du premier visionnage, l'enseignant demandera aux élèves de repérer le nombre de niveaux présents dans la pyramide alimentaire et d'identifier les aliments à la base et au sommet, ce qui correspond aux questions 1a et 1b du questionnement. Ces deux questions permettront de rebrasser le lexique vu dans le document 1 et dans l'unité 6.

Lors des deux visionnages suivants, on pourra diviser la classe en trois groupes. Le premier groupe devra lister les aliments pouvant être consommés chaque jour. On insistera avec la consigne 1c sur l'utilisation des équivalents de « on », notamment avec *se puede(n)*. L'enseignant pourra réactiver ce point de langue avec les élèves en lisant la rubrique *Apuntes de gramática* page 83. **Énoncés attendus** : *Se puede comer pan. Se pueden comer verduras cada día…*

Le deuxième groupe devra repérer les aliments à consommer avec modération. On insistera dans la consigne sur l'utilisation de l'obligation impersonnelle (voir question 1d). L'enseignant pourra réactiver ce point de langue avec les élèves en lisant la rubrique *Apuntes de gramática* page 85 et *Lengua: Juega y repasa* page 91.

Enfin, le troisième groupe sera amené à repérer comment on peut renforcer ses os. On insistera dans la consigne sur l'utilisation du gérondif *comiendo* (question 1d). L'enseignant pourra réactiver ce point de langue avec les élèves en lisant la rubrique *Apuntes de gramática* page 69. Lors de la restitution en plénière, l'enseignant pourra écrire quelques phrases modélisantes au tableau qui serviront de trace écrite.

Enfin, on terminera cette activité par une production écrite. Les élèves devront dessiner et illustrer la pyramide alimentaire décrite dans la vidéo. On procédera pour ce faire à un dernier visionnage pour que les élèves puissent prendre le maximum de notes. Les élèves pourront s'autocorriger avec le visuel proposé dans le manuel.

3 TEXTE

¿Sabes contar las calorías que consumes?

Les documents 3 et 4 sont à traiter conjointement sur une séance de cours.

A. Les objectifs

Connaissances et compétences langagières

- les comparatifs
- les nombres (dizaines, centaines et milliers)
- le lexique des aliments
- Isoler des informations simples dans un énoncé informatif sur les besoins énergétiques.
- comparer des aliments en termes d'apport de calories

Connaissances et compétences culturelles

- les calories, l'apport énergétique des aliments, les besoins énergétiques des jeunes

B. Pistes d'exploitation et description des attendus

Cette activité vise à l'entraînement à la compréhension de l'écrit. Les élèves vont apprendre ce que sont les calories, l'énergie apportée par les aliments et enfin les besoins énergétiques de chaque individu.

Dans un premier temps, on procédera à une lecture silencieuse et individuelle du texte, qui ne présente pas de difficulté lexicale. À l'issue de cette première lecture, l'enseignant pourra demander aux élèves de définir ce que sont les calories. Il s'agira ici de repérer la définition du texte. **Énoncé attendu** : *Las calorías indican la cantidad de energía que aportan los alimentos.* Afin de capter l'attention des élèves, l'enseignant pourra projeter le texte grâce au zoom du **manuel numérique** et mettre en surbrillance cette définition.

L'enseignant lira les questions 1a, 1b, 1c afin de s'assurer de leur bonne compréhension et laissera quelques minutes aux élèves pour y répondre individuellement. Lors de la restitution en interaction, l'enseignant mettra en surbrillance les éléments du texte qui auront permis aux élèves de répondre aux questions.

L'activité se poursuivra par un entraînement à l'expression orale. Les élèves se mettront en binômes pour compléter les amorces de la consigne 2. À tour de rôle, ils devront énoncer le nombre de calories apporté par les six aliments illustrés. Ainsi, l'expression des nombres sera réactivée. Enfin, on leur demandera de comparer les aliments entre eux en faisant la deuxième partie de la consigne 2.

Si l'on dispose de plus de temps, on pourra demander aux élèves de faire une lecture à haute voix du texte.

4 DOCUMENT VISUEL

Muévete y quema calorías!

A. Les objectifs

Connaissances et compétences langagières

- les nombres
- le lexique des activités quotidiennes
- le lexique des loisirs
- savoir comparer des activités en fonction de la dépense énergétique qu'elles demandent

Connaissances et compétences culturelles

- les calories, l'apport énergétique des aliments, les besoins énergétiques des jeunes

B. Pistes d'exploitation et description des attendus

Ce document vise à l'entraînement à l'expression orale. Il s'agit d'une activité complémentaire au document 3. Les élèves auront appris la quantité d'énergie apportée par les aliments et il s'agira ici d'étudier la quantité d'énergie dépensée lors des activités quotidiennes et sportives (*cf.* programmes de SVT : relier la nature des aliments et leurs apports qualitatifs et quantitatifs).

Dans un premier temps, on pourra placer les élèves par groupes de quatre. Chaque élève devra choisir une activité dans sa tête et énoncera le nombre de calories brûlées en une heure. Les autres élèves devineront de quelle activité il s'agit.

Dans un deuxième temps, on placera les élèves en binômes. Ils répondront alors aux questions 1a, 1b, 1c.

Enfin, si l'on dispose de temps, on pourra demander aux élèves d'imaginer un programme d'activités afin de brûler 500 calories en deux heures (question 2). Pour ce faire, les élèves seront placés en binômes. Pour mettre en activité les deux élèves, celui qui écoute devra répéter le programme d'activités créé par son camarade.

ACTÚA

Ce deuxième projet intermédiaire est une activité de production écrite. Il représente une étape importante pour la réalisation du projet de fin de séquence. Pour ce deuxième *Actúa* de l'EPI 1, les élèves devront faire le décalogue de la vie saine, c'est-à-dire établir une liste de préconisations. Les élèves auront déjà travaillé le décalogue dans l'unité 6 page 85 mais il sera utile de rappeler les points de langue suivants : l'obligation impersonnelle avec *hay que* + infinitif, l'impératif et l'obligation personnelle avec *tener que* + infinitif.

On attend des élèves qu'ils évoquent dans leur décalogue les groupes alimentaires, la pyramide alimentaire, les apports et besoins énergétiques et les dépenses énergétiques.
Cette activité pourra être réalisée à la maison sur traitement de texte, envoyée par l'ENT à l'enseignant et déposée sur la page ENT de la classe.

TU MISIÓN → (p. 112)

Cette page est l'aboutissement des deux projets intermédiaires *Actúa* de cet EPI sur le régime méditerranéen. Elle va permettre à l'élève de consolider ses acquis lexicaux, grammaticaux et les nouveaux points culturels qu'ils aura abordés. La réalisation de ce projet concret viendra alimenter le projet interdisciplinaire proposé en début de séquence, en lien avec les SVT et l'EPS, de créer un programme d'activités et une campagne d'affichage pour la Journée de la santé du collège.
Il s'agit d'une réalisation personnelle qui peut être réalisée en classe ou à la maison.

Para el Día de la Salud en tu colegio, crea un cartel para promover la dieta mediterránea y hábitos de vida saludable.

A. Les objectifs

Connaissances langagières

- l'impératif à la 2e personne du singulier (verbes réguliers + irréguliers)
- l'enclise
- l'obligation impersonnelle
- le gérondif
- le lexique de l'alimentation, de la santé
- le lexique des activités physiques et sportives

Compétences langagières

- produire une affiche pour promouvoir une bonne hygiène de vie
- présenter à la classe une affiche que l'on a créée (niveau A1+/A2)

B. Pistes d'exploitation et description des attendus

Il s'agit pour l'élève de créer une affiche pour la promotion du régime alimentaire méditerranéen et des habitudes de vie saine. Il devra ensuite la présenter oralement à la classe, ou lors de la Journée de la santé du collège.
L'élève va mobiliser ses connaissances langagières et va produire d'abord à l'écrit puis à l'oral.
Si ce travail est fait en classe, l'enseignant n'oubliera pas de demander aux élèves d'apporter des photos et images trouvées dans des dépliants publicitaires.
Le projet se déroule en six étapes.
- Étapes 1 et 2 : c'est une étape lexicale préparatoire qui permet à l'élève de faire un récapitulatif, de répertorier les produits du régime méditerranéen et les activités physiques saines et bénéfiques qu'il aura abordés au cours de la séquence.
- Étape 3 : l'élève rédigera une brève présentation des produits et des activités physiques (on pourra limiter à trois produits et trois activités physiques) accompagnée de leurs bénéfices. L'élève peut être amené à réinvestir des connaissances acquises dans l'unité 6, par exemple la consommation d'eau.
- Étape 4 : l'élève inventera deux slogans, un pour promouvoir le régime méditerranéen et un autre pour promouvoir la pratique régulière d'activités physiques. Il sera amené ici à utiliser l'impératif, l'enclise éventuellement, l'obligation impersonnelle.
- Étape 5 : c'est la phase de création et d'illustration.
- Étape 6 : l'élève présentera son affiche à la classe de façon simple. Cette présentation pourra également avoir lieu lors de la Journée de la santé du collège, pendant l'exposition et lors de la visite d'autres classes.

Dans la seconde moitié de la page 112, l'enseignant pourra trouver les références aux programmes de cycle 4 de SVT (Pistes de travail en SVT) et d'EPS (Pistes de travail en EPS) lui permettant d'énoncer clairement aux élèves les liens entre les trois matières liées par le projet interdisciplinaire. Des pistes d'ateliers à réaliser en SVT et EPS pour la Journée de la santé sont également suggérées pour les enseignants de ces deux matières dans les colonnes de droite des tableaux.

EPI

Transition écologique et développement durable

El agua

Les indications et pistes d'exploitation que nous donnons dans ces pages sur l'EPI Transition écologique et développement durable le sont à titre indicatif car la mise en œuvre de cet EPI dépendra des objectifs que se fixera l'équipe interdisciplinaire (Espagnol, Géographie et SVT).

OUVERTURE

→ (p. 113)

A. Objectifs et cohérence de l'unité

Activités langagières A1

Écouter et comprendre
- Comprendre quelqu'un qui habite dans une zone désertique.
- Comprendre un court reportage sur une institution médiévale de Valence.

Lire
- Comprendre une carte postale.
- Comprendre une infographie sur la consommation responsable de l'eau.

Réagir et dialoguer
- Parler des zones humides et sèches en Espagne.

Parler en continu
- Décrire une photo du désert de Tabernas.
- Parler de la consommation d'eau.
- Commenter une expérience.
- Donner des conseils pour économiser l'eau.

Écrire et réagir à l'écrit
- Produire un texte court sur l'utilisation de l'eau.

B. Pistes d'exploitation et description des attendus

On consacrera un moment avec la classe à la lecture et à l'explication du projet interdisciplinaire présenté en haut de la page d'ouverture, dont l'objectif est la réalisation d'un clip de sensibilisation sur la consommation responsable de l'eau. L'enseignant utilisateur du **manuel numérique** pourra accueillir les élèves en projetant les trois photos grâce à la fonction zoom. Puis il projettera l'encadré de présentation du projet interdisciplinaire et demandera aux élèves de déduire les différentes matières concernées par ce projet. Il poursuivra en lisant avec les élèves ce qu'ils vont pouvoir étudier en Géographie et en SVT pour la préparation du projet interdisciplinaire. Enfin, il expliquera aux élèves ce qu'ils vont découvrir en espagnol en particulier et ce qu'ils vont produire à la fin de l'EPI : une enquête sous forme d'un questionnaire qui viendra servir le projet interdisciplinaire final.

Ce projet EPI pourra être étudié en prolongement des unités 4, 5, 6 et 7 qui évoquent la géographie, les modes de vie et les habitudes. Les questions posées dans ce projet d'EPI inciteront le groupe à s'interroger, à réaliser des recherches et à débattre autour de la thématique de l'eau. Ce travail permettra de réutiliser les structures langagières et les champs lexicaux des unités citées. On pourra mener à bien ce projet en interdisciplinarité (selon les objectifs fixés par l'équipe interdisciplinaire) ou bien ne traiter que l'aspect concernant l'espagnol, ce sera alors un projet à mener en classe.

El agua, un recurso esencial

→ (p. 114-115)

▶ Je découvre l'importance de l'eau en Espagne.

Les documents 1 et 2 seront traités lors d'une séance de cours.

1 TEXTE ET CARTE

El agua en España

A. Les objectifs

Connaissances et compétences langagières
- la forme impersonnelle *hay*
- le verbe *estar*
- les points cardinaux
- le lexique de la météo
- faire une description simple et poser des questions sur la localisation

Connaissances et compétences culturelles
- les spécificités des ressources en eau de l'Espagne
- carte infographique sur les zones sèches et humides en Espagne

B. Pistes d'exploitation et description des attendus

Cet article et cette carte proviennent du site du ministère de l'Environnement espagnol qui souhaite sensibiliser la population au problème de la pénurie d'eau en Espagne. Le travail mené sur ce document, qui pourra être fait en une quinzaine de minutes, a pour objectif de contextualiser et de faire prendre conscience aux élèves du problème de l'eau. Il permettra de réutiliser et d'enrichir le lexique lié à la géographie, d'utiliser *estar* et *hay* et de dire le temps qu'il fait. Dans un premier temps, le professeur zoomera sur la boîte *Palabras* et guidera les élèves en les invitant à lire le vocabulaire, qui leur servira à répondre aux questions ou à compléter les amorces. On laissera un temps de lecture. Les élèves seuls ou en binômes seront amenés à répondre. **Énoncés attendus** : a. *En España el régimen de agua no es regular, es irregular.* b. *Hay una España seca y otra húmeda.* c. *El cambio climático agrava el déficit de agua en España.* On demandera à un élève de prendre en charge la synthèse à l'oral de ces questions. On pourra demander de lire l'article à haute voix à un ou deux élèves pour s'assurer de sa bonne compréhension.
Enfin, on invitera les élèves à réaliser l'activité 2 d'expression orale en interaction. On attendra des élèves qu'ils utilisent les points cardinaux et l'expression *hay*. Le professeur passera dans les rangs pour aider les élèves à formuler les questions et les réponses. On pourra par la suite demander à un élève de poser une question au groupe classe. Ce temps de mise en commun permettra de s'assurer de la bonne maîtrise du lexique étudié. Un élève pourrait aussi prendre en charge la description de la carte dans son ensemble.

2 **DOCUMENT AUDIO**

Vivo en un desierto

CD3 piste 5 (sans pause), pistes 6 à 8 (version fragmentée), MP3 piste 93

Script

Hola, me llamo Javier y os voy a presentar un lugar estupendo. Es el desierto de Tabernas, cerca de Almería, en Andalucía. //
Está considerado como la única zona desértica de todo el continente europeo. //
El agua es escasa pero es ideal para rodar películas del Oeste.
Cerca de este desierto, es donde yo vivo.

A. Les objectifs

Connaissances et compétences langagières
- *hay*
- le verbe *estar*
- le lexique du climat
- comprendre des expressions de la vie quotidienne pour situer

Connaissances et compétences culturelles
- le quotidien, lié à une réalité géographique, d'un jeune espagnol

B. Pistes d'exploitation et description des attendus

À l'aide du **manuel numérique**, s'il l'utilise, l'enseignant projettera la photo du désert de Tabernas. On anticipera la contextualisation en demandant de situer l'Andalousie sur une carte. Le travail autour de ce document, qui devrait se faire en une vingtaine de minutes, vise l'entraînement à la compréhension de l'oral et aboutira à la prise de parole en continu devant la classe pour décrire en fin de séance la photo et la relier aux informations collectées dans le document 1, *El agua en España*.
Après avoir zoomé sur la boîte *Palabras* pour que les élèves aient le lexique nécessaire pour s'exprimer, le professeur fera écouter une première fois l'enregistrement pour faire repérer les informations générales concernant Javier. **Énoncés attendus** : 1a. *Javier vive en el desierto de Tabernas cerca de Almería, en Andalucía.* Puis, lors d'une deuxième écoute, on conduira les élèves vers le sens de ce témoignage. b. *En Europa, el desierto de Tabernas es la única zona desértica, no existen otras zonas desérticas en el continente europeo.* c. *En el desierto de Tabernas ruedan películas del Oeste.*
Le professeur pourra faire émettre les réponses progressivement en faisant écouter la version fragmentée, piste par piste. Il terminera toujours par une écoute globale.
Dans un deuxième temps, le professeur laissera aux élèves un temps de préparation pour qu'ils décrivent la photo et pourra également zoomer sur la boîte *Palabras*.
De même, il pourra inviter les élèves à s'appuyer sur la fiche **Apprendre à apprendre** intitulée « Décrire une image » p- age 128.
Énoncés attendus : *El documento es una fotografía del desierto de Tabernas. Hay palmeras y montañas. Es un paisaje muy seco / una zona muy seca. El agua es escasa. En la foto veo / se ve también a una persona. El desierto de Tabernas es la única zona desértica de Europa, allí se ruedan películas del Oeste.*
Les élèves pourront aussi dire si la photo leur plaît et pourquoi : *Me gusta porque…*

3 DOCUMENT VISUEL

PASEO POR LA HUERTA VALENCIANA

Les documents 3 et 4 seront traités lors d'une séance de cours.

A. Les objectifs

Connaissances et compétences langagières
- le subjonctif présent après *espero que*
- l'impératif
- le lexique de l'agriculture

Connaissances et compétences culturelles
- la huerta et les techniques d'irrigation
- un quotidien lié à une réalité géographique espagnole

B. Pistes d'exploitation et description des attendus

Cette activité vise à l'entraînement à la compréhension de l'écrit, elle a pour objectif de faire comprendre l'usage qui est fait de l'eau dans la *huerta valenciana*. Le professeur pourra projeter la carte postale représentant la *huerta valenciana*, après avoir élucidé le lexique de la boîte *Palabras* et situé Valence sur une carte. Les élèves pourront réinvestir le lexique étudié dans l'unité 4 et s'exprimer sur leur lieu d'habitation (*campo / ciudad*). On fera décrire succinctement la carte postale puis on laissera un temps pour lire le texte et répondre aux questions 1. **Énoncés attendus** : a. *Sandra vive en Valencia, porque dice: "Quiero que vengas conmigo a pasear por la huerta valenciana" o "Ven a verme".* On acceptera aussi la transposition à la troisième personne. b. *Gracias al regadío se cultivan muchas frutas y verduras: naranjas, tomates, fresas.* c. *Según Sandra muchos productos que como / comemos vienen de esta región, es verdad.* On veillera ici à ce que les élèves transposent à la première personne du singulier ou du pluriel

Après cette phase de compréhension, on invitera les élèves à s'exprimer sur l'usage de l'eau, à partir de la carte postale. On pourra les guider par des questions ou des amorces qui amèneront les élèves à décrire la carte. **Énoncés attendus** : *¿Cómo se utiliza el agua? ¿Qué relación tiene la postal con el agua? En la huerta valenciana, el campo está muy bien organizado, el regadío permite el cultivo de muchas frutas y verduras. El agua permite el cultivo de fresas…*

4 DOCUMENT AUDIO

UN TRIBUNAL ESPECIAL

CD3 piste 10 (sans pause), pistes 11 à 13 (version fragmentée), MP3 piste 95

Script

> Escapadas.
> Los casos que se presentan para ser juzgados ante la institución de justicia más antigua de toda Europa se han convertido en un llamativo recurso turístico al que podemos asistir cada jueves si nos encontramos en Valencia. //
> Hoy, nos escapamos hasta allí para ver el Tribunal de las Aguas. //
> El Tribunal de las Aguas de la Vega de Valencia, es una institución medieval cuya función es regular, oralmente, el uso del agua de las comunidades de regantes de las acequias que forman parte de la huerta valenciana.

A. Les objectifs

Connaissances et compétences langagières
- les équivalents de « on »
- le lexique de l'agriculture
- savoir repérer des informations ciblées dans un document informatif

Connaissances et compétences culturelles
- une institution juridique centenaire

B. Pistes d'exploitation et description des attendus

Les élèves vont découvrir, à travers un bref reportage de la RTVE, une manifestation de démocratie participative liée à la gestion de l'eau. Avant de faire écouter le document, on pourra donner le sens de *acequias* (canaux d'irrigation) et faire le lien à partir de la boîte *Palabras* entre *regar* (irriguer) et *regantes* (ceux qui utilisent l'eau, qui irriguent).
Puis on invitera les élèves à écouter le document audio, tout en vidéoprojetant, grâce au **manuel numérique**, la photo du document 4 ou en laissant les livres ouverts pour que les élèves se représentent ce tribunal si particulier. On fera écouter le document deux fois pour que la classe trouve les réponses. **Énoncés attendus** : a. *El tribunal se llama el Tribunal de las Aguas* b. *Es un tribunal muy antiguo, es una institución medieval.* c. *Se reúne los jueves en Valencia (en la Plaza del Carmen).* d. *El tribunal regula, oralmente, el uso del agua (de las comunidades de regantes de las acequias que forman parte de la huerta valenciana).*
On pourra procéder à une troisième écoute (éventuellement fragmentée) pour rassurer les élèves et s'assurer de la bonne compréhension de l'enregistrement. Le professeur demandera aux élèves de faire le lien entre les documents 3 et 4. *¿Qué relación existe entre la postal de Sandra y el Tribunal de las Aguas?* On attendra une prise de parole simple mais structurée. **Énoncé attendu** : *El tribunal organiza el reparto del agua que permite la agricultura en la huerta.*

ACTÚA

Ce premier projet intermédiaire propose une activité d'expression écrite. Il représente une étape importante pour la réalisation du projet d'EPI. On la fera réaliser en salle multimédia. Les élèves disposeront de deux modèles pour faire ce travail, ils pourront donc se reporter au document 2 *Vivo en un desierto* et le document 3 *Paseo por la huerta valenciana*. Le professeur guidera les élèves en difficulté en donnant des structures imposées : *En mi región… Vivo en una zona…*, par exemple. On demandera aux élèves de chercher une photo en lien avec la thématique pour illustrer le travail. Cette activité d'expression écrite donnera lieu à une compilation des travaux sur l'ENT ou la constitution d'un panneau qui pourrait être exposé dans la classe et s'intituler *El agua en mi región*.

El agua en casa

→ (p. 116-117)

▶ Je découvre comment je peux économiser l'eau dans ma vie de tous les jours.

Les documents 1 et 2 sont à traiter conjointement, sur une séance de cours.

1 DOCUMENT VISUEL

NUESTRO CONSUMO DE AGUA

A. Les objectifs

Connaissances et compétences langagières

- les équivalents de « on »
- le lexique de la maison
- les chiffres, les quantités
- décrire la consommation d'eau avec une courte série de phrases

Connaissances et compétences culturelles

- la consommation d'eau au quotidien en Espagne

B. Pistes d'exploitation et description des attendus

Cette activité vise à l'entraînement de l'expression orale en continu. Avant la phase d'observation du document infographique, on élucidera les mots grâce à la boîte *Palabras*, on donnera aussi *gastar* et *desarrollados* qui pourraient freiner l'accès au sens. La difficulté du document réside dans les chiffres manipulés, on autorisera donc les élèves à consulter la page 56 de l'unité 4.

On pourra partager la classe en deux groupes pour la première question, le groupe A se concentrera sur la partie de gauche du document (les deux premiers blocs) et le groupe B sur le bloc de droite. Ce travail favorisera l'échange d'informations et l'interaction entre les groupes pour préparer la suite. L'enseignant demandera aux élèves de répondre oralement aux questions. **Énoncés attendus** : a. *Aparece la cocina; aparece el (cuarto de) baño.* : b. *Se gastan / Gastamos 300 litros de agua para un baño / cuando nos bañamos.* c. *Cuando se lava el coche se consumen 375 litros de agua.* d. *En los países desarrollados no es razonable ya que en realidad necesitamos entre 20 y 50 litros de agua cada día.*

Enfin on mettra les élèves en binômes pour la phase d'interaction à l'oral en leur accordant une dizaine de minutes afin que chaque élève puisse poser des questions à son binôme, à tour de rôle, en suivant l'exemple de la question 1b. On pourra mettre en commun les questions en faisant une liste et ainsi préparer le projet de fin de séquence *Tu misión*. Certains binômes pourraient interpréter les interviews devant la classe.

2 TEXTE

¿CUÁNTO GASTA UN GRIFO ROTO?

A. Les objectifs

Connaissances et compétences langagières

- l'impératif à la 2e personne du pluriel
- l'obligation impersonnelle
- les chiffres, les quantités
- le lexique lié à l'eau
- comprendre des instructions
- rendre compte d'une expérience sur l'eau réalisée en groupe

B. Pistes d'exploitation et description des attendus

À partir de ce document proposé par le ministère espagnol de l'Éducation, les élèves vont manipuler et mener une expérience et seront ainsi sensibilisés à la consommation d'eau à la maison. On laissera un temps de lecture du document ainsi que de la boîte *Palabras* et des notes de lexique. L'idéal serait de mener cette séance en salle de sciences pour que les élèves accèdent aux paillasses et aux robinets. On permettra aux élèves de constituer des équipes de trois, par affinités en fonction du degré d'autonomie. Le professeur détaillera les cinq étapes en projetant l'expérience au tableau à l'aide du zoom du **manuel numérique** et en surlignant les formes impératives. On donnera 15 minutes aux groupes pour réaliser l'expérience. Si certains groupes terminent avant, on leur demandera de rédiger une synthèse de leur expérience. Puis, le professeur invitera les groupes à rendre compte des résultats obtenus. Ils pourront se référer à l'unité 4 (page 56) pour reprendre connaissance des chiffres. En guise de synthèse le professeur lira la consigne 3 : *Hay que cerrar bien el grifo. ¿Por qué?* **Énoncé attendu** : *Hay que cerrar bien el grifo porque se pierde el agua / se escapa mucha agua…*

3 TEXTE

MIS TRUCOS PARA AHORRAR EL AGUA

A. Les objectifs

Connaissances et compétences langagières

- l'usage du subjonctif après *para que*
- l'interdiction *no* + subjonctif
- le lexique des activités quotidiennes
- le lexique de la maison
- repérer des informations dans un texte informatif simple, accompagné d'un document visuel

Connaissances et compétences culturelles

- une campagne colombienne de sensibilisation sur l'eau

B. Pistes d'exploitation et description des attendus

Cette activité vise à l'entraînement à la compréhension écrite vers l'expression orale. Les élèves vont apprendre les bons usages à adopter dans la maison pour économiser l'eau à partir d'une campagne de sensibilisation colombienne. On projettera le visuel à l'écran et on laissera un temps d'observation à la classe pour qu'elle puisse répondre aux questions en projetant le document au tableau. On pourra au besoin traduire *enjuagar* (rincer) et *lavaplatos* (lave-vaisselle). **Énoncés attendus** : 1. a. *Es una campaña para que la gente baje el consumo de agua, consuma menos agua, tenga cuidado con el agua.* b. *Si bajamos el consumo de agua también bajamos la factura, ahorramos dinero.* c. *Buen uso : usar la lavadora cuando esté llena, abrir el grifo solo para enjuagar los platos, cerrar el grifo mientras te lavas los dientes, ducharse en 5 minutos, reparar los grifos rotos, regar las plantas por la tarde.* d. *Mal uso : lavar el coche con manguera, tirar el aceite por el lavaplatos (= fregadero), dejar los grifos abiertos, utilizar detergentes con fosfato.*

On pourrait également demander aux élèves de formuler les interdictions en leur faisant employer *no* + subjonctif étudié dans l'unité 7.

Enfin, on invitera les élèves à constituer des binômes et, pendant cinq minutes, ils énonceront cinq conseils pour économiser l'eau. On guidera les élèves en donnant : *Para ahorrar el agua en casa hay que…* On les incitera à formuler d'autres conseils.

ACTÚA

Ce deuxième projet intermédiaire est une activité de production orale. Il représente une étape importante pour la réalisation du projet d'EPI, à savoir la réalisation d'une enquête sur l'usage de l'eau pour inciter à un usage responsable.

Il s'agit ici de calculer la quantité d'eau utilisée par sa famille chaque jour, les élèves vont manipuler : les quantités, les chiffres, l'équivalent du « on ».

Dans un premier temps, les élèves devront réfléchir et calculer la consommation d'eau de leur famille en prenant en compte le nombre de ses membres et les habitudes de chacun.

Cette activité pourra être réalisée sur traitement de texte et envoyée sur l'ENT. Les élèves qui sont le plus à l'aise pourront réaliser un schéma ou illustrer leurs résultats en ajoutant des photos, des images, des infographies.

À partir de cette présentation, certains élèves pourront rendre compte de leurs conclusions devant la classe. Cette réalisation personnelle peut être faite en classe ou à la maison.

TU MISIÓN → (p. 118)

Cette page est l'aboutissement des deux projets intermédiaires *Actúa*. Elle va permettre à l'élève de réutiliser les champs lexicaux, les points grammaticaux réactivés et les nouveaux points culturels acquis dans la réalisation d'un projet concret qui viendra alimenter le projet interdisciplinaire évoqué en début d'EPI : réaliser un clip de sensibilisation sur la consommation responsable de l'eau.

Para el Día Mundial del Agua, realiza un cuestionario sobre el consumo de agua e interroga a tus compañeros.

A. Les objectifs

Connaissances langagières

- l'obligation impersonnelle
- les chiffres, les quantités
- le lexique de l'eau, de la maison, du quotidien

Compétences langagières

- formuler des questions
- collecter des informations
- faire une présentation (niveau A2)

B. Pistes d'exploitation et description des attendus

Il s'agit pour l'élève de rédiger une enquête et d'en rendre compte.

Le projet se décompose en quatre étapes.

- Étapes 1 et 2 : à partir des divers documents de cet EPI, et plus particulièrement des documents 1 *Nuestro consumo de agua* et 3 *El Agua en casa*, on demandera aux

élèves de préparer et poser une série de cinq questions.
– Étape 3 : c'est la phase de collecte des informations, on pourra configurer l'espace de la classe différemment (îlots par exemple) pour faciliter les déplacements. On fera preuve de souplesse lors de cette phase d'échange, un binôme pourra interroger quatre, cinq ou six élèves en fonction du rythme. On donnera, en revanche, une limite de temps (15 minutes).
– Étape 4 : cette dernière étape se fera en deux temps, le traitement des réponses et le compte rendu face à la classe.
On laissera une dizaine de minutes pour que les élèves organisent les réponses obtenues par grandes « tendances ». Les élèves en difficulté pourraient prendre des notes pour assurer leurs prises de parole. Ensuite, les groupes se répartiront les parties à exposer à la classe.
On passera ensuite à la phase de compte rendu à l'oral, les élèves donneront les réponses obtenues par binômes, le groupe pourra éventuellement poser des questions aux binômes pour préciser l'exposé.

Dans la seconde moitié de la page 118, l'enseignant pourra trouver les références aux programmes de cycle 4 de géographie (Pistes de travail en géographie) et de SVT (Pistes de travail en SVT) lui permettant d'énoncer clairement aux élèves les liens entre les trois matières liées par le projet interdisciplinaire.
Des pistes d'ateliers à réaliser en géographie et en SVT pour le clip de sensibilisation sur la consommation responsable de l'eau sont également suggérées pour les enseignants de ces deux matières dans les colonnes de droite des tableaux.

¡FELIZ DÍA DE LOS MUERTOS!

→ (p. 119)

A. Les objectifs

Domaines du socle

D1. Les langages pour penser et communiquer.
D5. Les représentations du monde et l'activité humaine.

Connaissances et compétences langagières

- le présent de l'indicatif
- les équivalents de « on » avec *se* + 3^{e} pers. du pl. : *se decoran*
- le lexique du Jour des morts mexicain

Connaissances et compétences culturelles

Cette page a pour objectif de faire découvrir aux élèves une fête traditionnelle mexicaine.

B. Pistes d'exploitation et description des attendus

Le professeur pourra d'abord laisser les élèves découvrir l'ensemble de cette page.
Dans un premier temps, l'enseignant qui utilise le **manuel numérique** pourra, à l'aide du vidéoprojecteur et du zoom, agrandir les trois photographies très colorées et la photo du personnage déguisé en squelette, afin de montrer les traditions de cette fête mexicaine. Les élèves pourront lire les textes explicatifs qui leur apprendront ce que font les Mexicains à l'occasion de cette fête traditionnelle. Les élèves pourront ensuite s'exprimer en décrivant chaque photographie à partir des informations lues dans les textes. Le lexique employé est volontairement simple et accessible à des débutants, aussi le professeur pourra-t-il exploiter cette page en novembre au moment de la célébration de cette fête.
Énoncés attendus : *El Día de los Muertos es une fiesta alegre. Los mexicanos van a los cementerios. Los mexicanos comen en los cementerios. La gente toca música en los cementerios. Los mexicanos bailan en los cementerios. Los mexicanos decoran las calles con guirnaldas de papel picado de todos los colores. Los mexicanos comen calaveras de azúcar. También se maquillan o se disfrazan de esqueletos.*
Dans un deuxième temps, les élèves seront mis en activité soit en groupes ou en îlots, soit en classe entière. Les trois activités proposées sont simples et créatives et permettent de découvrir les traditions et le lexique spécifiques de cette fête : *cantar, decorar con papel picado* et *las calaveras* (les chants, les décorations en papier *picado* et les têtes de mort).

¡A cantar! → (p. 119)

Script

Tumbas por aquí, tumbas por allá,
de Luis Pescetti
Entre las ruinas de un monasterio
Se abren las tumbas de un cementerio.

Estribillo
Tumbas por aquí, tumbas por allá.
¡Tumbas, tumbas, tumbas!
Jajajajaja… (*bis*)

Las calaveras salen bailando
Momias hermosas de ojos chupados.

Estribillo (*bis*)

Entre las ruinas de un monasterio
Se abren las tumbas de un cementerio.

Estribillo (*bis*)

La première activité est l'écoute d'une chanson traditionnelle dont le refrain est donné dans le manuel. À partir du **manuel numérique** et en cliquant sur l'icône CD classe, le professeur pourra faire écouter la chanson aux élèves qui repéreront immédiatement le mot *tumbas* répété à la fin du refrain. Cette chanson entraînante et au lexique abordable pour des débutants pourra être chantée par tous les élèves.

Actividad → (p. 119)

Una guirnalda de papel

Cette deuxième activité pourra être faite en classe (à condition d'apporter le matériel demandé et de disposer d'une connexion Internet pour suivre le tutoriel) ou être faite en autonomie à la maison. Pour accéder au site de l'activité, les élèves devront se connecter au site compagnon élève collegien.nathan.fr/estupendo5 et copier l'adresse dans le fichier des liens Internet déposé sur le site. Il suffira de la coller dans le navigateur pour faire l'activité.

Pour cette deuxième activité artistique proposée, si elle est faite en classe, le professeur devra préparer ou demander aux élèves d'apporter une feuille de *papel picado*, une feuille de papier très fine et de couleur. Le professeur demandera ensuite aux élèves de se connecter sur le site compagnon collegien.nathan.fr/estupendo5 et de suivre les consignes données dans la vidéo de démonstration. Les feuilles de papier pourront ensuite être accrochées en guirlandes et décorer la classe d'espagnol.

Actividad → (p. 119)

Una calavera

Cette troisième activité pourra être faite en classe ou en autonomie à la maison.

Les élèves se connecteront au site compagnon collegien.nathan.fr/estupendo5, copieront l'adresse dans le fichier contenant la liste des liens Internet et suivront les consignes données.

Les élèves pourront choisir un modèle de *calavera* et la colorier en ligne ou l'imprimer sur une feuille et la décorer manuellement.

Toutes les *calaveras* pourront ensuite être imprimées, chaque élève pourra y inscrire son prénom et le professeur pourra ensuite décorer la salle avec toutes les productions réalisées.

C. Prolongements et activités supplémentaires

Le professeur qui le souhaite pourra proposer d'autres activités créatives à la classe comme *montar un altar a los muertos* en se connectant au site http://www.mexicodesconocido.com.mx/haz-tu-propia-ofrenda-de-dia-de-muertos.html qui présente tout ce qu'il faut mettre sur un autel pour cette fête.

Les élèves qui aiment bien cuisiner pourront préparer en classe ou en autonomie à la maison les sucreries typiques de cette fête, les *calaveras de azúcar* ou *el pan de muertos* en suivant la recette sur le site http://www.pequerecetas.com/receta/dia-muertos-mexico

Les professeurs qui veulent suivre en direct cette fête traditionnelle mexicaine, fêtée également aux États-Unis, pourront demander à leurs élèves de se connecter au réseau social très connu des adolescents Snapchat qui publie ces jours-là (1er et 2 novembre) des images en direct du Mexique (*stories* avec le filtre *Día de muertos*). Ce sera l'occasion pour l'enseignant de montrer aux élèves une utilisation intéressante des réseaux sociaux pour la découverte du monde.

¡FELIZ NAVIDAD Y PRÓSPERO AÑO NUEVO!

→ (p. 120-121)

→ Activités d'accompagnement, Cahier d'activités p. 47

A. Les objectifs

Domaines du socle

D1. Les langages pour penser et communiquer.

D5. Les représentations du monde et l'activité humaine.

Connaissances et compétences langagières

- le présent de l'indicatif des verbes réguliers et à diphtongue *poder* [ue], *despertar* [ie]
- les équivalents de « on » avec *se* + 3e pers. du sing. ou *se* + 3e pers. du pl.
- le lexique des fêtes de Noël
- le lexique des repas de fêtes

Connaissances et compétences culturelles

- les fêtes traditionnelles de fin d'année en Espagne
- la tradition des Rois mages en janvier en Espagne

B. Pistes d'exploitation et description des attendus

Il conviendra d'aborder cette double page pendant la période précédant les vacances de Noël. La langue utilisée dans les pavés illustrant les visuels est très simple, les verbes sont au présent ce qui facilite la compréhension des textes par les élèves à ce moment-là de l'année. Cette double page présente un titre qui englobe les fêtes de fin d'année et il est la phrase que l'on dit pour souhaiter un joyeux Noël à nos proches et une bonne année. Elle pourra être agrandie par le professeur en introduction de la séance. Les pages sont organisées comme un calendrier du *24 de diciembre* au *6 de enero*. Ce calendrier est représenté par des pages d'éphéméride. On profitera également de plusieurs visuels, de pavés explicatifs et de trois activités créatives. Des activités complémentaires de lexique sont proposées dans le cahier d'activités page 47.

Lors de la découverte de la double page on demandera aux élèves de repérer les dates, ainsi ils se feront une idée rapide de la période des fêtes de fin d'année et des Rois mages. Ces dates seront mises en surbrillance sur le **manuel numérique**. On remarquera alors la différence avec les fêtes en France qui se terminent le 1er janvier. Puis, la découverte de la page commencera par une observation des visuels. On pourra cliquer sur les photos de façon à les agrandir. Ces visuels sont déclencheurs de parole et vont permettre à l'élève de se familiariser avec le lexique et le contenu culturel. Le professeur introduira ainsi le vocabulaire des fêtes : *turrón, dulces, un belén, Navidad, un árbol de Navidad, un monigote, la Puerta del Sol, el reloj, las doce, los Reyes Magos, el roscón de Reyes*. On peut envisager la suite de la séance en îlots, chacun prendrait en charge une des cinq dates. Le professeur aura soin de constituer des îlots équilibrés. Chaque groupe lira la fête qui lui est attribuée, sa date, son nom, ses caractéristiques en s'appuyant sur le calendrier, le texte et la photo ou encore la vidéo. Les élèves viendront successivement au tableau pour présenter de façon succincte la fête sur laquelle ils auront travaillé quelques minutes. Ils devront manipuler eux-mêmes les outils du **manuel numérique**. La restitution sera ainsi plus dynamique. À l'issue des présentations, on pourra demander à la classe de se poser des questions sur l'ensemble des fêtes. Cette interaction permettra de s'assurer de ce qui a été retenu. Si les élèves possèdent des tablettes numériques alors ils pourront choisir une activité à réaliser. On peut aussi imaginer ces activités en classe entière pour l'activité *¡A cantar!* et *Nochevieja (Las 12 campanadas)* en fin de séance par exemple.

¡A cantar! → (p. 120)

CD3 piste 17~

Script

Campana sobre campana

Campana sobre campana,
y sobre campana una,
asómate a esa ventana,
verás al Niño en la cuna.

Estribillo

Belén, campanas de Belén,
que los ángeles tocan
¿qué nuevas me traéis?

Recogido tu rebaño,
¿adónde vas pastorcito?
Voy a llevar al portal
requesón, manteca y vino.

Estribillo

Campana sobre campana,
y sobre campana dos,
asómate a esa ventana,
porque está naciendo Dios.

Estribillo

Caminando a medianoche,
¿dónde caminas pastor?
Le llevo al niño que nace
como a Dios mi corazón.

Estribillo

Campana sobre campana,
y sobre campana tres,
en una Cruz a esta hora,
el Niño va a padecer.

Actividad → (p. 121)

Un monigote y una broma

Cette activité pourra être donnée à faire à la maison pendant les vacances.

Actividad → (p. 121)

DVD classe, CD3 piste 18, MP3 piste 98

Vidéo : Nochevieja

Cette activité sera réalisée après avoir vu la vidéo correspondante avec la classe. Les élèves pourront réécouter la bande-son de la vidéo en format MP3 s'ils souhaitent s'entraîner à compter les douze coups de minuit en même temps que les jeunes comédiens mangent les douze *uvas de la suerte*.

Script

Nochevieja

Víctor: ¡Qué bien, la Nochevieja! Cómo me gusta. ¡Oh! Solo faltan cinco minutos para las doce.
Elena: ¿Cinco minutos? Encendemos la tele, ¡que pronto dan las doce campanadas!
María: Me gusta ver el reloj de la Puerta del Sol y ver las doce campanadas.
Javier: Pues a mí me encanta comer las doce uvas de la suerte.
Víctor: Javier, ¿tienes las uvas?
Javier: Claro. Cada uno de vosotros tiene una bolsita con las doce uvas de la suerte. Víctor, es tu bolsita.
Víctor: Gracias, Javier, es muy bonita.
Javier: Luisa, tu bolsita.
Luisa: Gracias.
Javier: Elena, tu bolsita.
Elena: Gracias.
Javier: Sofía, tu bolsita.
Sofía: Gracias.
Elena: Luisa, ¿tienes deseos para el año nuevo?
Luisa: Sí, claro, pero no hablo de mis deseos con vosotros.
Víctor: ¡Callaos! Comienza el programa. ¿Abrimos las bolsitas?
Javier: ¡Suerte a todos!
(Se comen una uva con cada campanada del reloj de la Puerta del Sol.)
Todos: ¡Feliz Año Nuevo!
Víctor: ¡Y pronto los Reyes con los regalos!

C. Prolongements et activités supplémentaires

Si les élèves utilisent le cahier d'activités, on les invitera à faire les exercices ludiques et lexicaux de la page 47. Dans tous les cas, le professeur pourra projeter la page

du cahier en cliquant sur le lien en haut à droite. Certaines activités pourront alors se faire en classe.
Si le professeur le souhaite il pourra montrer des vidéos complémentaires sur *Las 12 campanadas de la Puerta del Sol* en suivant ce lien de la RTVE. http://www.rtve.es/alacarta/videos/campanadas-de-fin-de-ano/campanadas-fin-ano-2016/3430458/
Il pourra également montrer un extrait de *La Cabalgata de los Reyes Magos* en suivant ce lien : https://www.youtube.com/watch?v=1xaBxqZwMyo
Ainsi les élèves auront une vision plus authentique des différents événements qui marquent les Fêtes de Noël en Espagne.

Cahier d'activités → (p. 47)

Corrigé
1. a. *Los Reyes Magos* **b.** *Nochebuena* **c.** *Feliz Navidad* **d.** *Las uvas* **e.** *Nochevieja* **f.** *Feliz Año Nuevo*
2. *Navidad - diciembre - turrón - mazapán - villlancicos - la Misa del Gallo - los Reyes - enero - Nochevieja - doce uvas*
3. *24/12 : Navidad – 25/12 : Nochebuena – 28/12 : Día de los Inocentes – 31/12 : Nochevieja – 01/01 : El Año Nuevo – 05/01 : La Cabalgata de los Reyes Magos – 06/01 : Los regalos de los Reyes Magos*

¡PÁSALO BIEN EN CARNAVAL!

→ (p. 122-123)

→ Activités d'accompagnement, Cahier d'activités p. 48

A. Les objectifs

Domaines du socle

D1. Les langages pour penser et communiquer.
D5. Les représentations du monde et de l'activité humaine.

Connaissances et compétences langagières

– le présent de l'indicatif des verbes réguliers et à diphtongue : *empezar* [ie]
– l'obligation personnelle avec *tener que* + infinitif : *tienes que disfrazarte*
– les mois de l'année
– le lexique du carnaval : *una cabalgata, un desfile, los disfraces, disfrazarse, los fuegos artificiales, el Entierro de la Sardina, el traje*
– le lexique des repas de fêtes

Connaissances et compétences culturelles

– les carnavals en Espagne, celui de Cádiz et celui de Santa Cruz de Tenerife
– des carnavals en Amérique latine : Barranquilla, en Colombie, et Oruro, en Bolivie

B. Pistes d'exploitation et description des attendus

On peut imaginer travailler cette page *Fiestas* consacrée au carnaval à la suite de l'unité 5, après avoir travaillé la double page *Descubre* sur les vêtements et les fêtes. Le moment de l'année doit correspondre à celui de la période de carnaval entre février et mars. Si on choisit la séance suite à l'unité 5 alors on axera davantage sur les vêtements, les déguisements et sur l'obligation. Son exploitation pourrait se dérouler sur deux séances. La première pourrait être consacrée à la page de gauche et ses activités créatives et la deuxième à la page de droite, au clip vidéo et aux activités du cahier d'activités.
Cette double page est très visuelle, les photos étant très colorées, joyeuses et impressionnantes. Elles devraient attirer l'œil des élèves, on leur laissera donc le plaisir de les découvrir librement et de façon spontanée sans consigne préalable. La page de gauche présente l'Espagne et la page de droite l'Amérique latine. Les activités sont à la fois créatives, dessiner un chapeau de carnaval, imaginer une affiche, et informatives, on visionnera le clip de la chanson *Una sola gozadera* et on regardera le clip du carnaval d'Oruro pour compléter les apports culturels.
Les quatre carnavals correspondent à quatre lieux : deux en Espagne et deux en Amérique latine. On pourra alors envisager de situer sur une carte les villes où se déroulent ces carnavals.
On commencera par la page de gauche. Le professeur lira le pavé sur Cádiz et situera la ville sur la carte interactive grâce au **manuel numérique**. **Énoncé attendu** : *Cádiz está / se sitúa en Andalucía, en España.* Les mots importants du pavé seront mis en surbrillance : *el carnaval, la Gran Cabalgata, desfiles, bailes, fuegos artificiales, disfrazarte.* Puis on cliquera sur le visuel et on demandera à la classe de décrire les enfants. **Énoncés attendus** : *Los niños se disfrazan de Arlequín. Llevan un sombrero que representa una torre.* L'activité proposée pourra être réalisée à un autre moment pour ne pas casser la dynamique de la séance. On enchaînera avec le Carnaval de Santa Cruz de Tenerife. Pour ne pas répéter la même démarche ni lasser les élèves l'enseignant pourra démarrer en projetant l'affiche du Carnaval 2016. On demandera alors aux élèves de repérer les informations données par l'affiche. **Énoncés attendus** : *la fecha: del 3 al 14 de febrero; el lugar : Santa Cruz de Tenerife* (on la situera sur la carte) ; *la imagen: una sardina disfrazada de Arlequín, con un traje de colores y un sombrero.* On lira alors le texte qui permettra de comprendre ce que représente *la Sardina.* Lors de la lecture, on verra que le carnaval se termine par *El Entierro de la Sardina,* que l'on expliquera. On regardera alors le visuel de droite et on cherchera qui est représenté, grâce au texte explicatif. **Énoncé attendu** :

Es la Reina del Carnaval con su traje que pesa más de 100 kilos. Pour terminer cette première séance, on mettra les élèves en îlots et on leur demandera de choisir une des activités proposées. L'idéal est de poursuivre cette séance en salle informatique pour la réalisation du dessin et de l'affiche.

Actividad → (p. 122)

Un sombrero de carnaval

Il s'agit de dessiner un chapeau de carnaval. Cette activité peut être réalisée avec les TICE.

Actividad → (p. 122)

Un cartel para el carnaval de tu barrio

Les élèves imagineront une affiche pour le carnaval de leur quartier. On peut envisager de regrouper les élèves en fonction de leur quartier de résidence si cela est possible. Quoi qu'il en soit, on ciblera avec la classe les éléments qui doivent être présents : le lieu, le nom du carnaval, la date, une image ou une photo retravaillée. Cette activité peut être réalisée avec les TICE. On peut aussi prévoir un concours dans la classe de la meilleure affiche pour que les élèves y trouvent une motivation supplémentaire.

La deuxième séance sera consacrée à la page de droite sur les carnavals en Colombie et en Bolivie. Si la classe possède des tablettes, les élèves se regrouperont en îlots et travailleront sur un des deux carnavals. Avant cette mise en groupes, l'enseignant projettera les visuels qui sont magnifiques et laissera la classe entière réagir. Puis on demandera aux différents groupes de situer le lieu sur la carte, de donner les caractéristiques principales du carnaval et de faire l'activité associée en lançant le clip de la chanson ou en lançant le spot sur le carnaval d'Oruro. Lors de la mise en commun, on imaginera une interaction, les groupes qui auront travaillé sur le carnaval de Barranquilla interrogeront les autres groupes sur le carnaval d'Oruro. Les questions seront simples et guidées par l'enseignant: *¿Dónde pasa? ¿Cómo se llama la ciudad? ¿Cuántos días dura? ¿Quién se disfraza? ¿Hay una reina? ¿Quiénes participan?...* Les élèves qui répondront utiliseront le **manuel numérique** et ses fonctions pour souligner les réponses et pour montrer le clip de la chanson sur le carnaval de Barranquilla ou encore lancer le spot sur le carnaval d'Oruro. **Énoncés attendus** : *El Carnaval pasa en Barranquilla, una ciudad de Colombia. Empieza con un desfile, es la Batalla de las Flores. Sí, hay una Reina, el Rey Momo, los Reyes del Carnaval de los niños. En Oruro, en Bolivia, el carnaval dura 10 días y 10 noches. Hay grupos que bailan. Los disfraces más impresionantes son los de las Diabladas.*

Actividad → (p. 123)

DVD classe, CD3 piste 19

Script

Una sola gozadera, por Manuel Ariza, Lisandro Polo y Twister

El carnaval somos todos;
todos somos carnaval,
una fiesta sin igual.
Yo lo canto de este modo.
Todos gritamos en coro.
Lo digo en forma certera,
fiesta que pasa fronteras
contagiando de alegría.
Y dice Marcela García:
una sola gozadera.
La reina.
La batalla de flores y estrellas.

¡Ay, la gente alegre y espera!
Lectura del bando en la plaza
con una sola gozadera. ¡Ay, gozadera!
¡Ay, que salgan las comparsas
por toda la vía 40!
En Curramba se arrebata,
ay, el ritmo de Marcela.
Y es que el carnaval no para.
Se prendieron las verbenas.
Con calor aquí se baila.
La cosa se puso buena.
La reina.
La batalla de flores y estrellas.
Y la gente alegre y espera.
Lectura del bando en la plaza
con una sola gozadera. ¡Ay, gozadera!
Por el Magdalena llegan
mariposas amarillas.
Una magia macondiana
va sacando mil sonrisas.
Hasta el metro está de fiesta.
Rojiblanco tú me inspiras.
Vamos todos pal' estadio
del Junior de Barranquilla.
Viste...
una sola gozadera.
A bailarlo con Marcela.
Una sola gozadera...

¡Ay, con las pilas también!
Champetea...
Ponte tu pollera.
¡Se formó el bembé!
Con Marcela, ¿qué?
A gozar como es. .../...

Que suenen los tambores
Curramba la bella. ¡Se formó otra vez!
Ay baila... una sola gozadera.
En la esquina de la gozadera.
Barranquilla, una sola gozadera...
¡Carnaval!

Les élèves pourront revoir cette vidéo sur le Carnaval de Barranquilla en se connectant sur le site compagnon de l'élève et en copiant l'adresse (www.youtube.com/watch?v=DOQoJN9vLII) dans le fichier contenant la liste des liens Internet.

Actividad → (p. 123)

DVD classe, CD3 piste 20

Script

El carnaval de Oruro

Queremos invitarte a descubrir la magia de un carnaval sorprendente, único, orgullo de Bolivia.
Un carnaval donde danza lo sombrío con lo diáfano.
Comprensible solo desde la propia vivencia.
Disfrutemos juntos de esta fiesta inolvidable.
El carnaval de Oruro, es una experiencia que tienes que vivir.

Les élèves pourront voir ou revoir ce spot publicitaire sur le carnaval d'Oruro en se connectant sur le site compagnon de l'élève et en copiant l'adresse (https://www.youtube.com/watch?v=nbS7w-QPDcE) dans le fichier des liens Internet mis à leur disposition.

C. Prolongements et activités supplémentaires

Pour prolonger la séance sur la double page *Fiestas*, on peut envisager un quiz englobant les quatre carnavals. L'enseignant utilisateur du **manuel numérique** pourra lancer la page 48 du cahier d'activités en cliquant sur l'icône et les élèves pourront faire le quiz *El test de Carnaval*.
On peut également constituer des équipes de quatre à six élèves. Chaque équipe prépare dix questions puis interroge les autres équipes. Il s'agirait ainsi de s'assurer que l'essentiel de la page a été retenu. Si les activités créatives n'ont pas été encore réalisées, on pourra alors les créer en salle informatique avec les outils TICE et on terminera par la projection des productions. Si les élèves souhaitent aller plus loin, ils pourront imaginer de créer l'affiche du carnaval de Barranquilla ou celle du carnaval d'Oruro après avoir vu le clip de la chanson et le spot sur Oruro. Enfin les classes qui utilisent le cahier d'activités termineront la séance par les exercices ludiques de la page 48 à faire à la maison.

Cahier d'activités → (p. 48)

Corrigé

1. a. *español* **b.** *disfrazarse* **c.** *febrero* **d.** *más de 100 kilos* **e.** *el Entierro de la Sardina* **f.** *colombiana* **g.** *al Rey Momo* **h.** *diez días y diez noches* **i.** *danzarines* **j.** *grupos folclóricos*

2. *El Carnaval de Barranquilla : La Batalla de Flores, El Carnaval de los Niños, El Rey Momo. El Carnaval de Cádiz : La Gran Cabalgata. El Carnaval de Oruro : Las Diabladas, Grupos folclóricos bolivianos. El Carnaval de Santa Cruz : El Entierro de la Sardina*

Fiches duplicables

Nombre .... Apellido .... Clase ....

A. PHONOLOGIE

Insuffisant ☐ Fragile ☐ Satisfaisant ☐ Très satisfaisant ☐

✓ Je sais prononcer les lettres de l'espagnol. A1

1. Coche les lettres qui ne se prononcent pas comme en français.

M ☐ P ☐
E ☐ R ☐
J ☐ U ☐

...... /3

✓ Je sais repérer la syllabe accentuée dans un mot espagnol. A1

2. Entoure l'intrus : un de ces mots n'est pas accentué sur l'avant-dernière syllabe.

ritmo – estupendo – tocar – sonido – orquesta – canto

...... /3

3. Écoute et entoure la syllabe accentuée de chaque mot. CD 1 classe

mano	meses
guitarra	música
color	cantan
verde	azul

...... /4

Total : ...... /10

B. LEXIQUE

Insuffisant ☐ Fragile ☐ Satisfaisant ☐ Très satisfaisant ☐

✓ Je connais les chiffres de 1 à 12, le lexique des jours, des mois et des couleurs. A1

1. Écris chaque chiffre en lettres.

a. 5 .... **d.** 2 ....
b. 7 .... **e.** 3 ....
c. 4 .... **f.** 6 ....

...... /3

2. Écris les jours de la semaine manquants.

lunes – .... – miércoles – jueves – .... – sábado – ....

...... /1,5

3. Coche le mois intrus de chaque saison.

La primavera	→	marzo	☐	mayo	☐	octubre	☐
El verano	→	junio	☐	julio	☐	abril	☐
El otoño	→	octubre	☐	enero	☐	noviembre	☐
El invierno	→	enero	☐	marzo	☐	septiembre	☐

...... /2

4. Complète les phrases suivantes.

a. .... son los días de la semana.

b. .... son los meses del año.

c. .... dedos tiene la mano.

...... /1,5

5. Complète les noms des couleurs avec la voyelle manquante.

am__rillo

verd__

r__jo

az__l

...... /2

Total : ...... /10

Nombre .... **Apellido** .... **Clase** ....

ÉCOUTER ET COMPRENDRE

Isoler des informations simples dans un message. **A1**

Insuffisant ☐ Fragile ☐ Satisfaisant ☐ Très satisfaisant ☐

✓ Je peux comprendre quelqu'un qui se présente. CD classe

1. Coche les mots que tu entends.

Francisco ☐	doce ☐	alumno ☐	español ☐
hermana ☐	amigo ☐	gato ☐	negro ☐
blanco ☐	conejo ☐	peces ☐	número ☐

...... /1,5

2. Coche la bonne réponse. Francisco…

a. es mexicano ☐ español ☐ argentino ☐

b. tiene 10 ☐ 12 ☐ 15 ☐ años

c. tiene un hermano y una hermana ☐ dos hermanas ☐ dos hermanos ☐

...... /3

3. Vrai ou faux ?

a. Francisco tiene un gato negro. **V** ☐ **F** ☐

b. Francisco no tiene perro. **V** ☐ **F** ☐

c. Francisco tiene dos peces. **V** ☐ **F** ☐

...... /3

4. Complète le numéro de téléphone.

El número de teléfono de Francisco es el 2 __ __/2 __ __/3 __ 9

...... /2,5

Total : ...... /10

LIRE

Comprendre un texte très court en relevant des noms, des mots familiers. **A1**

Insuffisant ☐ Fragile ☐ Satisfaisant ☐ Très satisfaisant ☐

✓ Je peux comprendre la présentation simple d'une personne.

Me llamo Atena, tengo trece años, y vivo con mi abuelo y con mi madre.

Mi pueblo se caracteriza básicamente por dos cosas: ser un lugar donde casi todo se hace en bicicleta y tener una tradición de nombres espantosos[1].

Todo el mundo llama Lina a mi madre. Su nombre es Aquilina, muy común en el pueblo[2]. Durante toda la infancia me llamaron[3] "antena". Ahora soy Atena.

Según María Villalón, *El insólito viaje de una gota de lluvia*, 2014.

1. effrayants 2. le village 3. on m'a appelée

1. **Lis le texte et coche la ou les réponse(s) qui convien(nen)t.**

a. La chica se llama Antena ☐ Atenas ☐ Atena ☐

b. Vive con sus padres y su abuelo ☐ su madre y su abuelo ☐ su madre y su abuela ☐

c. Vive en un pueblo ☐ una gran ciudad ☐ la capital ☐

d. Su madre se llama Alquilina ☐ Aquilina ☐ Angelina ☐

...... /2

2. **Vrai ou faux ? Fais une phrase si c'est faux.**

a. La chica tiene tres años. **V** ☐ **F** ☐

....

b. En el pueblo, los habitantes tienen nombres originales. **V** ☐ **F** ☐

....

c. Llaman a su madre Lila. **V** ☐ **F** ☐

....

d. Llaman a la chica Antena. **V** ☐ **F** ☐

....

...... /4

3. **Présente la jeune fille de cet extrait avec les verbes suivants *Se llama... Tiene... Vive...* Donne au moins quatre informations sur cette adolescente et sa famille.**

....

....

....

....

....

....

....

....

....

....

...... /4

Total : ...... /10

Nombre .... **Apellido** .... **Clase** ....

RÉAGIR ET DIALOGUER

Interagir brièvement dans des situations déjà connues. **A1**

Insuffisant ☐ Fragile ☐ Satisfaisant ☐ Très satisfaisant ☐

✓ Je peux établir un contact social et échanger des informations sur mon identité.

Tu rencontres un(e) élève espagnol(e) pour la première fois. Vous allez échanger pour mieux vous connaître.

B choisit s'il veut être Pablo ou Inés. Il répond aux questions de A en regardant la fiche d'identité correspondante. Il pose ensuite des questions à l'élève français(e) selon l'ordre indiqué.

Ordre des questions Élève A

a. âge
b. ville, origine
c. animal
d. frère et sœur
e. prénom

Ordre des questions Élève B

a. animal
b. prénom
c. âge
d. ville, origine
e. frère et sœur

Nombre: Inés
Ciudad: Madrid
Edad: 14 años
Mascota: gato
Hermanos: Rafael y Carlos

Nombre: Pablo
Ciudad: Madrid
Edad: 13 años
Mascota: perro negro
Hermanos: José y Lucía

Je sais demander le prénom de mon interlocuteur	...... /1
Je sais dire mon prénom	...... /1
Je sais demander l'âge de mon interlocuteur	...... /1
Je sais dire mon âge	...... /1
Je sais demander à quelqu'un où il habite	...... /1
Je sais dire où j'habite, d'où je viens	...... /1
Je sais demander à quelqu'un s'il a un animal	...... /1
Je sais dire si j'ai des animaux familiers	...... /1
Je sais demander à quelqu'un s'il a des frères et sœurs	...... /1
Je sais dire si j'ai des frères et sœurs	...... /1

Total : ...... **/10**

Nombre .... **Apellido** .... **Clase** ....

PARLER EN CONTINU

Produire des expressions simples, isolées sur les gens. **A1**

Insuffisant ❑ Fragile ❑ Satisfaisant ❑ Très satisfaisant ❑

✓ Je peux me présenter et décrire des animaux de compagnie.

Choisis de jouer le rôle du garçon ou de la fille et présente-toi.

Nombre: Sergio
Apellidos: Castañeda Montoya
Ciudad: Bogotá
País: Colombia
Edad: 12 años
Mascotas: 1 perro, 1 conejo

Nombre: Lucía
Apellidos: Martínez Rojas
Ciudad: Acapulco
País: México
Edad: 14 años
Mascotas : 2 gatos, 1 pez rojo

Prononciation, attention particulière sur *e, u, b/v, ll*	...... /2
Je sais saluer suivant les moments de la journée	...... /1
Intonation	...... /1
Je sais dire mon nom et mon prénom	...... /1
Je sais dire mon âge	...... /1
Je sais dire ma nationalité	...... /1
Je sais dire où je vis	...... /1
Je sais décrire mes animaux de compagnie	...... /1
Je sais dire la langue que je parle	...... /1

Total : ...... **/10**

Nombre .... **Apellido** .... **Clase** ....

A. PHONOLOGIE

Insuffisant ❑ Fragile ❑ Satisfaisant ❑ Très satisfaisant ❑

CD classe

✓ Je connais la prononciation des lettres *ll*, *v* et *b*. A1

1. Écoute et écris les mots que tu entends.

.... /3

B. LEXIQUE

Insuffisant ❑ Fragile ❑ Satisfaisant ❑ Très satisfaisant ❑

✓ Je connais le lexique de l'identité et des animaux familiers. A1

2. Ta classe est jumelée avec une classe d'Espagne. Aide ton professeur à préparer une fiche de renseignements que les élèves espagnols rempliront. Note ci-dessous les 6 rubriques de la fiche.

a. Nombre y............................ **d.** ....

b. .... **e.** ....

c. .... **f.** ....

3. Tu prépares une enquête sur les élèves de la classe et leurs animaux de compagnie. Note 6 animaux de compagnie que tu vas y faire figurer.

a. .... **d.** ....

b. .... **e.** ....

c. .... **f.** .... /6

C. GRAMMAIRE

Insuffisant ❑ Fragile ❑ Satisfaisant ❑ Très satisfaisant ❑

✓ Je sais conjuguer *ser* et d'autres verbes au présent de l'indicatif. A1

4. Manon veut envoyer cette lettre à sa correspondante. Complète-la en conjuguant *ser*, *tener*, *llamarse*, *vivir* et *hablar* au présent. Attention à la personne employée.

Hola,

.... Manon, ... 12 años. .... en Toulouse en Francia.

.... francés y aprendo a hablar inglés y español. .... dos

hermanos que .... Gabin y Pierre. No .... mascota.

Mi mejor amiga .... Maëva, ... nueva en el colegio.

Mi número de teléfono .... 06/10/88/14/00. ...... /2,5

✓ Je sais utiliser les mots interrogatifs. A1

5. **À la fin de sa lettre, Manon pose 5 questions à sa correspondante. Complète-les avec le mot interrogatif qui convient :** ***¿Dónde…? ¿Cómo…? ¿Cuántos / Cuántas…? ¿Quién…? ¿Qué…?***

a. ¿.. te llamas?

b. ¿.. años tienes?

c. ¿.. vives?

d. ¿.. lenguas hablas o aprendes?

e. ¿.. es tu mejor amigo/amiga?

...... /2,5

✓ Je connais les formations du masculin, féminin et du singulier, pluriel. A1

6. **Transforme les phrases suivantes au féminin pluriel.**

a. Miguel es nuevo. María y Noelia ....

b. Pedro es mi mejor amigo. Vera y María ....

c. El chico se llama Pedro. .... Vera.

...... /1,5

D. *CULTURE*

Insuffisant ☐ Fragile ☐ Satisfaisant ☐ Très satisfaisant ☐

✓ Je sais dire bonjour selon les moments de la journée. A1

7. **En français, nous disons « bonjour » à n'importe quel moment de la journée. En espagnol, c'est différent. Que dit-on ?**

a. Dans la journée : .... /0,25

b. Le soir : .... /0,25

✓ Je sais pourquoi on porte deux noms de famille en Espagne ou en Amérique latine. A1

8. **Les Espagnols et les Latino-Américains portent deux noms de famille. Pourquoi ?**

....

...... /1

✓ Je sais où l'on parle espagnol. A1

9. **Cite 5 pays où on parle espagnol.**

a. .... **d.** ....

b. .... **e.** ....

c. ....

10. **Quelle langue parle-t-on au Brésil ?** ....

...... /3

Total : ...... /20

Nombre .... **Apellido** .... **Clase** ....

ÉCOUTER ET COMPRENDRE

Comprendre les points essentiels d'une conversation. **A1**

Insuffisant ☐ Fragile ☐ Satisfaisant ☐ Très satisfaisant ☐

✓ Je peux comprendre une conversation sur la famille. CD classe

1. Coche les mots que tu entends.

padre ☐	hermana ☐	casa ☐	perro ☐
mascota ☐	abuela ☐	abuelo ☐	majos ☐
majo ☐	menor ☐	mayor ☐	primo ☐
años ☐	generoso ☐	tío ☐	madre ☐

...... /1,5

2. Coche la bonne réponse.

a. Los dos amigos hablan de
sus mascotas ☐ su colegio ☐ su familia ☐ su casa ☐

b. La familia de Rafael es
divertida ☐ generosa ☐ simpática ☐ valiente ☐

c. Rafael tiene
un hermano mayor ☐ una hermana mayor ☐ un hermano menor ☐

d. La chica tiene
un hermano mayor ☐ una hermana mayor ☐ un hermano menor ☐

e. Rafael y sus padres viven con
el tío ☐ la abuela ☐ la prima ☐ el abuelo ☐

...... /2,5

3. Vrai ou faux ? Fais une phrase si c'est faux.

a. El hermano del chico tiene 14 años. **V** ☐ **F** ☐

....

b. Los padres de Rafael son majos. **V** ☐ **F** ☐

....

c. Sus padres se llaman José y Victoria. **V** ☐ **F** ☐

....

d. El abuelo de Rafael se llama Alejandro. **V** ☐ **F** ☐

....

...... /4

4. Complète la phrase suivante.

El abuelo de Rafael tiene .... y .... años,

.... con ellos y es una persona ....

...... /2

Total : ...... /10

Nombre .... **Apellido** .... **Clase** ....

LIRE Comprendre un texte simple sur des sujets de la vie quotidienne. **A1**

Insuffisant ☐ Fragile ☐ Satisfaisant ☐ Très satisfaisant ☐

✓ Je peux comprendre quelqu'un qui présente sa famille de façon simple.

Me llamo Paul Hall y tengo dos hermanos mayores. Mi padre es maestro carpintero[1].

–¿Y tus hermanas? –pregunta Lina.

–Mis hermanas ya son mayores –dijo Paul con timidez. Una tiene veinte años, y la otra ventidós. Y yo acabo de cumplir[2] los doce.

Mira Lobe, *Insu-Pu: la isla de los niños perdidos*, 2007.

1. maître charpentier 2. fêter.

1. Lis le texte et coche la réponse qui convient.

a. El narrador habla de su colegio ☐ sus mascotas ☐ su familia ☐

b. El narrador es un adolescente ☐ un abuelo ☐ un maestro ☐

Justifie ta réponse avec une phrase du texte :

....

...... /2

2. Vrai ou faux. Justifie avec une phrase du texte.

a. El abuelo de Paul es maestro carpintero. **V** ☐ **F** ☐

....

b. Paul tiene dos hermanos menores. **V** ☐ **F** ☐

....

c. Sus hermanas son mayores. **V** ☐ **F** ☐

....

d. Sus hermanas tienen veinte y veinticuatro años. **V** ☐ **F** ☐

....

...... /6

3. Complète en précisant combien Paul a de frères et sœurs, son âge et pourquoi il est le plus jeune.

a. Paul tiene ....

b. Paul es el hermano .... porque ....

...... /2

Total : ...... /10

Nombre .... **Apellido** .... **Clase** ....

RÉAGIR ET DIALOGUER	**Interagir de façon simple, avec un débit lent et dans une situation déjà connue.** **A1** Insuffisant ☐ Fragile ☐ Satisfaisant ☐ Très satisfaisant ☐

✓ Je peux échanger des informations, en donner et en demander sur un sujet familier.

Tu rencontres un(e) élève espagnol(e) et vous échangez sur vos familles.

Élève A : tu es l'aîné(e), tu présentes ta famille, puis tu poses des questions à ton ou ta camarade sur sa famille.

Élève B : tu es le cadet ou la cadette de ta famille. Tu réponds aux questions de l'élève A et, à ton tour, tu poses des questions à l'élève A.

Prononciation, attention particulière sur *j, r* et *rr*	...... /1
Intonation dans les phrases interrogatives	...... /1
Je sais présenter ma famille	...... /1
Je sais dire l'âge des différents membres de ma famille	...... /1
Je sais répondre à des questions sur ma famille	...... /1
Je sais demander l'âge des différents membres d'une famille	...... /1
Je sais parler du caractère des membres de ma famille	...... /1
Je sais poser des questions à une personne sur sa famille	...... /2
Je sais poser des questions sur le caractère des membres d'une famille	...... /1

Total : ...... **/10**

Nombre .... **Apellido** .... **Clase** ....

PARLER EN CONTINU

Présenter simplement les membres de sa famille. **A1**

Insuffisant ❑ Fragile ❑ Satisfaisant ❑ Très satisfaisant ❑

✓ Je peux parler des membres de ma famille, dire leur nom, leur âge et parler de leur caractère.

Regarde cette photo et imagine que cette famille est la tienne.
Á l'aide des étiquettes, présente les membres de « ta famille » en répondant aux questions suivantes :

- Comment s'appellent tes parents et quel âge ont-ils ?
- Combien as-tu de frères et sœurs et quel âge ont-ils ?
- Comment s'appellent tes grands-parents et quel âge ont-ils ?
- Décris brièvement le caractère de deux membres de ta famille.

Nuria
Hermana
16 años

Raúl
Abuelo
65 años

Óscar
Hermano
7 años

José
Padre
48 años

Josefina
Abuela
66 años

Ramona
Madre
42 años

Prononciation, attention particulière sur *r*	...... /1
Intonation	...... /1
Je sais présenter les membres de ma famille	...... /2
Je sais parler de mes frères et sœurs	...... /1
Je sais donner l'âge des membres de ma famille	...... /2
Je sais utiliser les nombres jusqu'à 100	...... /1
Je sais parler du caractère de quelqu'un (ses qualités et ses défauts)	...... /2

Total : ...... /10

Nombre .... **Apellido** .... **Clase** ....

ÉCRIRE ET RÉAGIR À L'ÉCRIT — Écrire des expressions et des phrases simples isolées. **A1**

Insuffisant ❑ Fragile ❑ Satisfaisant ❑ Très satisfaisant ❑

✓ Je peux écrire une présentation simple pour me présenter au casting d'une émission de télévision.

Tu souhaites participer à une émission de télévision mettant en scène des adolescents talentueux.

Tu rédiges une présentation simple : tu te présentes, tu décris ton caractère. Tu présentes les membres de ta famille et tu décris brièvement leurs traits de caractère.

....

....

....

....

....

....

Je sais me présenter	...... /1
Je sais parler de mon caractère	...... /1
Je sais présenter les membres de ma famille	...... /1
Je sais parler du caractère des membres de ma famille proche	...... /2
Je sais demander l'âge des différents membres d'une famille	...... /1
Je sais utiliser les verbes des trois groupes au présent de l'indicatif	...... /1
Je sais employer *tener* et *ser* au présent de l'indicatif	...... /1
Richesse du vocabulaire	...... /1
Expression satisfaisante, orthographe correcte	...... /1

Total : ...... /10

Nombre .... **Apellido** .... **Clase** ....

A. PHONOLOGIE

Insuffisant ❑ Fragile ❑ Satisfaisant ❑ Très satisfaisant ❑

CD classe

✓ Je peux différencier la prononciation de *j*, de *r* et de *rr*. A1

1. Écoute et classe les mots dans la colonne qui convient.

J'entends le même son que dans *jota*	J'entends le même son que dans *pero*	J'entends le même son que dans *rey ou guitarra*

...... /2

B. LEXIQUE

Insuffisant ❑ Fragile ❑ Satisfaisant ❑ Très satisfaisant ❑

✓ Je connais le lexique de la famille. A1

2. Complète les phrases avec le mot qui convient.

a. Mi padre y mi .... son mis padres.

b. Pablo es mi .... mayor.

c. Mi .... tiene sesenta y seis años y es la madre de mi madre.

d. El hermano de mi padre se llama Luis. Mi .... es muy majo.

✓ Je connais le lexique des qualités et des défauts. A1

3. Écris l'adjectif contraire.

a. antipático ≠ ....

b. serio ≠ ....

c. nervioso ≠ ....

d. pesimista ≠ ....

...... /4

C. GRAMMAIRE

Insuffisant ❑ Fragile ❑ Satisfaisant ❑ Très satisfaisant ❑

✓ Je sais conjuguer des verbes au présent de l'indicatif. A1

4. Complète ce message que tu as reçu d'un(e) ami(e) espagnol(e) en conjuguant les verbes entre parenthèses au présent de l'indicatif.

Mis hermanos (llamarse) .... Eduardo y Diego. Con mis padres (vivir, nosotros) .... en un pueblo. Mis abuelos (ser) .... de Madrid y (tener) .... setenta años. Mi hermano mayor (participar) .... en el campeonato de moto de mi pueblo. Yo (ser) .... menos valiente.

...... /3

UNIDAD 2 • TEST DE CONNAISSANCES

✓ Je sais poser des questions à partir des réponses. A1

5. Retrouve les questions qui ont été posées à Elena sur sa famille.

a. –¿..?

–Tengo una hermana que se llama Sonia.

b. –¿..?

–Mi hermana tiene veinte años.

c. –¿..?

–Ah, mi hermana vive en Málaga. ...... /3

✓ Je connais les trois premières personnes des adjectifs possessifs. A1

6. Complète les phrases avec les adjectifs possessifs suivants : *mi, tus, sus, su*.

a. Andrés vive con .... padres y .... abuelo.

b. ¿Cómo se llaman .... hermanos?

c. Soy más divertido que .... prima. ...... /1

✓ Je connais les chiffres jusqu'à 100. A1

7. Écris le nombre qui convient en chiffres ou en lettres.

a. 52: .... **d.** 26: ....

b. cuarenta y nueve: .... **e.** 62: ....

c. noventa y cinco: .... **f.** setenta y ocho: .... /3

D. *CULTURE*

Insuffisant ☐ Fragile ☐ Satisfaisant ☐ Très satisfaisant ☐

✓ Je connais les noms des membres de la famille royale d'Espagne. A1

8. Réponds aux questions suivantes.

a. Comment s'appelle le roi d'Espagne ? ....

b. Comment s'appelle la reine d'Espagne ? ....

c. Comment s'appelle le père du roi d'Espagne ? ....

d. Cite le prénom d'une des filles du roi et de la reine d'Espagne : ....

✓ Je connais des personnes réelles ou fictives. A1

9. Réponds aux questions suivantes.

a. Qui a peint *Las meninas* en 1656 ? ....

b. Comment s'appellent les jumeaux héros d'un film espagnol récent ? ....

c. Comment s'appellent les deux frères champions de moto ? ....

d. Cite le nom d'une chanteuse argentine dont le frère est mannequin : ....

...... /4

Total : ...... /20

Nombre .... **Apellido** .... **Clase** ....

ÉCOUTER ET COMPRENDRE

Comprendre les points essentiels d'une conversation. A1

Insuffisant ☐ Fragile ☐ Satisfaisant ☐ Très satisfaisant ☐

✓ Je peux comprendre la description d'une personne. CD classe

1. Coche les mots que tu entends.

una nueva	☐	jugar	☐	rápido	☐	pelo largo	☐
rubia	☐	fútbol	☐	recreo	☐	mañana	☐
ojos azules	☐	moreno	☐	ojos verdes	☐	pelo corto	☐

...... /2

2. Coche la bonne réponse.

a. La alumna nueva se llama Zulema ☐ Alicia ☐ Zoé ☐

b. Su pelo es moreno ☐ corto y moreno ☐ largo y moreno ☐

c. Tiene los ojos azules ☐ verdes ☐ negros ☐

...... /1,5

3. Vrai ou faux ? Fais une phrase si c'est faux.

La alumna nueva...

a. conoce a Javier. **V** ☐ **F** ☐

....

b. corre más rápido que Alicia. **V** ☐ **F** ☐

....

c. no sabe jugar al fútbol. **V** ☐ **F** ☐

....

...... /3

4. Complète avec l'adverbe de quantité qui convient.

a. Le gusta .... el fútbol.

b. La conozco .... porque es nueva.

...... /2

5. Que propose Javier ? Coche la bonne réponse.

a. "Hablamos con ella en el recreo mañana." ☐

b. "Jugamos con ella en el club de fútbol mañana." ☐

c. "Jugamos con ella en el recreo mañana." ☐

...... /1,5

Total : ...... /10

Nombre .... **Apellido** .... **Clase** ....

LIRE — **Comprendre un texte simple sur des sujets de la vie quotidienne.** **A1**

Insuffisant ☐ Fragile ☐ Satisfaisant ☐ Très satisfaisant ☐

✓ Je peux comprendre la description et la comparaison entre deux personnes.

– Soy Manu.
– Yo me llamo David y ella es Elena.
– Soy de Málaga. ¿Tú?
– Sevillano.
– ¡Uh! Un malagueño y un sevillano en el mismo pasillo[1] –indica alegremente Manu. Eso va a ser divertido.
Elena se fija en ambos[2]. No habla demasiado, solo escucha y observa. Los dos tienen cosas en común, pero al mismo tiempo parecen muy distintos[3]. Miden prácticamente lo mismo, son guapos, andaluces.

Según Blue Jeans, *Algo tan sencillo como tuitear te quiero*, 2015.

1. dans le même couloir 2. les observe tous les deux 3. différents

1. Lis le texte et coche la réponse qui convient pour chaque phrase.

a. La narradora habla de — sus padres ☐ sus hermanos ☐ sus nuevos amigos ☐

b. La narradora es — una chica ☐ una profesora ☐ una madre ☐

c. La narradora y los chicos están en — la casa ☐ un colegio ☐ un campamento ☐

d. La chica conoce — a los dos chicos ☐ a David ☐ a Manu ☐

...... /4

2. Vrai ou faux. Justifie avec une phrase du texte.

a. La narradora se llama Elena. **V** ☐ **F** ☐

....

b. Elena habla mucho con sus nuevos amigos. **V** ☐ **F** ☐

....

c. David es alto y Manu es bajo. **V** ☐ **F** ☐

....

...... /3

3. Compare David et Manu.

a. Cite deux points qu'ils ont en commun.

....

....

b. Cite une différence.

....

...... /3

Total : ...... **/10**

Nombre .... **Apellido** .... **Clase** ....

RÉAGIR ET DIALOGUER **Interagir de façon simple, avec un débit lent et dans une situation déjà connue.** **A1**

Insuffisant ❑ Fragile ❑ Satisfaisant ❑ Très satisfaisant ❑

✓ Je peux échanger des informations, en donner et en demander, sur un sujet familier.

Lors de tes vacances en Espagne, tu as fait partie d'une des deux bandes d'amis décrites dans les tableaux ci-dessous.

Élève A : choisis l'une des deux (*Pandilla 1* ou *Pandilla 2*) et présente un de ses membres sans dire son prénom.

Élève B : tu écoutes ton ou ta camarade (Élève A) présenter un membre de sa *pandilla* et tu trouves le prénom de la personne décrite, mais tu ne le révèles pas. Pour confirmer ton choix, pose-lui des questions sur un autre membre de cette même *pandilla* puis donne ta réponse une fois que tu en es sûr(e).

PANDILLA 1	LUCÍA	RUBÉN	ZOÉ
	rubia venezolana pocos amigos ♥ tocar el piano 💔 el fútbol	alto moreno guapo ♥ ♥ hacer deporte 💔 la moda	más alta que Lucía ni moderna, ni clásica piernas largas ♥ el color verde 💔 el color rosa

PANDILLA 2	PACO	VICENTE	ROCÍO
	moreno bajo muchos amigos ♥ los videojuegos 💔 tocar música	ni alto, ni bajo moreno pelo rizado ♥ bailar 💔 cantar	ni alta, ni baja guapa flaca ♥ el color rosa 💔 el color verde

Je sais faire la description physique d'une personne (cheveux, yeux, grand/petit)	...... /3
Je sais poser des questions simples sur une personne	...... /1
Je sais conjuguer le verbe *gustar*	...... /1
Je sais conjuguer les verbes *saber* et *conocer*	...... /1
Je sais utiliser les comparatifs de supériorité et d'infériorité	...... /2
Je sais utiliser *poco* et *mucho* pour exprimer une quantité	...... /1
Prononciation de [θ], accentuation, intonation dans les phrases interrogatives	...... /1

Total : ...... /10

Nombre .... **Apellido** .... **Clase** ....

PARLER EN CONTINU	Produire des expressions simples sur mes goûts et ceux d'autres personnes. **A1** Insuffisant ❑ Fragile ❑ Satisfaisant ❑ Très satisfaisant ❑

✓ Je peux me décrire simplement, parler de mes goûts et me comparer avec des amis.

Pour préparer un échange avec de futurs correspondants espagnols, ton professeur te demande de faire ton portrait à l'oral puis de te comparer avec un ou une camarade.

Tu devras te décrire physiquement (corpulence, yeux, cheveux...), parler de tes goûts et activités, de ce que tu aimes ou n'aimes pas faire. Puis tu te compareras avec un ou une camarade de ta classe, en utilisant le lexique de la description physique, des activités et des goûts, le verbe *gustar* au présent de l'indicatif, les adjectifs ou adverbes de quantité *mucho* et *poco*.

Prononciation, attention particulière sur la *zeta* [θ]	...... /1
Intonation	...... /1
Je sais dire si je suis grand(e) ou petit(e)	...... /1
Je sais décrire mes cheveux	...... /1
Je sais décrire la couleur de mes yeux	...... /1
Je sais parler des activités que j'aime faire (ou que je n'aime pas faire)	...... /1
Je sais exprimer des goûts (les miens et ceux de mes amis)	...... /2
Je sais exprimer une quantité	...... /1
Je sais me comparer physiquement à un ou une ami(e)	...... /1

Total : ...... **/10**

Nombre .... Apellido .... Clase ....

ÉCRIRE ET RÉAGIR À L'ÉCRIT

Écrire des expressions et phrases simples isolées. **A1**

Insuffisant ❑ Fragile ❑ Satisfaisant ❑ Très satisfaisant ❑

✓ Je peux écrire un texte court pour me présenter.

Pour pouvoir t'inscrire dans un club de sport ou pour pratiquer une activité artistique, tu dois rédiger un mail pour parler brièvement de toi et de tes goûts : tu te présentes, tu te décris brièvement, tu parles de tes goûts.

....

....

....

....

....

....

....

....

Je sais conjuguer des verbes au présent de l'indicatif	...... /3
Je sais employer *gustar* et *encantar* au présent de l'indicatif	...... /2
Je sais me décrire physiquement	...... /2
Je sais exprimer une quantité	...... /1
Richesse du vocabulaire	...... /1
Expression satisfaisante, orthographe correcte	...... /1

Total : ...... /10

Nombre .... **Apellido** .... **Clase** ....

A. *PHONOLOGIE*

CD classe

Insuffisant ☐ Fragile ☐ Satisfaisant ☐ Très satisfaisant ☐

✓ Je connais le phonème [θ]. A1

1. Écoute et dis combien de fois tu entends *la zeta*.

a. Je l'entends une fois : ....

b. Je l'entends deux fois : ....

...... /2

B. *LEXIQUE*

Insuffisant ☐ Fragile ☐ Satisfaisant ☐ Très satisfaisant ☐

✓ Je connais le lexique du corps humain et de la description physique. A1

2. Complète les phrases suivantes avec le nom d'une partie du corps.

a. Los .... son importantes para bailar sevillanas.

b. Tenemos dos .... con cinco ....

c. En la cara, tenemos dos .... y una ....

d. También tenemos dos .... para correr.

...... /2

3. Écris l'adjectif contraire.

a. morena ≠ ....

b. alto ≠ ....

c. flaca ≠ ....

...... /3

C. *GRAMMAIRE*

Insuffisant ☐ Fragile ☐ Satisfaisant ☐ Très satisfaisant ☐

✓ Je sais conjuguer le verbe *gustar* au présent de l'indicatif. A1

4. Complète ces phrases avec le verbe *gustar* conjugué au présent de l'indicatif.

a. A Rocío .... bailar sevillanas.

b. A mi .... los videojuegos.

c. A Paco y a Daniel .... hacer deportes.

d. A nosotros .... el fútbol.

e. A vosotros, ¿.. la música clásica?

f. Y a ti, ¿.. tocar un instrumento?

...... /3

✓ Je sais utiliser le comparatif de supériorité et d'infériorité. A1

5. Utilise les éléments pour construire des phrases avec un comparatif.

a. Liseta / + / alta / Ana

....

b. Manu / + / guapo / Daniel

....

c. Pablo / – / flaco / Marc

....

d. Zoé / – / morena / Rocío

....

...... /4

✓ Je sais exprimer une quantité avec *mucho* et *poco*. A1

6. Complète ce portrait de El Rubius avec l'adverbe ou l'adjectif de quantité adéquat.

a. A El Rubius le gustan .... las pizzas.

b. Tiene .... amigos.

c. Lee .... y sale .... de su casa porque tiene .... tiempo libre. Trabaja y juega ....

...... /3

D. CULTURE

Insuffisant ☐ Fragile ☐ Satisfaisant ☐ Très satisfaisant ☐

✓ Je connais une danse typique espagnole. A1

7. Complète la définition avec le nom et la région de cette danse.

En .... muchas chicas bailan .... en las ferias.

...... /1

✓ Je connais les valeurs importantes dans la relation aux autres. A1

8. Complète la phrase avec des valeurs essentielles dans la relation aux autres.

El cartel "Reírme contigo, nunca de ti" promociona los valores de .... y ....

...... /2

Total : ...... /20

Nombre .... **Apellido** .... **Clase** ....

ÉCOUTER ET COMPRENDRE

Comprendre les points essentiels d'une conversation. **A1**

Insuffisant ☐ Fragile ☐ Satisfaisant ☐ Très satisfaisant ☐

✓ Je peux comprendre une conversation de personnes sur le lieu d'habitation.

CD classe

1. Coche les mots que tu entends.

ciudad ☐	bodega ☐	rápido ☐	hermano ☐
planta ☐	sobre ☐	barrio ☐	casa ☐
pueblo ☐	calle ☐	izquierda ☐	cueva ☐

...... /1,5

2. Coche la bonne réponse.

a. Las dos personas hablan de
la casa de Juan ☐ la casa de Marta ☐ la casa de la prima ☐

b. Marta vive en
un pueblo ☐ una ciudad ☐ la capital ☐

c. Marta vive en
un barrio turístico ☐ un barrio tranquilo ☐ un barrio pequeño ☐

d. La casa es grande ☐ pequeña ☐ cómoda ☐

e. La casa tiene una planta ☐ dos plantas ☐ tres plantas ☐

...... /2,5

3. Vrai ou faux ? Fais une phrase si c'est faux.

a. En la casa hay tres habitaciones. **V** ☐ **F** ☐

....

b. Marta tiene la misma habitación que su hermana. **V** ☐ **F** ☐

....

c. Hay un escritorio pequeño con dos sillas. **V** ☐ **F** ☐

....

d. La cama de la hermana de Marta está a la derecha. **V** ☐ **F** ☐

....

...... /4

4. Complète la phrase.

Marta vive en una .... pequeña, en el .... de San Telmo, en Buenos Aires, la .... de Argentina.

...... /2

Total : ...... /10

Nombre .... **Apellido** .... **Clase** ....

LIRE — Comprendre un texte simple sur un sujet de la vie quotidienne. **A1**

Insuffisant ☐ Fragile ☐ Satisfaisant ☐ Très satisfaisant ☐

✓ Je peux comprendre une présentation simple d'un lieu d'habitation.

La casa de tía Ángela no es una casa; forma parte de un antiguo palacio veneciano de la época del Renacimiento[1]. En la planta principal está la cocina, el comedor, y el salón, lleno de objetos de diferentes épocas y países. En los muebles del cuarto de estar[2] también se mezclan[3] los estilos: la tía tiene un escritorio al lado de un sofá más moderno. Pero es que Ángela es así: una persona nada convencional[4], como su casa, que no es una casa.

Según *El retrato de Carlota*, Ana Alcolea, 2004.

1. Renaissance 2. salle de séjour 3. se mélangent 4. pas conventionnelle du tout

1. Lis le texte et coche la réponse qui convient.

a. El personaje principal es

la madre de la narradora ☐ la hermana de la narradora ☐ la tía de la narradora ☐

b. La escena pasa en

una casa convencional ☐ un palacio veneciano ☐ palacio moderno ☐

Justifie avec une phrase du texte :

....

...... /1,5

2. Vrai ou faux ? Justifie avec une phrase du texte.

a. En la planta principal hay un cuarto de baño. **V** ☐ **F** ☐

....

b. En la casa hay muchos objetos diferentes. **V** ☐ **F** ☐

....

c. El escritorio está al lado de una cama. **V** ☐ **F** ☐

....

...... /4,5

3. Liste ce qu'il y a dans la maison.

a. En la planta principal hay...

....

b. En el cuarto de estar hay...

....

...... /4

Total : ...... **/10**

Nombre .... **Apellido** .... **Clase** ....

RÉAGIR ET DIALOGUER — Interagir avec une aisance raisonnable dans de courtes conversations. **A1**

Insuffisant ☐ Fragile ☐ Satisfaisant ☐ Très satisfaisant ☐

✓ Je peux échanger des informations avec quelqu'un.

Regarde la photo et imagine que cette chambre est la tienne. Imaginez votre échange puis changez de rôle.

Élève A : tu poses des questions à ton ou ta camarade (Élève B) pour savoir comment est sa chambre, où sont les meubles et les objets et comment ils se situent les uns par rapport aux autres.

Élève B : tu réponds aux questions que ton ou ta camarade (Élève A) te pose sur ta chambre.

Prononciation, attention particulière sur *s (la ese)*	...... /1
Intonation, particulièrement dans les questions	...... /1
Je sais poser des questions à une personne sur sa chambre	...... /2
Je sais demander à quelqu'un de situer des meubles	...... /2
Je sais répondre à des questions sur ma chambre	...... /1
Je sais situer les meubles dans ma chambre	...... /2
Je sais situer les objets dans ma chambre	...... /1

Total : ...... **/10**

PARLER EN CONTINU — Présenter simplement un lieu d'habitation. **A1**

Insuffisant ☐ Fragile ☐ Satisfaisant ☐ Très satisfaisant ☐

✓ Je peux décrire brièvement la maison de quelqu'un.

Tu reviens de chez ton ou ta correspondant(e) espagnol(e) et tu décris l'appartement où tu as habité pendant quelques semaines à ton ou ta camarade.

Tu parleras des différentes pièces en les situant les unes par rapport aux autres et en situant les meubles et les objets qui s'y trouvent.

Prononciation, attention particulière sur *s (la ese)*	...... /1
Je connais le lexique des pièces de la maison	...... /1
Je sais décrire les pièces d'une maison	...... /2
Je sais employer *tener* et *ser* au présent de l'indicatif	...... /2
Je sais situer les pièces d'une maison	...... /2
Je sais situer les meubles et les objets dans les pièces de la maison	...... /2

Total : ...... **/10**

Nombre .... Apellido .... Clase ....

ÉCRIRE ET RÉAGIR À L'ÉCRIT

Écrire des expressions et phrases simples isolées. **A1**

Insuffisant ☐ Fragile ☐ Satisfaisant ☐ Très satisfaisant ☐

✓ Je peux écrire un message simple pour présenter un quartier, une maison, une chambre.

Tu écris un message à un(e) ami(e) espagnol(e) pour décrire brièvement ton village ou ta ville, ton quartier, ta maison, ta chambre.

Tu utiliseras :

– le verbe *estar* et les expressions pour situer : à droite, à gauche, sur, à côté de ;

– le lexique du village ou de la ville (2 mots de lexique) et tu diras ce que tu y fais en utilisant *ir* et *pasear* et les prépositions correspondantes ;

– le lexique du quartier (2 mots de lexique), de la maison (4 mots de lexique), de la chambre (6 mots de lexique).

....

....

....

....

....

....

Je sais parler de mon lieu d'habitation	...... /1
Je sais situer mon lieu d'habitation	...... /1
Je sais décrire ma maison, ma chambre	...... /1
Je sais dire ce que je peux faire autour de mon lieu d'habitation	...... /1
Je sais utiliser le verbe *estar* et les expressions pour situer	...... /1
Je sais employer les verbes *ir* et *pasear* au présent de l'indicatif	...... /1
Je sais utiliser les prépositions	...... /1
Je sais utiliser les adjectifs possessifs	...... /1
Richesse du vocabulaire	...... /1
Expression satisfaisante, orthographe correcte	...... /1

Total : ...... /10

Nombre .... **Apellido** .... **Clase** ....

A. PHONOLOGIE

Insuffisant ❑ Fragile ❑ Satisfaisant ❑ Très satisfaisant ❑

CD classe

✓ Je connais la prononciation de la lettre s. A1

1. Écoute et écris les mots que tu entends.

....

...... /2

B. LEXIQUE

Insuffisant ❑ Fragile ❑ Satisfaisant ❑ Très satisfaisant ❑

✓ Je connais le lexique de la maison. A1

2. Complète avec le nom de la pièce qui convient.

a. Hay una cama, es una ....

b. Preparamos la comida en la ....

c. Me ducho en el ....

d. Con mi familia vemos la televisión juntos en el ....

...... /2

3. Écris six mots en relation avec la chambre à coucher (meubles et objets).

....

....

....

...... /3

C. GRAMMAIRE

Insuffisant ❑ Fragile ❑ Satisfaisant ❑ Très satisfaisant ❑

✓ Je sais utiliser les prépositions correctes. A1

4. Complète la présentation de Pablo.

Hola, soy Pablo, voy .... instituto todos los días, está .... la calle Rivera. Después de clase, paseo con mis amigos .... el parque. Vuelvo .... mi casa a las cuatro. Vivo .... un barrio agradable cerca .... una plaza.

...... /3

✓ Je sais utiliser les pronoms possessifs. A1

5. Transforme les phrases en utilisant les pronoms possesifs.

a. Es el dormitorio de Luis. → Es ....

b. Son nuestras tabletas. → Son ....

c. Es mi ordenador. → Es ....

d. Son tus amigos. → Son ....

...... /4

✓ Je sais conjuguer *estar, ir, venir* au présent de l'indicatif. A1

6. Conjugue ces verbes à la 1re personne du présent de l'indicatif.

a. estar: ....

b. ir: ....

c. venir: ....

...... /1,5

7. Conjugue ces verbes à la 2e personne du présent de l'indicatif.

a. estar: ....

b. ir: ....

c. venir: ....

...... /1,5

D. *CULTURE*

Insuffisant ❑ Fragile ❑ Satisfaisant ❑ Très satisfaisant ❑

✓ Je connais des villes espagnoles. A1

8. Cite 3 villes espagnoles.

a. ....

b. ....

c. ....

...... /1,5

✓ Je connais un architecte espagnol célèbre. A1

9. Réponds à ces questions sur un architecte espagnol connu.

a. Comment s'appelle-t-il ? ....

b. Comment s'appelle l'une de ses réalisations ? ....

c. Dans quelle ville d'Espagne se situe-t-elle ? ....

...... /1,5

Total : ...... /20

Nombre .... **Apellido** .... **Clase** ....

ÉCOUTER ET COMPRENDRE

Comprendre les points essentiels d'une conversation. **A1**

Insuffisant ☐ Fragile ☐ Satisfaisant ☐ Très satisfaisant ☐

✓ Je peux comprendre quelqu'un qui décrit sa journée type. CD classe

1. Coche les mots que tu entends.

cenamos ☐	el restaurante ☐	colegio ☐	me acuesto ☐
despertarme ☐	dormir ☐	desayuno ☐	estudio ☐
las clases ☐	empiezo ☐	los deberes ☐	levantarme ☐
fútbol ☐	la tele ☐	salgo ☐	

...... /2

2. Coche la bonne réponse.

a. El chico se despierta a

las seis y media ☐ las siete y media ☐ las ocho y media ☐

b. Empieza a trabajar a

las ocho y cuarto ☐ las ocho y media ☐ las dos y media ☐

c. Come a las tres con

sus amigos ☐ sus hermanos ☐ su familia ☐

d. A las diez y media

ve la tele ☐ se acuesta ☐ chatea ☐

...... /2

3. Vrai ou faux ? Fais une phrase si c'est faux.

a. El chico habla de un día de clase. **V** ☐ **F** ☐

....

b. El chico no desayuna mucho. **V** ☐ **F** ☐

....

c. Come en el colegio. **V** ☐ **F** ☐

....

d. Cuando vuelve a casa, tiene que hacer los deberes. **V** ☐ **F** ☐

....

...... /4

4. Complète la phrase.

Cuando termina los deberes, el chico .... , ...

en .... y ....

...... /2

Total : ...... **/10**

Nombre .... **Apellido** .... **Clase** ....

LIRE Comprendre un texte simple sur des sujets de la vie quotidienne. **A1**

Insuffisant ☐ Fragile ☐ Satisfaisant ☐ Très satisfaisant ☐

✓ Je peux comprendre la description des activités d'une journée.

Tengo que ir al instituto[1], estudiar por las tardes, ir al conservatorio, a clase de inglés, a nadar[2] los sábados por la mañana... y también comer con mi padre y mi hermana a mediodía, y cenar viendo la tele con mi madre... ¿Qué más? Recoger mi habitación, leer un rato por las noches, llamar por teléfono a la abuela, perder tiempo en internet...

"¿Hoy no sales?" –dice mi madre. "Hija, no puedes seguir así, tienes que hacer una vida normal...".

Según Ana Alonso y Javier Pelegrín, *El libro de los rostros*, 2015.

1. le lycée 2. nager

1. Lis le texte et coche la réponse qui convient.

a. La narradora habla de su instituto ☐ su familia ☐ su rutina ☐

b. Describe un día de clase ☐ un día de fin de semana ☐ una semana ☐

Justifica con ejemplos del texto :

....

...... /4

2. Vrai ou faux ? Justifie avec une phrase du texte.

a. La narradora va al instituto y no estudia por la tarde. **V** ☐ **F** ☐

....

b. Va a la piscina los sábados por la mañana. **V** ☐ **F** ☐

....

c. Come con su padre y su hermana, y cena con su madre. **V** ☐ **F** ☐

....

d. Por la noche, ve la tele, llama a su amiga, chatea. **V** ☐ **F** ☐

....

...... /4

3. Explique pourquoi les journées de la narratrice sont chargées. Donne quelques exemples.

Sus días son intensos porque ....

....

...... /2

Total : ...... /10

Nombre .... **Apellido** .... **Clase** ....

RÉAGIR ET DIALOGUER — Interagir avec une aisance raisonnable dans de courtes conversations. **A2**

Insuffisant ❑ Fragile ❑ Satisfaisant ❑ Très satisfaisant ❑

✓ Je peux échanger sur une situation courante.

Tu échanges avec un ou une ami(e) par téléphone, un samedi matin, sur les activités de votre journée et sur ce que vous êtes en train de faire.

Élève A : tu poses des questions à ton ou ta camarade (Élève B) pour savoir ce qu'il ou elle est en train de faire.

Élève B : tu réponds aux questions de ton ou ta camarade (Élève A) et tu décris ta journée très remplie.

Vous utiliserez les verbes à diphtongue, *estar* + gérondif, l'obligation personnelle *tener que* + infinitif, le lexique des activités quotidiennes et l'expression de l'heure.

Je sais demander à quelqu'un ce qu'il est en train de faire	...... /1
Je sais répondre à des questions pour dire ce que je suis en train de faire	...... /1
Je sais poser des questions à quelqu'un sur ce qu'il doit faire	...... /1
Je sais décrire ma journée	...... /1
Je sais exprimer l'obligation personnelle	...... /1
Je sais préciser l'heure à laquelle je fais mes activités	...... /1
Je sais utiliser des verbes à diphtongue au présent de l'indicatif	...... /2
Prononciation de [an], [en], [on]	...... /1
Accentuation, intonation dans les phrases interrogatives	...... /1

Total : ...... **/10**

Nombre .... **Apellido** .... **Clase** ....

PARLER EN CONTINU

Présenter simplement son quotidien. **A2**

Insuffisant ❑ Fragile ❑ Satisfaisant ❑ Très satisfaisant ❑

✓ Je peux décrire mes activités quotidiennes, préciser les heures de la journée, dire ce que je dois faire.

À l'aide des dessins ci-dessous, décris ta journée avec des phrases simples en précisant :

- l'heure à laquelle tu te lèves, tu vas au collège, tu manges, tu rentres, tu dînes et tu te couches ;
- tes obligations dans la journée ;
- comment tu dois t'habiller pour aller au collège ;
- quelles sont tes activités quotidiennes de loisir.

Prononciation, attention particulière sur *ía* et [an], [en], [on]	...... /1
Intonation	...... /1
Je sais dire l'heure en espagnol	...... /1
Je connais le lexique des actions quotidiennes	...... /2
Je connais le lexique des activités et des loisirs	...... /2
Je sais conjuguer les verbes à diphtongue au présent de l'indicatif	...... /2
Je sais exprimer une obligation personnelle	...... /1

Total : ...... **/10**

Nombre .... **Apellido** .... **Clase** ....

ÉCRIRE ET RÉAGIR À L'ÉCRIT	Écrire une série d'expressions et des phrases simples reliées par des connecteurs. **A2** Insuffisant ❑ Fragile ❑ Satisfaisant ❑ Très satisfaisant ❑

✓ Je peux écrire un message simple.

Ton ami(e) espagnol(e) vient bientôt chez toi dans le cadre d'un échange avec ton collège. Tu lui envoies un message pour lui parler de tes journées type et des activités de ta semaine.

....

....

....

....

....

....

....

....

J'utilise des verbes à diphtongue au présent de l'indicatif	...... /2
Je sais exprimer l'heure	...... /1
J'utilise *estar* + gérondif	...... /2
J'utilise l'obligation personnelle avec *tener que*	...... /2
Richesse du vocabulaire	...... /2
Expression correcte et satisfaisante	...... /1

Total : ...... /10

Nombre .... **Apellido** .... **Clase** ....

A. *PHONOLOGIE*

CD classe

Insuffisant ❑ Fragile ❑ Satisfaisant ❑ Très satisfaisant ❑

✓ Je connais la prononciation de *ía* et des sons [an], [en], [on]. A1

1. Écoute et entoure les lettres ou le son que tu entends pour chaque mot.

a. *ía* - [an] - [en] - [on]
b. *ía* - [an] - [en] - [on]
c. *ía* - [an] - [en] - [on]
d. *ía* - [an] - [en] - [on]
e. *ía* - [an] - [en] - [on]

...... /1,25

B. *LEXIQUE*

Insuffisant ❑ Fragile ❑ Satisfaisant ❑ Très satisfaisant ❑

✓ Je connais le lexique des activités quotidiennes et des vêtements. A1

2. Complète ces phrases avec une des actions de la vie quotidienne : *me acuesto, hago los deberes, me despierto, vuelvo.*

a. Por la mañana .... a las siete.
b. Cuando .... a casa ....
c. Por la noche .... a las diez.

...... /1,5

3. Cite trois activités sportives ou de loisirs que tu connais.

....

...... /0,75

4. Écris le nom des vêtements représentés ci-dessous.

a.  ....

b.  ....

c.  ....

d.  ....

...... /2

Nombre .... **Apellido** .... **Clase** ....

C. *GRAMMAIRE*

Insuffisant ☐ Fragile ☐ Satisfaisant ☐ Très satisfaisant ☐

✓ Je sais conjuguer les verbes à diphtongue au présent de l'indicatif. A1

5. Complète ces phrases en conjuguant les verbes entre parenthèses.

a. ¿A qué hora (despertarse, tú) .... ?

b. Diego (dormir) .... tarde.

c. En mi colegio no (poder, yo) .... llevar una gorra.

d. Mis hermanos (jugar) .... al fútbol.

...... /2

✓ Je sais dire l'heure. A1

6. Écris l'heure qui convient à côté de chaque horloge.

a.  ....

b.  ....

c.  ....

d.  ....

...... /2

✓ Je sais dire ce que quelqu'un est en train de faire. A1

7. Transforme les phrases suivantes avec *estar* + gérondif.

a. María hace los deberes. → María ....

b. Hablo por teléfono con mi amigo. → ....

c. Juegan al fútbol. → ....

d. ¿Duermes? → ....

...... /4

✓ Je sais écrire une obligation personnelle. A1

8. Indique à tes amis ce qu'ils doivent faire en utilisant *tener que* + infinitif.

a. Por la mañana desayunamos a las siete.

→ ....

b. En el cole, no vestimos el uniforme.

→ ....

...... /2

Nombre .... **Apellido** .... **Clase** ....

D. *CULTURE*

Insuffisant ☐ Fragile ☐ Satisfaisant ☐ Très satisfaisant ☐

✓ Je connais des particularités de la vie quotidienne des jeunes hispaniques. A1

9. Réponds aux questions suivantes.

a. En Espagne, les horaires des repas sont les mêmes qu'en France. Vrai ou faux ? Justifie.

....

....

b. Dans certains collèges espagnols, les élèves portent un uniforme. Vrai ou faux ? Justifie.

....

....

c. Décris ce que portent les collégiens cubains. Comment le sais-tu ?

....

....

...... /1,5

✓ Je connais des fêtes typiques en Espagne. A1

10. Réponds aux questions suivantes.

a. Dans quelle région d'Espagne peut-on voir les *Castellers* ? ....

b. Comment s'appellent les fêtes de Pamplona ? ....

c. Que se passe-t-il à Sevilla en avril ? ....

...... /3

Total : ...... /20

Nombre .... **Apellido** .... **Clase** ....

ÉCOUTER ET COMPRENDRE

Comprendre les points essentiels d'une conversation. **A1**

Insuffisant ☐ Fragile ☐ Satisfaisant ☐ Très satisfaisant ☐

✓ Je peux comprendre une conversation sur l'alimentation et les repas.

CD classe

1. Coche les mots que tu entends.

papá ☐	mamá ☐	hambre ☐	beber ☐
comer ☐	pasta ☐	patatas ☐	mermelada ☐
hamburguesas ☐	grasas ☐	agua ☐	correr ☐
ensalada ☐	manzana ☐	carne ☐	pescado ☐

...... /2

2. Coche la bonne réponse.

a. Los tres personajes hablan de lo que quieren
hacer ☐ beber ☐ comer ☐

b. Diego tiene
hambre ☐ sed ☐ calor ☐

c. María tiene
hambre ☐ sed ☐ frío ☐

d. María quiere comer
paella ☐ hamburguesas con patatas fritas ☐ ensalada y pescado ☐

e. La madre quiere preparar
una ensalada ☐ pollo ☐ hamburguesas ☐

...... /2,5

3. Vrai ou faux ? Fais une phrase si c'est faux.

a. Diego quiere comer equilibrado. **V** ☐ **F** ☐

....

b. Las hamburguesas contienen pocas grasas. **V** ☐ **F** ☐

....

c. A María no le gustan las hamburguesas. **V** ☐ **F** ☐

....

...... /4

4. Complète la phrase.

Diego propone comer una .... de tomates y ....

con ....

...... /1,5

Total : ...... /10

Nombre .... **Apellido** .... **Clase** ....

LIRE — Comprendre un texte simple sur des sujets de la vie quotidienne. **A1**

Insuffisant ☐ Fragile ☐ Satisfaisant ☐ Très satisfaisant ☐

✓ Je peux comprendre un texte court dans lequel les personnages parlent d'alimentation.

Se desean los buenos días con amabilidad y el chico se sienta a su lado, aún sin haber cogido[1] el desayuno.

–Hay chocolate con churros –le dice la joven, que prefiere un zumo de naranja y una tostada de pan integral[2] con tomate y aceite.

–¡Vaya! Así que hay algo que engorda[3] que sí te gusta.

–Ya. Pero prefiero algo más sano y menos pesado[4].

–Pues yo me voy a tomar una buena taza de chocolate y churros –dice el chico.

Según Blue Jeans, *Algo tan sencillo como tuitear te quiero*, 2015.

1. sans avoir encore pris 2. pain complet 3. quelque chose qui fait grossir 4. lourd

1. Lis le texte et coche la réponse qui convient.

a. Los dos personajes son dos chicos ☐ dos chicas ☐ una chica y un chico ☐

b. La escena pasa por la mañana ☐ por la tarde ☐ por la noche ☐

Justifica con ejemplos del texto: ....

....

...... /3

2. Vrai ou faux ? Justifie avec une phrase du texte.

a. Los dos personajes están cenando. **V** ☐ **F** ☐

....

b. A la joven no le gustan los churros. **V** ☐ **F** ☐

....

c. La joven prefiere comer sano. **V** ☐ **F** ☐

....

...... /3

3. Que mangent et boivent les deux jeunes ?

a. La chica ....

....

b. El chico ....

....

...... /4

Total : ...... **/10**

Nombre .... **Apellido** .... **Clase** ....

RÉAGIR ET DIALOGUER Interagir avec une aisance raisonnable dans de courtes conversations. **A2**

Insuffisant ❑ Fragile ❑ Satisfaisant ❑ Très satisfaisant ❑

✓ Je peux parler avec un commerçant.

Tu vas au marché pour faire tes courses (Élève A) et tu t'adresses au commerçant (Élève B) qui tient l'étalage. Imaginez la conversation entre le (la) client(e) et le vendeur ou la vendeuse de fruits et légumes.

Élève A : tu choisis l'une des deux listes de courses et, après avoir salué ton ou ta camarade, tu lui demandes les produits et les quantités indiqués sur la liste. L'élève B répond et te donne les renseignements dont tu as besoin.

Élève B : tu choisiras la liste que ton ou ta camarade n'a pas sélectionnée et vous converserez de la même façon que précédemment.

Lista de la compra 1

- ✓ Tomates 300 g
- ◯ Pimientos
- ◯ Zanahorias
- ✓ Cebollas 1 kilo
- ◯ Ajo
- ◯ Espárragos
- ◯ Peras
- ✓ Manzanas 600 g
- ◯ Uvas
- ◯ Plátanos
- ◯ Limones

Lista de la compra 2

- ◯ Tomates
- ✓ Pimientos 1 kilo
- ◯ Zanahorias
- ◯ Cebollas
- ✓ Ajo 200 g
- ◯ Espárragos
- ✓ Peras 700 g
- ◯ Manzanas
- ◯ Uvas
- ◯ Plátanos
- ◯ Limones

Prononciation, accentuation	...... /1
Intonation, particulièrement dans les questions	...... /1
Je sais saluer et prendre congé	...... /1
Je sais poser des questions sur ce que quelqu'un veut	...... /1
Je connais le nom de fruits et de légumes	...... /1
Je sais demander à un commerçant de me servir	...... /1
Je sais poser des questions sur des quantités	...... /1
Je sais exprimer des quantités précises	...... /1
Je sais demander combien je dois	...... /1
Je sais exprimer des prix précis	...... /1

Total : ...... **/10**

Nombre .... Apellido .... Clase ....

PARLER EN CONTINU

Présenter simplement des activités quotidiennes par de courtes séries d'expressions. **A1 + 2**

Insuffisant ❑ Fragile ❑ Satisfaisant ❑ Très satisfaisant ❑

✓ Je peux dire à quelqu'un ce qu'il doit et ne doit pas manger ou boire pour le petit déjeuner.

En t'aidant des dessins, explique à ton ou ta camarade ce qu'il ou elle doit manger et boire au petit déjeuner. Tu lui donneras quatre conseils pour faire un petit déjeuner équilibré. Ensuite tu lui diras ce qu'il ou elle ne doit pas manger ou boire au petit déjeuner. Pour cela, tu devras employer des mots qui ne sont pas illustrés par les dessins.

Tu utiliseras l'expression de l'ordre (impératif) et l'obligation impersonnelle (*hay que* + infinitif).

Prononciation, attention particulière sur *ch*	...... /1
Intonation	...... /1
Je connais le lexique des aliments	...... /2
Je connais le nom des repas	...... /1
Je sais donner des conseils pour manger équilibré	...... /1
Je sais donner des conseils pour boire correctement	...... /1
Je sais utiliser l'impératif	...... /2
Je sais utiliser l'obligation impersonnelle	...... /1

Total : ...... /10

Nombre .... **Apellido** .... **Clase** ....

ÉCRIRE ET RÉAGIR À L'ÉCRIT

Écrire une série de phrases simples reliées par des connecteurs simples tels que « et », « mais » et « parce que ». **A2**

Insuffisant ❑ Fragile ❑ Satisfaisant ❑ Très satisfaisant ❑

✓ Je peux écrire un message simple en rapport avec la santé.

Pour le journal du collège, tu dois rédiger un article sur la santé et l'alimentation dans lequel tu donnes sept conseils pour mener une vie saine.

Tu utiliseras l'impératif de verbes réguliers et irréguliers (4 occurrences), l'enclise (2 occurrences) et l'obligation impersonnelle avec *hay que* + infinitif (2 occurrences).

1. ....
2. ....
3. ....
4. ....
5. ....
6. ....
7. ....

Je sais donner des conseils sur la santé et l'alimentation	...... /2
Je connais l'impératif de verbes réguliers	...... /2
Je sais utiliser des formes irrégulières à l'impératif	...... /1
Je connais l'enclise	...... /1
Je sais utiliser l'obligation impersonnelle	...... /1
Je sais utiliser des connecteurs logiques	...... /1
Richesse du vocabulaire	...... /1
Expression satisfaisante, orthographe correcte	...... /1

Total : ...... **/10**

Nombre .... **Apellido** .... **Clase** ....

A. *PHONOLOGIE*

CD classe

Insuffisant ❑ Fragile ❑ Satisfaisant ❑ Très satisfaisant ❑

✓ Je connais la prononciation de *ch*. A1

1. Écoute et écris les mots que tu entends.

.... /3

B. *LEXIQUE*

Insuffisant ❑ Fragile ❑ Satisfaisant ❑ Très satisfaisant ❑

✓ Je connais le lexique des aliments et des repas. A1

2. Complète les phrases avec les noms des repas qui conviennent.

a. Son las ocho de la mañana, es el ....

b. Son las ocho de la noche, es la ....

c. Es la una de la tarde, es la ....

d. Son las cuatro de la tarde, es la ....

...... /2

3. Tu vas au marché, écris une liste de courses dans laquelle doivent figurer les noms de quatre légumes et de quatre fruits.

Verduras	***Frutas***
....	....
....	....
....	....
....	....

...... /2

C. *GRAMMAIRE*

Insuffisant ❑ Fragile ❑ Satisfaisant ❑ Très satisfaisant ❑

✓ Je sais conjuguer des verbes à l'impératif. A1

4. Complète le mot que la mère de Pedro lui a écrit en conjuguant les verbes entre parenthèses à la 2e personne du singulier de l'impératif.

Pedro, por favor, hoy (hacer) .... tus deberes. Para el desayuno, (beber) .... la leche que está en la nevera y (comer) .... el pan que está en la mesa. A las doce, (ir) .... al supermercado y (comprar) .... un pollo. A la una, (poner) .... la mesa. Gracias, un beso, mamá.

...... /3

✓ Je sais utiliser l'obligation impersonnelle. A1

5. Transforme les phrases en utilisant *hay que* + infinitif.

a. Comer sano y equilibrado. → ....

b. No comer chucherías. → ....

c. Beber ocho vasos de agua al día. → .... /3

✓ Je connais la forme irrégulière de certains verbes à la première personne du singulier au présent de l'indicatif. A1

6. Transforme ces infinitifs à la 1re personne du présent de l'indicatif.

a. poner: ....

b. tener: ....

c. salir: ....

d. hacer: .... /2

✓ Je sais former l'enclise à l'impératif. A1

7. Transforme ces infinitifs à la 2e personne du singulier de l'impératif.

a. activarse: ....

b. moverse: ....

c. irse: ....

d. comerlo: .... /2

D. *CULTURE*

Insuffisant ☐ Fragile ☐ Satisfaisant ☐ Très satisfaisant ☐

✓ Je connais des aliments cultivés en Amérique latine. A1

8. Réponds aux questions suivantes.

a. Au Pérou, quel est l'aliment principalement consommé ? ....

b. Au Mexique, quel est l'aliment principalement consommé ? ....

c. Que préparent les Mexicains avec cet aliment ? ....

...... /1,5

✓ Je connais la saison idéale pour consommer les fruits et les légumes. A1

9. Quelle est la saison pour consommer :

a. des pommes ? ....

b. des fraises ? ....

c. des tomates ? ....

...... /1,5

Total : ...... /20

Nombre .... **Apellido** .... **Clase** ....

ÉCOUTER ET COMPRENDRE

Comprendre les points essentiels d'une conversation. **A2**

Insuffisant ☐ Fragile ☐ Satisfaisant ☐ Très satisfaisant ☐

✓ Je peux comprendre un message d'une personne qui parle de ses activités et de ses projets. CD classe

1. Coche les mots que tu entends.

campamento ☐	bici ☐	excursiones ☐	montón ☐
verano ☐	caballo ☐	conmigo ☐	pasear ☐
acampar ☐	carnaval ☐	bucear ☐	contigo ☐
cumpleaños ☐	celebrar ☐	actividad ☐	bueno ☐

...... /2

2. Coche la bonne réponse.

a. Es un diálogo ☐ un mensaje ☐

b. La chica no hace nada ☐ hace muchas cosas ☐

c. Van a montar a caballo ☐ montar en bici ☐ montar en moto ☐

d. Van a celebrar

el fin de curso ☐ su cumpleaños ☐ el cumpleaños de un amigo ☐

e. Lo van a pasar fatal ☐ muy bien ☐ estupendo

...... /2,5

3. Vrai ou faux ? Fais une phrase si c'est faux.

a. La chica no está contenta. **V** ☐ **F** ☐

....

b. No se van de excursión. **V** ☐ **F** ☐

....

c. Van a hacer actividades en el mar. **V** ☐ **F** ☐

....

d. La semana que viene van a celebrar el cumpleaños de un amigo. **V** ☐ **F** ☐

....

...... /4

4. Complète la phrase.

Al año que ...., quiero que Ana ....

al campamento ....

...... /1,5

Total : ...... /10

Nombre .... **Apellido** .... **Clase** ....

LIRE Comprendre un texte simple sur des sujets de la vie quotidienne. **A1**
Insuffisant ☐ Fragile ☐ Satisfaisant ☐ Très satisfaisant ☐

✓ Je peux comprendre un texte court dans lequel un personnage parle de ses projets.

Publicado por Zoé
Mañana empieza agosto, y eso quiere decir... ¡¡¡VACACIONES!!!
Bueno, yo ya estoy de vacaciones, pero ahora papá, mamá, Matilde, tooodooo el mundo tiene vacaciones también, así que vamos a aprovechar[1] para correr un montón de aventuras... Por eso, de momento, nos vamos hasta septiembre, pero una vez acabe agosto[2], ¡¡¡atención al blog de nuevo!!!
–¡Espero que me contéis vuestras vacaciones!

Según labandadezoe.com

1. profiter 2. à la fin du mois d'août

1. Lis le texte et coche la réponse qui convient.

a. El documento es — una carta ☐ un blog ☐ una presentación ☐

b. Zoé escribe en — verano ☐ clase ☐ invierno ☐

Justifie avec une phrase du texte :

....

...... /1,5

2. Vrai ou faux. Justifie avec une phrase du texte.

a. Zoé no está de vacaciones. **V** ☐ **F** ☐

....

b. Sus padres y su hermana no están de vacaciones. **V** ☐ **F** ☐

....

c. Zoé se va con su familia hasta el final del año. **V** ☐ **F** ☐

....

...... /4,5

3. Complète ces phrases.

a. En verano Zoé y su familia van a ....

....

b. Zoé espera que ....

....

...... /4

Total : ...... **/10**

Nombre .... **Apellido** .... **Clase** ....

RÉAGIR ET DIALOGUER	**Interagir avec une aisance raisonnable dans de courtes conversations.** Insuffisant ❑ Fragile ❑ Satisfaisant ❑ Très satisfaisant ❑	**A2**

✓ Je peux échanger des informations avec quelqu'un.

Avec un ou une camarade, vous échangez à propos de l'organisation d'un anniversaire. Imaginez ce dialogue puis changez de rôle.

Élève A : tu dois organiser l'anniversaire de ton meilleur ami ou ta meilleure amie. Tu souhaites le faire dans un parc. Un ou une de tes camarades (Élève B) te pose des questions et tu y réponds.

Élève B : tu poses des questions à l'élève A pour savoir ce qu'il ou elle a prévu ; ce qu'il ou elle doit acheter (tu peux t'aider de la liste du post-it) ; quelles sont les activités qu'ils vont faire dans le parc s'il fait beau et ce qu'ils vont faire s'il pleut.

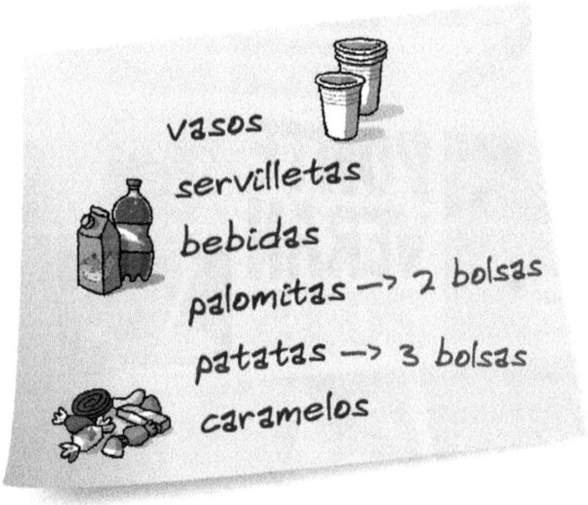

Prononciation, attention particulière sur g (*ga, go, gu / ge, gi*)	...... /1
Intonation, particulièrement dans les questions	...... /1
Je sais poser des questions sur l'organisation d'un anniversaire	...... /2
Je sais poser des questions sur le temps qu'il va faire	...... /1
Je sais répondre aux questions de façon cohérente	...... /1
Je sais utiliser le futur proche *ir a* + infinitif	...... /1
Je sais utiliser le subjonctif présent après *espero que, te propongo que*	...... /1
Je connais le lexique des fêtes et des activités festives	...... /2

Total : ...... /10

Nombre .... **Apellido** .... **Clase** ....

PARLER EN CONTINU	**Présenter simplement des activités de loisir par de courtes séries d'expressions.** Insuffisant ❑ Fragile ❑ Satisfaisant ❑ Très satisfaisant ❑	**A2**

✓ Je peux présenter un projet de vacances.

En t'aidant de l'affiche et des activités qu'elle propose, imagine puis décris ton projet de vacances.

Tu utiliseras : *ir a* + infinitif, *querer / esperar que* + subjonctif présent, ainsi que le lexique correspondant aux activités. Tu peux ajouter des activités que tu connais et qui ne figurent pas sur l'affiche.

Prononciation, attention particulière sur *g* (*g* + *-a, -o, -u* / *g* + *-e, -i*)	...... /1
Intonation	...... /1
Je sais présenter un projet de vacances	...... /2
Je sais parler des activités que je vais faire avec *ir a* + infinitif	...... /1
Je sais exprimer la volonté avec *querer que* + subj. prés.	...... /2
Je sais exprimer le souhait avec *esperar que* + subj. prés.	...... /2
Je connais le lexique des activités	...... /1

Total : ...... /10

Nombre .... Apellido .... Clase ....

ÉCRIRE ET RÉAGIR À L'ÉCRIT	Écrire une série de phrases simples reliées avec des subordonnées au subjonctif. **A2** Insuffisant ❑ Fragile ❑ Satisfaisant ❑ Très satisfaisant ❑

✓ Je peux écrire un message simple pour inviter un(e) ami(e) à participer à une sortie.

Tu adresses un mail à un(e) ami(e) espagnol(e) pour l'inviter à participer à une sortie que tu organises. Tu lui proposes des activités différentes selon qu'il fera beau ou qu'il pleuvra.

Tu utiliseras *proponer que*, *querer que* et *para que* + subjonctif présent ainsi que le lexique spécifique des activités et de la météo.

Enviar mensaje privado

Para

Mensaje ....

....

....

....

....

....

Enviar

Je sais programmer une sortie	...... /1
Je sais proposer des activités différentes selon la météo	...... /1
Je peux écrire sur le temps qu'il fera	...... /1
Je sais utiliser *proponer* et *querer* à la 1re pers. du sing.	...... /2
Je sais utiliser le subj. prés. à la 2e pers. du sing. et à la 1re pers. du pl.	...... /3
Je sais employer le lexique des activités	...... /1
Je sais employer le lexique de la météo	...... /1

Total : ...... /10

Nombre .... **Apellido** .... **Clase** ....

A. *PHONOLOGIE*

Insuffisant ❑ Fragile ❑ Satisfaisant ❑ Très satisfaisant ❑

CD classe

✓ Je connais la prononciation de la lettre *g*. A1

1. Écoute et écris les mots que tu entends.

.... /2,5

B. *LEXIQUE*

Insuffisant ❑ Fragile ❑ Satisfaisant ❑ Très satisfaisant ❑

✓ Je sais utiliser le lexique des activités de loisir et de la météo. A1

2. Complète les phrases avec les mots corrects.

a. Preparo una tarta e invito a amigos cuando es mi ....

b. Tenemos dos meses de vacaciones en ....

c. El otoño y la primavera son dos ....

d. En invierno, voy al monte para ....

...... /2

3. Écris les mots qui correspondent aux dessins suivants.

 ....

 ....

 .... /1,5

C. *GRAMMAIRE*

Insuffisant ❑ Fragile ❑ Satisfaisant ❑ Très satisfaisant ❑

✓ Je sais utiliser le présent du subjonctif. A1

4. Complète l'invitation de Sara en conjuguant les verbes entre parenthèses au présent du subjonctif.

Mañana es mi cumpleaños, quiero que (venir) .... a mi casa para que lo (celebrar) .... todos juntos. Puedes invitar a quien (querer) .... y traer lo que (gustar) .... Espero que (aceptar) .... y que lo (pasar) .... genial.

Hasta pronto.

...... /2

✓ Je sais utiliser le subjonctif de quelques verbes irréguliers. A2

5. Complète chacune de ces phrases avec une des expressions suivantes : ***venir al campamento con nosotros, traer una tarta, venir conmigo a la fiesta, decir que sí.*** **Conjugue les verbes au présent du subjonctif.**

a. Quiero que (tú) ....

b. Espero que (vosotros) ....

c. Te propongo que Ana .... para la cena.

d. Queremos que Juan y Pablo ....

...... /4

✓ Je connais la forme irrégulière de certains verbes à l'impératif. A2

6. Conjugue ces verbes à la 2e personne du singulier de l'impératif.

a. hacer →...

b. poner →...

c. ir →..

d. decir →...

...... /2

✓ Je connais la forme des verbes à la 2e personne du pluriel à l'impératif.

7. Conjugue ces verbes à la 2e personne du pluriel de l'impératif A2

a. venir →...

b. cantar →...

c. disfrutar →...

d. correr →..

...... /2

✓ Je sais exprimer l'interdiction à la 2e personne du singulier. A2

8. Transforme les phrases en suivant le modèle : *Corre. → No corras.*

a. Canta. →...

b. Sube. →..

c. Ven. →..

d. Duerme. →...

...... /2

Nombre .... **Apellido** .... **Clase** ....

D. *CULTURE*

Insuffisant ❑ Fragile ❑ Satisfaisant ❑ Très satisfaisant ❑

✓ Je connais une réalité géographique du monde hispanophone. A1

9. Cite trois pays hispanophones situés dans l'hémisphère sud.

a. ....

b. ....

c. ....

10. Quelle est la saison en Argentine quand c'est l'hiver en Espagne ? Pourquoi ?

....

...... /1

✓ Je connais une ville en Espagne et ses spécificités liées au tourisme.

11. Cite une ville espagnole située sur la Costa Blanca.

....

12. Pourquoi est-ce une ville touristique ?

....

...... /1

Total : ...... /20

Crédits iconographiques

152 g AGE FOTOSTOCK / Randy Faris ; d PHOTO12.COM / ALAMY / imagebroker ; **153** g m bas REA / Keith Dannemiller / Getty Images for Time For Kids ; d PHOTO12.COM / ALAMY / Universal Images Group North America LLC / DeAgostini ; **159** GETTY IMAGE / Feingersh / Blend Images / Corbis ; **172** AGE FOTOSTOCK / Craig Joiner Colección ; **179** © SHUTTERSTOCK : fxmdusan73, Wiktoria Pawlak, Karawan, Pivot, yitewang, Signs and symbols, Olga Zelenskaya, Marnigus ; **181, 187, 193** © Bouqé ; **194** © Concello de Pontevedra, concellería de xuventude /DR

Maquette et mise en page : Thomas Winock

ISBN : 978-2-09-178132-7

N° de projet : 10219857 – Dépôt légal : août 2016 – N° d'impression : H16/54703N
Imprimé en France en août 2016 par l'Imprimerie Maury S.A.S. à Millau (12)